教育部哲学社会科学研究重大课题攻关项目成果
（项目批准号：19JZD053）

RESEARCH ON INTERNATIONAL RULE OF LAW ON JOINTLY BUILDING THE 21ST-CENTURY MARITIME SILK ROAD

共建21世纪海上丝绸之路国际法治问题研究

张晓君　魏彬彬／著

法律出版社 | LAW PRESS
北京

图书在版编目(CIP)数据

共建21世纪海上丝绸之路国际法治问题研究 / 张晓君，魏彬彬著. -- 北京：法律出版社，2023
ISBN 978-7-5197-7985-6

Ⅰ. ①共… Ⅱ. ①张… ②魏… Ⅲ. ①海事仲裁-研究-中国 Ⅳ. ①D925.704

中国国家版本馆CIP数据核字(2023)第104016号

共建21世纪海上丝绸之路国际法治问题研究
GONGJIAN 21 SHIJI HAISHANG SICHOUZHILU GUOJI FAZHI WENTI YANJIU

张晓君 魏彬彬 著

策划编辑 陈 妮
责任编辑 陈 妮
王 鸿
装帧设计 鲍龙卉

出版发行 法律出版社
编辑统筹 法治与经济出版分社
责任校对 王晓萍
责任印制 吕亚莉
经 销 新华书店

开本 710毫米×1000毫米 1/16
印张 16.5 字数 293千
版本 2023年9月第1版
印次 2023年9月第1次印刷
印刷 北京虎彩文化传播有限公司

地址：北京市丰台区莲花池西里7号(100073)
网址：www.lawpress.com.cn
投稿邮箱：info@lawpress.com.cn
举报盗版邮箱：jbwq@lawpress.com.cn

销售电话：010-83938349
客服电话：010-83938350
咨询电话：010-63939796

书号：ISBN 978-7-5197-7985-6
定价：98.00元
凡购买本社图书，如有印装错误，我社负责退换。电话：010-83938349

前 言

国家主席习近平于2013年9月出访哈萨克斯坦时提出,“我们可以用创新的合作模式,共同建设‘丝绸之路经济带’”。同年10月,在出访印度尼西亚时提出了共同建设21世纪海上丝绸之路的倡议。二者并称为共建“一带一路”倡议。2015年3月,由我国发改委、商务部与外交部联合发布的《推动共建丝绸之路经济带和21世纪海上丝绸之路的愿景与行动》(以下简称《愿景与行动》),其中对“五通”的内容进行了微调,改为“政策沟通、设施联通、贸易畅通、资金融通、民心相通”,同时对政策沟通进行了进一步阐释,即“加强政府间合作,积极构建多层次政府间宏观政策沟通交流机制,深化利益融合,促进政治互信,达成合作新共识”。沿线各国可以就经济发展战略和对策充分交流对接,共同制定推进区域合作的规划和措施,协商解决合作中的问题,共同为务实合作及大项目实施提供政策支持,意味着具有世界影响的共建“一带一路”倡议从顶层设计、宏观规划阶段进入全面推进、操作实施阶段,尤其是旨在为共建“一带一路”沿线国家在基础设施、资源开发、金融合作等领域提供支持的400亿元丝路基金的设立更是将共建“一带一路”倡议的实施推向高潮。

共建“一带一路”倡议是我国根据世界经济格局变化及自身经济发展步入新常态而提出,其根本旨趣在于以积极的姿态融入全球化进程之中,通过开展以“共商共建共享”为原则的“开放、包容、均衡与普惠”的合作,达到世界经济复苏、发展的目的。21世纪海上丝绸之路,可向东向南,到达东南亚、中东、非洲以及南太平洋。“丝绸之路经济带”沿着传统的陆上通道,可以向西向南,到达中亚、南亚、欧洲。因此,共建“一带一路”倡议是一个面向全世界的开放式发展框架。共建“一带一路”倡议具有现实性与迫切性。

2013年10月3日,习近平主席在印度尼西亚国会发表《携手建设中国—东盟命运共同体》演讲,提道“中国愿同东盟国家加强海上合作,使用好中国政府设立的中国—东盟海上合作基金,发展好海洋合作伙伴关系,共同建设21世纪‘海上丝绸之路’”。同时,习近平总书记强调:“中国将坚定不移走和平发展道路,坚定不移奉行独立自主的和平外交政策,坚定不移奉行互利共赢的开放战略。”共建21世纪海上丝绸之路倡议,是中国和平发展战略的现实回应,也强调了我国建设海洋强国的目标,即致力于发展一个和平、良好的周边环境,维护海洋秩序稳定健康发展。共建21世纪海上丝绸之路倡议,核心在于加强沿线国家的海上合作,发展友好的海洋合作伙伴关系。①

目前,世界经济面临较大下行压力。在此背景之下,共建“一带一路”倡议,将给沿线国家和地区提供更多选择,各国将获得新的发展机会和增长动力。事实上,繁荣经济也是共建“一带一路”倡议的出发点。通过共建“一带一路”倡议过程中的贸易、投资等多边合作,加强区域各国之间的接触与联系,在促进中国经济持续发展的同时,推动全球经济的繁荣。与此同时,共建“一带一路”不仅能给沿线各国带来直接经济收益,还将通过经济发展促进各国的社会发展,是带动沿线各国经济社会全面发展的有效途径。经济的增长离不开制度的保障,共建“一带一路”中的重要一环即经贸法治化。

共建“一带一路”倡议中的共建21世纪海上丝绸之路倡议顺应世界多极化、经济全球化、文化多样化、社会信息化的潮流,对加强沿线海上国家的互联互通,加强政治、经济、文化交流,意义重大。在此倡议背景下,必须认识到国际经贸法治对海上丝绸之路建设的重大意义,梳理海上丝绸之路沿线的法律制度现状,剖析各项制度的不足,提出现存制度完善措施和共建21世纪海上丝绸之路区域海运法治构建,借助区域海运法治推动共建21世纪海上丝绸之路倡议实施。共建21世纪海上丝绸之路倡议的实施需要大量的国际投资,然而,沿线国家大多分布于东南亚、南亚、中亚、西亚、北非、中东欧等地区,大多属于发展中国家。一方面,

① 参见厉以宁、林毅夫、郑永年等:《读懂“一带一路”》,中信出版社2015年版,第252页。

存在非商业风险较大的情况;另一方面,法治发展水平整体有待进一步提高。这使共建21世纪海上丝绸之路区域外国投资面临较突出的非商业性风险问题。共建21世纪海上丝绸之路倡议的实施重点之一为基础设施的互联互通,而基础设施的建设需要大量资金的投入,亚投行旨在促进亚洲地区基础设施建设,其在服务范围和对象上与共建21世纪海上丝绸之路倡议相一致,为共建21世纪海上丝绸之路倡议的实施提供了金融支持,是完成共建21世纪海上丝绸之路倡议目标的重要手段。在实施共建21世纪海上丝绸之路倡议过程中,无论是双边或者多边投资贸易机制,还是不同国家乃至亚洲基础设施投资银行的协调机制,都会面临投资者、项目建设者或者当事方之间或者他们与东道国政府之间发生争议的问题。对投资争端解决而言,能否通过非政治途径便利、高效地解决,直接决定了共建21世纪海上丝绸之路区域发展的持续性和活跃度。因此,设置符合区域特殊性的投资规则与标准,就显得十分必要和有意义。共建21世纪海上丝绸之路作为共建"一带一路"倡议的重要组成部分,将以海路为基础,开辟一条充满活力的经济带,实现沿线国家的共同繁荣发展。因此,实现沿线地区经贸法治化,制定兼顾公平效率的经贸法律规则,解决共建21世纪海上丝绸之路中的主要法治阻碍,极为重要。本书从贸易、投资、投资争端解决、金融、海运、互联网与数据等方面进行探讨。

目 录

第一章　共建21世纪海上丝绸之路概述

第一节　海上丝绸之路历史回顾

一、“丝绸之路”与“海上丝绸之路”概念的提出

《辞海》对“丝绸之路”的解释是：“古代横贯亚洲的交通要道，约自公元前第二世纪以后千余年间，大量的中国丝和丝织品皆经此路西运，故称丝绸之路。其他的商品以及东西方各种经济和文化的交流，在整个古代和中世纪时亦多通过此路……亦有取道海上者，或自中国南部直接西航，或经由滇、缅通道再自今缅甸南部利用海道西运，或经由中亚转达印度半岛各港再由海道西运。丝绸之路在历史上促进了欧亚非各国和中国的友好往来。”“丝绸之路”是在古代经中亚通往南亚、西亚及欧洲、北非的贸易通道，不仅是东西商业贸易之路，而且是中国与欧亚各国政治往来之路。西方的艺术、科技知识、宗教借此路传到中国，中国的工业技术、艺术手法、儒道思想也通过该路流向西方，是相互交往的友好象征。“海上丝绸之路”是中国与其他国家、地区进行经济文化交流的海上通道的统称，由“东海航线”和“南海航线”两大干线组成。东海航线从中国通向朝鲜半岛及日本列岛，南海航线从中国通向东南亚及印度洋地区。“海上丝绸之路”相比“陆上丝绸之路”，产品

类型更多样化，对航海科技的依赖更强。

古代中国其实没有“丝绸之路”这个称谓，汉代以来东西交往所用之词乃“通西域”。“丝绸之路”的学术概念最早是由德国自然地理学家、地质学家李希霍芬提出。1868年至1872年，李希霍芬为德国选择殖民点和开展资料调查专程来到中国，以上海为基地考察中国多个省份，之后于1877年出版巨著《中国：我的旅行与研究》(*China: The results of My Travels and the Studies Based Thereon*)。该书在第一卷第十章“中国与中亚南部和西部诸民族的交通往来之发展”专题中，考察了中国与中亚的交通路线，李希霍芬首次使用了“丝绸之路”一词，指出这条贸易之路所贩运最重要的商品便是丝绸缯帛。① 又在一张地图上提及“海上丝绸之路”。

1910年，接受“丝绸之路”概念的德国历史学家赫尔曼将自己的著作命名为《中国和叙利亚之间的古代丝路》。而后西方学者进一步指出中国通往西方的海上航线也应归为丝绸之路，法国汉学家沙畹在1913年所著《西突厥史料》一书中“东罗马之遣使西突厥”部分里提出“中国之丝绢贸易，昔为亚洲之一重要商业，有陆、海两道，北道出康居，南道为通印度诸港之海道，以婆庐羯泚为要港”。瑞典人赫定从1933年至1935年对丝绸之路进行实地考察，编著了《丝绸之路》，向全球介绍了从西安经安西、喀什噶尔、撒马尔罕、塞流西亚，直至推罗的“丝绸之路”以及从海路运往印度、阿拉伯、埃及、地中海沿岸的“海上丝绸之路”。法国的印度学家菲利奥札在1956年出版的《印度的对外关系学》和1986年出版的《从罗马看印度、有关印度的古代拉丁文文献》两本著作中阐述了“丝绸之路”和“海上丝绸之路”。② 1967年日本学者三杉隆敏出版了“海上丝绸之路”的专著——《探索海上丝绸之路》。

中国文化大师季羡林于1955年发表的论文《中国蚕丝输入印度问题的初步研究》在论述“南海道”一节中，引用《汉书》等史料论证了中国蚕丝自汉代，后经魏晋南北朝、隋唐宋元明等朝代，“从这条重要道路运至印度”。1981年高等院校和科研机构组成的“丝绸之路考察队”进行实地考察，后各专家撰稿汇编出《丝路访古》一书，奠定了丝路研究的良好开端。1981年至1982年，学者陈炎的《略论海上丝绸之路》和朱少伟的《海上丝绸之路》等论文明确提出了“海上丝绸之路”的概念，指出在古代还有一条与横跨欧亚大陆的“丝绸之路”并行的海上商路。陈炎等人提出“海上丝绸之路”的概念后，在国内被广泛采用，遍及著作、杂志、报纸、通

---

① 参见梁二平：《海上丝绸之路2000年》，上海交通大学出版社2016年版，第3页。

② 参见黄启臣：《广东海上丝绸之路史》，广东经济出版社2003年版，第4～5页。

俗读物和新闻报道等。尤其是陈高华等学者所著《海上丝绸之路》进行了全面系统的阐述：自中国沿海港口，经过南中国海，进入印度洋，到达波斯湾和阿拉伯半岛；而从中国横渡黄海或东海到达朝鲜和日本的航路，是海上丝绸之路的支线。①

二、海上丝绸之路的不同历史时期

人类对海洋的追求与探索孜孜不倦，最开始滨海族群在近海区域活动，由于造船能力不足，滨海人民只能小范围航行，在近海捕捞，无法进行远程贸易与交流。之后，随着技术进步，滨海族群不断拓展海洋活动空间，由近海走向远洋，环中国海向西与印度洋连接，印度洋西部阿拉伯海区域则与地中海联通，于是形成了跨越中国海、印度洋、地中海的海洋贸易通道，海上丝绸之路便形成。再往后东西方的海洋族群在太平洋汇合，海上丝绸之路从欧亚板块边缘海域扩展到全球范围海域，环中国海以及东南亚海域成为海洋贸易重心、海上运输关键。此后海上丝绸之路出现断裂，特别是19世纪的中国海关被西方国家把控，中国丝绸等贸易品向西方流动的场景消失，终结了古代海上丝绸之路。②

海上丝绸之路作为中外贸易交往、东西文明交流的重要通道，大致分为四个主要的历史时期。其一，形成于秦汉时期。先秦南和越国时期岭南地区海上交往为海上丝绸之路的形成奠定了基础，早在距今六千年左右，岭南先民已经利用独木舟在近海活动，后可到达南中国海乃至南太平洋沿岸及其岛屿。中国海上贸易真正始于汉武帝时代，《汉书·地理志》有云："有译长，属黄门，与应募者俱入海市明珠、璧琉璃、奇石异物，赍黄金杂缯而往。所至国皆禀食为耦，蛮夷贾船，转送致之。亦利交易。"正史中第一次明确记载海外贸易，时间应为西汉中期，汉武帝平定南越之后。且第一次贸易便有丝绸，交易资本是黄金和各种丝织品，是实实在在的海上丝绸之路。其二，发展于唐宋时期。唐朝政治理念开放，外贸管理先进，法制规则完备，助力海上丝绸之路通畅。唐代中期陆上丝绸之路因战乱没落，使得海上丝绸之路更加兴盛。宋朝与东南沿海国家常常保持友好互通往来关系，指南针的发明对航行益处颇多，泉州成为海上对外贸易最大港。其三，兴盛于元明时期。元朝在广州等地设置转运市舶提举司，恢复宋末遭受战争摧残的海外贸易船只。元代文献中记载的贸易交往国家和地区近220个，相较南宋《诸蕃志》多出

① 参见龚缨晏主编：《中国"海上丝绸之路"研究百年回顾》，浙江大学出版社2011年版，第190～197页。

② 参见张相君：《国际法新命题：基于21世纪海上丝绸之路建设的背景》，社会科学文献出版社2016年版，第4～5页。

数倍,货品除了布匹还有药材、宝物等。基于明朝领先世界的航海技术,加之广东在海上丝绸之路的重要地位,明朝中叶前的海上丝绸之路航线已经遍布全球,尤其是郑和下西洋所开辟的到西洋的航线是明初海上丝绸之路航程最远的远洋航线,向西最远到达今日的坦桑尼亚,向东到达墨西哥海岸和秘鲁,海外贸易盛极一时。海外移民潮在这一时期出现。其四,转变于明清时期。在郑和下西洋之后,明朝奉行海禁政策,烧毁造船技术资料,严禁建造大型出海帆船。清朝开辟了北美洲航线、俄罗斯航线等,但禁海、迁海政策关上了正常海上贸易之路的大门,严重影响海外贸易发展,对当地政府和百姓带来较多伤害。后改为广东一口通商,对广东海上丝绸之路的发展有促进作用,但是依然不复盛世之辉煌。

三、海上丝绸之路的历史意义

从狭义上来说,海上丝绸之路只是一条运输货物的海上通道。但从广义上来说,海上丝绸之路不仅是贸易交通线,还是国家关系互动、科技文化交往、移民和思想交流之路。

古代人类文明的发展并不是以某一种文明为中心,然后扩散影响外围区域,进而形成其他文明的发展模式,而是以亚欧非大陆多区域和多样化文明的形式存在和发展。除源远流长的中华文明外,还有尼罗河流域的古埃及文明、被称为“西方文明摇篮”的古希腊文明,以及古罗马文明、古印度文明、古伊斯兰文明和玛雅文明等。多元化的文明既各自独立发展,又在适当的时机下发生相互碰撞和融合,并未局限于物质和经济,同时涵盖精神和政治、文化等,并一直处于发展变化之中。

以古老的伊斯兰文明为例,伊斯兰文明历经倭马亚王朝、阿拔斯王朝和法蒂玛王朝等辉煌时期,贯穿公元7世纪到13世纪的漫长岁月,与伊斯兰国家政权实践相辅相成,通过文化继承、吸收和改善而逐步形成世界性文明体系。伊斯兰文明之所以能够被称为体系,是因其宏大结构、丰富内容和广泛影响力。数学、天文、医学等自然科学,哲学、历史学、伦理学等社会科学均包含在伊斯兰文明体系内,尤其是宗教学较为发达。伊斯兰文明体系纳入了东西方文明,为国际社会提供了诸多公共产品,对于文化传播和文明创新成果显著,对亚洲、欧洲、非洲的文明均产生重要影响,为推动人类进步作出巨大贡献。伊斯兰文明存在“创制”行为,此乃法学概念和立法原则,指法学家依据《古兰经》、圣训的原旨精神,通过推理、比较、判断等方法,针对新条件下出现的新情况、新事物,推演出不违背教法学宗旨的法律结论与条规的思维过程,包括对《古兰经》、圣训的经文选择、释义、应用,直至形成新的判例。此行为有利于伊斯兰文明的不断创新和对新环境的适应。伊斯兰文明的核心要义包括:和平观念、普世正义观、人类平等观、个人尊严观念、宗教自由和宽容。和解纷争,谋世界和平是伊斯兰文明的普世观念,而非伊斯兰文明存在暴力性的狭隘偏见;正义和公正是伊斯兰文明的重要价值取向;平等观念要求地位平等,不论教内教外,不分贵贱均为手足,大家和睦相处,朴素却实用;个人的发展是伊斯兰文明的重点领域,为个人提供发展的社会条件,鼓励人们相互帮助,实现物质到精神的发展;伊斯兰文明并非排斥其他宗教,而是主张多元、开放、宽容的理念,摒弃宗教偏见。

而以海上丝绸之路为契机的中华文明发展,传承至今最为重要的便是"和平合作、开放包容、互学互鉴、互利共赢"的"丝绸之路精神"。

所谓和平合作,就是坚持和平是前提,合作是手段,以和平促合作,通过合作巩固和平。在和平与发展的时代主题下,将政治关系优势、地缘毗邻优势、经济互补优势转化为务实合作优势、持续增长优势。相互尊重、平等协商,坚决摒弃冷战思维和强权政治,走对话而不对抗、结伴而不结盟的国与国交往新路。要坚持以对话解决争端、以协商化解分歧,统筹应对传统和非传统安全威胁,反对一切形式的恐怖主义。中国决不会以牺牲别国利益为代价来发展自己,也决不放弃自己的正当权益,任何人不要幻想让中国吞下损害自身利益的苦果。中国奉行防御性的国防政策。中国发展不对任何国家构成威胁。中国无论发展到什么程度,永远不称霸,永远不搞扩张。

所谓开放包容,就是坚持开放的姿态、包容的气质,保持中国惯有的大国胸怀。树立正确的历史观、大局观、角色观,博采众家之所长。不但要从全局的角度看世界,而且要真正地走出去实践,寻找最适合自身的发展道路,也要尊重海上丝路国家的不同道路选择。集各国之优势,融合不同政治体制、经济水平、文化背景、宗教信仰共同为共建21世纪海上丝绸之路贡献力量。要同舟共济,促进贸易和投资自由化便利化,推动经济全球化朝着更加开放、包容、普惠、平衡、共赢的方向发展。

所谓互学互鉴,就是相互学习、相互借鉴,取长补短、共同提高。正如古代中国的造纸术、指南针等技术传至阿拉伯地区和欧洲,中亚的农作物养殖技术、医药技术、天文技术等也被中国借鉴。新时代下,要尊重世界文明多样性,以文明交流超越文明隔阂、文明互鉴超越文明冲突、文明共存超越文明优越。

所谓互利共赢,就是共商共建、共同受益、实现共赢,实现资源优化配置和生产要素有效流通,相互助力经济发展,达到共同发展的目的。扩大沿线国家间的投资贸易额和经济交往领域,放宽经济交往限制,深化友好合作,共同实现经济架构升级,形成利益共同体。扩大同各国的利益交汇点,增添共同发展新动力。加大对发展中国家特别是最不发达国家援助力度,促进缩小南北发展差距,推动建设开放型世界经济。

海上丝绸之路是大陆文明与河海文明相互融合的产物,经历了漫长历史时期的检验,线路随着技术进步几经变化,鼎盛时期连接起亚欧非数十个国家和地区,形成了经济发展走廊和海上运输通道,对和平稳定、经济发展、文化交流作出不可磨灭的贡献。首先,经济上,中国通过海上丝绸之路打通了与东南亚国家、西亚国家、东非国家、欧洲国家的贸易交往,中国的丝绸、茶叶、瓷器等特色产品广受沿线人民喜爱,沿线国家的奇珍异宝、药材、木材等物品也流入中国,尤其是土豆和番薯的传入,对中国人口的增长起到较大的作用。以18世纪中国与法国通过海上丝绸之路的贸易为例,在法国东印度公司或散商的带动下,法国主要向中国出口银元和工厂制品、手工艺品,而中国的茶叶、丝绸、瓷器运往法国,深受法国贵族和人民喜爱,"海上丝绸之路"有效连接起中法贸易关系。① 其次,政治上,中国与周边国家通过海上丝绸之路的交往,加深了彼此了解,奠定了和平稳定基础,隋唐时期日本派遣唐使团到中国学习交流,明代郑和从海上丝绸之路返回时,带着部分国家的皇帝和许多国家的使者,相互赠予礼物,形成友好的国家间关系。再次,文化上,中国与周边国家通过海上丝绸之路影响颇深,西方宗教文化和宗教人士进入中国,中国的礼仪服饰、文字艺术等流入日本,中国从印度学到了熬糖技术,从高丽学到了高丽乐,中国的指南针、火药、丝织技术和制陶、制铜技术也被周边国家学习。最后,还不能忽略"海上丝绸之路"运行过程中,各国相互间形成的和平发展、友好相处、互利共赢的精神,该精神并没有随着古代"海上丝绸之路"的结束而消亡,反而被各国人民传承下来,融入民族基因。"海上丝绸之路"不仅是经济贸易通道,更是政治安全、文化交流要道,在沿线国家社会发展程度不同、经济文化形式不同、社会风俗意识不同的背景下,在历史的长河中实现了共同的价值追求。

第二节　古代"海上丝绸之路"相关法制

海上丝绸之路以中国文明为核心产生,其命名便与中国有千丝万缕的关系,其兴盛更是由中国主导。而海上丝绸之路的兴盛除依靠造船技术等科技以外,更

---

① 参见严锴:《18世纪中法海上丝绸之路的航运及贸易》,载《甘肃社会科学》2016年第3期。

离不开法制的支持和保驾护航。自秦汉到明清，海上丝绸之路相关法制从模糊到具体，实现了政府对于贸易可持续发展的有效管理。具体而言：

西汉早期对海上丝绸之路贸易的管理，是政府派驻在地方掌握军事、政事以及海外贸易的左右候官，这形成了中国早期对外贸易制度的雏形。候官有“设置、管理仓库，代表政府管理海外贸易事项，为政府征收外贸税和管理费，参与经营买卖活动”等职责。① 西汉晚期，中央不再地方专设官员，而是由中央设“少府海丞”专政海外贸易税，与市舶管理制度有相似之处。之后，东汉则由大司农兼管海上丝绸之路和海外贸易。

魏晋南北朝时期，海上丝绸之路初步发展。三国时期孙吴政权正式命名广州，并以广州为中心对岭南地区实施行政管理，之后各朝代因陆上丝绸之路隔断，均重视海上丝绸之路，发展海上贸易，实行灵活开放的贸易政策。东晋时广州成为海上丝绸之路重要的起点港，对外贸易的经营方式则是传统的官方商业使团的朝贡贸易方式，中国派使团到国外贸易，外国政府遣使来中国朝贡。东晋南朝时未设置专门管理对外贸易的机构，常由广州刺史兼管，由于相关法令制度缺失，反而引发了广州地方官员贪污成风的现象，对于海外贸易产生较大的阻碍。

隋朝的隋文帝发布《安边诏》，革除前朝弊端，扭转“南海诸国，欲向金陵，常为非法盘检，远人嗟怨，致绝往还”的不良现象，强调广州政府不得侵犯海外客商，应“任其载运，有司不得搜检”。② 至隋炀帝，南海和交趾成为隋朝知名的外贸中心。

唐朝的开放包容举世闻名，外国人到中国经商甚至做官的情形不计其数，从中央到地方建立了较完备的外贸管理体系，海上丝绸之路主要由广州市舶使主管，市舶使的具体职责在《国史补》卷下描述为“籍其名物，纳舶脚，禁珍异”，对外国商船征收进口货物税，禁止商人在官府征购之前私自卖出专卖商品。针对外国人的法令也较为详细，《关市令》有“市易之日卯后，各将货物畜产俱赴市所，官司先与藩人对定物价，然后交易”的规定，由官府来定价；《唐律疏议》有“真珠、金、银、铁，并不得度西边、北边诸关及至缘边诸州兴易”的规定，对交易有限制，兵器、金银等不得交易，禁止奴婢贩卖，“将禁兵器私与化外人者，绞”③；《赋役令》对境内外国人减免赋役，不需与内地百姓相同。《唐律疏议》卷六还有关于国际法律冲突的规定，“化外人，谓藩夷之国，别立君长者，各有风俗，制法不同。其有同类自

---

① 参见罗晃潮：《简论我国早期海关之雏型设于徐闻》，载《岭南文史》2000年第4期。

② 参见《文馆词林》卷六六四，引隋文帝《安边诏》。

③ 王溥：《唐会要》卷一〇〇，《杂录》。

相犯者，须问本国之制，依其俗法断之。异类相犯者，若高丽之与百济相犯之类，皆以国家法律，论定刑名”，尊重外国法律；唐代朝廷还以敕文的形式规定海上遗产分配问题，“死商及外界人身死，应有资财货物等……内有父母、嫡妻……并合给付……如无上述亲族，所有财物等，合并官收”；其他还有“不得多务征求”“重加率税”的诏令。一系列法令规则使唐代外贸管理规范化和法制化，为海上丝绸之路的繁荣打下良好制度基础。

宋朝加强对外贸的控制，并完善市舶司制度，中央直接控制广州等大港，制度规则更为周密。宋朝在唐朝的基础上完善了市舶司制度，对进出港口的海外贸易与国内沿海贸易的人、船、货进行全面管理，既包括向中国出口商船发放许可证、检查违禁货品、护送商船等，又包括检查进口船只有无违禁带货、进口货物的抽解、接待外商等，还有向朝廷报告贡船到岸信息等功能职责。宋朝经过全国范围的外贸制度改革，颁布了一份重要的法律文件——《元丰广州市舶条》，主要内容包括：只有广州、明州、杭州等城市放行外贸商船，外贸商船返回须先回放行市舶司纳税，各国进贡货物一律就地变卖，前往海南岛的船只须向市舶司申领出海凭证，犯人不得随商船赴海外等。元丰市舶条加强中央对海外贸易的掌控，对外贸进行详尽的约束，使海外贸易有法可依。宋代涉外法律继承唐代的精神，《宋刑统》规定了外国人发生纠纷时的管辖权、中外婚姻约束、外商遗产处置等。之后，汇集众多敕令的《庆元条法事类》规定了外商从宽处理和赦免条例、外商刑事处罚条例、婚姻条例、服饰条例等。宋代对海上丝绸之路的法制建设在一定程度上有开启新篇章之作用。

元朝相比宋朝不再区分各地不同分工，制定了全国统一且系统性强的外贸管理法则。至元三十年的《市舶则法二十三条》规定了权豪富户也要抽分纳税，府司官吏不得藏匿不抽分，不得以进呈之名逃避抽分，僧道也在规制范围内。延祐元年的《市舶法则》规定了诸王、驸马、权豪、势要、僧、道等在海外贸易所得，都要抽解，违反者钱物没官，决杖数百；市舶司官员不得拘留占有船舶，不得让商人捎带钱物，一经发现决杖、罢职、罚没。元朝法制对于权贵人员的约束更为严格，给了海外贸易从业者相对宽松的环境，有利于海上丝绸之路的发展。

明朝一反前几朝的开放贸易政策，实行仅准许与明朝有朝贡关系的国家对中国进行贸易的朝贡贸易政策，对于贡期、贡道、贡品数、贡舶数作了详细规定，以立法的形式将禁海令写入《大明律》。不论官民，禁止二桅以上的大船出海，违者比照谋叛处斩；禁止私自运货出海或者购入洋货，违者或绞或斩或充军等。明朝对广东实行特殊政策，准许非朝贡国家传播进入广东贸易，广东市舶司也逐渐成为唯一掌管对外贸易的机构。市舶司主要履行辨勘合、征私货、平交易的职责。

清朝从禁海迁海逐步到开海贸易，最终形成广州一口对外通商体制，设立了海关正式负责管理对外贸易和征收关税，粤海关成为唯一对外通商口岸。乾隆皇帝批准的《防范外夷规条》是管理外商贸易的正式章程，对外商停留时间、停留地点、雇员的限制、与中国商人的关系、对船舶的监视等方面进行规定。1800年以后，清朝日益腐败没落，法制无法有效发挥其保驾护航的作用，1840年鸦片战争之后，中国逐渐沦为半殖民地半封建社会，海上丝绸之路也不再是中国主导的和平之路、贸易之路，而是西方列强和日本等国的侵略之路、炮舰之路，标志着古代海上丝绸之路的结束。

古代海上丝绸之路历经各个朝代，均存在法制的指导和管理，对于海上丝绸之路的规范化、连续性产生了积极影响，有效激发了贸易从业者的信心和动力，相对科学地规范了政府和买卖各方的行为。古代法制对于海上丝绸之路的繁荣有不可磨灭的贡献。鸦片战争后随着列强入侵，法制的科学性和执行力弱化，也是导致海上丝绸之路没落的原因之一。当然，我们还需客观看待古代法制，古代中国并非法治社会，虽有法制，但统治者的意志高于法律，且不受法律约束。加之缺少专门立法机构，缺乏专门的立法程序，常常是皇帝的命令一经发出便具有“法律”效力，但人治之下，部分立法几无成本和限制，朝令夕改的现象不可避免，“立法者”也无须为法制谬误担责，也常常未考虑法制连贯性，前后法制相互矛盾以及数目繁多的法令导致自上而下“只闻新规，不记旧则”，使得法制的作用发挥受到很大局限。

第三节　共建21世纪海上丝绸之路倡议的产生与意义

一、共建21世纪海上丝绸之路倡议的提出

海洋是最大的生态系统，是人类生存和可持续发展的共同空间和宝贵财富。中国既是陆地大国，也是海洋大国，拥有广泛的海洋战略利益。经过多年发展，我国海洋事业总体上进入了历史上最好的发展时期。海洋原本就是沟通世界的桥梁和纽带，也是合作潜力巨大、开放前景最为广阔的领域，以海洋为载体和纽带的政治、经济、文化合作将越来越密切。新时代下中国更加重视和依托海洋经济，一直秉持“和平合作、开放包容、互学互鉴、互利共赢”的“丝绸之路精神”，一直努力推动联合国制定的《2030年可持续发展议程》在海洋领域的落实，一直期待与海上丝绸之路沿线国家实现全方位、多层次、深领域的海上合作，建立积极务实、团结

协作的伙伴关系，实现海上可持续发展。

世界多极化、经济全球化、社会信息化、文明多样化的发展格局已然成型，区域一体化和科技飞跃式发展均使生产力和生产效率极大提高，人类在政治交往、经济物质和社会文明方面联系十分紧密。在前所未有的发展高度下，共同挑战、新型挑战亦接踵而至。世界经济进入平庸增长期，关键技术和新科技产业还未完全形成强劲的经济增长点，全球经济增长缺乏明显动力，经济全球化大势遭遇逆全球化思潮的阻挠，人类命运共同体所需要的开放包容合作理念面临威胁，全球经济治理体系革新缓慢未能有效反映客观变化，全球贸易投资体系的互利共赢价值链有待完善，世界上许多国家基础设施落后导致发展受到严重制约。经济全球化希望的普惠、均衡、包容发展还未实现，伴随而生的贫富差距扩大、发展中国家利益不受重视等缺陷却已显现，部分发展中国家尚未完全打开现代化大门，便出现部分发达国家重回贸易保护主义的倒退潮，民粹主义和极端主义思潮也逐步回升。区域合作碎片化，恐怖主义、气候变化、难民危机等非传统安全挑战亟待解决，贸易保护主义引发的国家利益至上的狭隘观念，使发达国家在推进全球治理体系有效改革方面较为懈怠，而中国作为负责任的大国，以人类命运共同体为目标，致力于为国际社会提供合作共赢的公共产品。于是，面对种种困难和挑战，牢记中国的责任与担当，习近平主席在2013年访问印度尼西亚时提出共同建设21世纪“海上丝绸之路”，该倡议是中国在新的历史条件下实行全方位对外开放的重大举措，是在世界范围内推动互利共赢的重要平台，得到国际社会高度关注和相关国家的积极响应。

共建21世纪海上丝绸之路，加快建设海洋强国，既是基于中华海洋文明发展的历史经验，也是对于国际海洋复杂局势的现实考量。共建21世纪海上丝绸之路重点在于“21世纪”，是中国提出的21世纪海洋合作的新理念，中国倡导和平、互利、合作，中国提出的海洋强国目标内涵是和平、和谐、合作的新型海洋安全观，排除近代以来海洋扩张、殖民与海洋霸权的老路，体现中国开创可持续发展的新型海洋文明的立场。共建21世纪海上丝绸之路与丝绸之路经济带相辅相成，共同强化中国对外部经济的正向外溢作用，通过向发展中国家提供资金、技术支持，并与发展中国家开展政策、基础设施、贸易、金融、人文合作，解决过往中外经济互动过程中出现的资源配置不均、生产要素流动不畅或比较优势被制约等问题，实现各方资源的有效配置，在巩固现有周边自然经济区域的基础上，进一步发展新的经济合作，创建更多的经济联合体和市场共同体。

共建21世纪海上丝绸之路的基本路径：基于国家的主权、安全和发展利益，以国际经贸合作为重心，以海上运输和基础设施建设为抓手，形成沿线港口建设、产业园建设、重大投资项目建设的有机整体，满足互联互通和投资贸易便利化的要求，推动南海和其他海洋战略通道的顺畅，带动沿线国家的经济融合、互利共赢和共同发展，构建相互尊重、公平正义、合作共赢的新型国际关系，重组经贸合作新格局，参与和引领全球经济治理，推动持久和平、普遍安全、共同繁荣、开放包容、清洁美丽的人类命运共同体的目标达成。

共建21世纪海上丝绸之路有两大走向：一是从中国沿海港口过南海，经马六甲海峡到印度洋，延伸至欧洲；二是从中国沿海港口过南海，向南太平洋延伸。合作领域从经济到人文，同沿线国家共建重要港口和节点城市，实现海上繁荣。促进基础设施互联互通，对接建设规划、衔接质量技术体系、促进运输便利化、推动项目建设、联通能源设施、打造信息网络；提升经贸合作水平，密切经贸联系、构建“一带一路”自贸区网络、推动贸易便利化；扩大产能与投资合作，扩大合作共识、共建合作平台、促进投资便利化；拓展金融合作空间，加强金融合作机制对接、打造新型合作平台和创新融资机制、深化金融机构及金融市场合作、扩大本币互换与跨境结算、加强金融监管合作；加强生态环保合作，建设合作平台、推进水利合作、加强林业和野生物种保护合作、推动绿色投融资、应对气候变化；有序推进海上合作，推动互联互通合作、海洋经济合作、海上执法安全合作、合作机制建设；深化人文社会及其他领域交流合作，加强教育文化合作、科技合作、旅游合作、卫生健康合作、救灾援助和减贫、便利人员往来。合作机制从官方到民间，涵盖高层推动、战略对接、双多边机制。①

二、共建21世纪海上丝绸之路倡议的定位与内涵

共建21世纪海上丝绸之路倡议借用古丝绸之路的历史符号，融入了新的时代内涵，既是维护开放型世界经济体系，实现多元、自主、平衡和可持续发展的中国方案；也是深化区域合作，加强文明交流互鉴，维护世界和平稳定的中国主张；更体现了中国作为最大的发展中国家和全球第二大经济体，推动国际经济治理体系朝着公平、公正、合理方向发展的责任担当。②

共建21世纪海上丝绸之路倡议具备开放性、包容性，拒绝排他性和封闭性。

---

① 参见推进“一带一路”建设工作领导小组办公室：《共建“一带一路”：理念　实践与中国的贡献》，2017年5月10日发布。

② 参见推进“一带一路”建设工作领导小组办公室：《共建“一带一路”：理念　实践与中国的贡献》，2017年5月10日发布。

开放合作、包容发展是当今世界持续进步的基本要求,开放带来发展,封闭带来停步。中国坚持建设开放型世界经济大方向,坚持走开放发展、互利共赢之路,进一步开放市场,共同将世界经济的"蛋糕"做大,处理好公平和效率、资本和劳动、技术和就业的矛盾,实现包容增长。依托沿线重点港口、中心城市、产业园区,通过基础设施建设实现互联互通,提升贸易投资便利化水平,推动经济融合,形成经贸合作新格局。共建21世纪海上丝绸之路不是封闭的一国之独奏,而是开放的沿线国家之合鸣。

共建21世纪海上丝绸之路倡议不是另起炉灶、推倒重来,并不替代现有地区合作机制和倡议,而是实现战略对接。沿线国家资源禀赋各异,各自存在比较优势,共建21世纪海上丝绸之路倡议便是优势互补、合作打通,与已有的合作机制和倡议实现战略对接,共同发挥促进发展的作用。中国在改革开放后积攒了大量成功发展经验,中国愿意将经验和技术分享,与沿线国家的比较优势和发展意愿结合,促进发展策略协调,提高互联互通水平,推动商品、技术、资金、人员高效流动和市场的深度融合,将双边、多边合作进一步扩大,打造新型合作架构。达成合作共识是首要,尊重每一个国家的意愿,坚决贯彻共商共建共享原则,支持各国已有发展战略和机制,共建21世纪海上丝绸之路倡议与现存倡议和机制只会出现携手推进区域建设的美好场景。

共建21世纪海上丝绸之路倡导不同民族、不同文化"交而通",而不是"交而恶"。国之交在于民相亲,民相亲在于心相通。共建21世纪海上丝绸之路倡议是不同文明、不同文化、不同信仰之间的交流桥梁,是相互理解的康庄大道,不是相互冲突的角斗场,更不是建立隔阂的平台。民心相通是倡议的工作重点,各国文明交流互鉴,以文明共存抵制文明优越、以文化融合消解文化冲突、以信仰尊重打破信仰歧视,加强国家间、人民间文化交往,加强文化层面友好对话,彼此相互加深了解,巩固相互友谊。民心相通是最基础、最持久的互联互通。共建21世纪海上丝绸之路倡议便是民心共振、文化互鉴的平台。

与古代海上丝绸之路相较而言,共建21世纪海上丝绸之路倡议更具先进性、包容性、普惠性三大特征。首先,共建21世纪海上丝绸之路倡议以"国家平等"的先进理念为支撑,融合"和平合作"的"丝绸之路精神"为底色。尤为重要的是,以人类命运共同体为目标指引,为共建21世纪海上丝绸之路保持先进性指明了发展方向。其次,共建21世纪海上丝绸之路不是中国独奏,而是各国共鸣,接纳真正认同中国理念、中国方案,愿意为人类命运共同体目标而奋斗的国际、国家力量,不因国家实力、发展水平、法治化程度高低而区别接收。中国强调开放包容的建设理念，不同的发展模式交汇碰撞、取长补短，多种文明共同存在、相互传播，形成开放、多元的全球化环境。最后，共建21世纪海上丝绸之路追求人类共同发展利益，致力于实现沿线国家和参与国的互利共赢，实现人类命运共同体。国家发展战略在共建21世纪海上丝绸之路实现对接，积极寻找利益契合点和合作最大公约数，坚持“共商共建共享”原则，充分发挥各国和国际组织的优势和潜力，落实共同发展、共同繁荣。在古代海上丝绸之路“和平、友谊、交往、繁荣”的基础上，切实进化为21世纪海上丝绸之路的“和平、发展、合作、共赢”。

三、共建21世纪海上丝绸之路倡议的重要意义

共建21世纪海上丝绸之路倡议助力海洋强国建设。习近平总书记强调，“建设海洋强国是中国特色社会主义事业的重要组成部分。党的十八大作出了建设海洋强国的重大部署”。“陆海统筹”真正取代“陆海二分”成为中国地缘政治经济战略的指导思想，而这一理念的贯彻和落实离不开共建21世纪海上丝绸之路倡议的落地，以海带陆，以陆促海。中国的海洋强国战略包括维护国家海洋领土的主权，探索中国海洋战略利益的范围与空间，建构有利的海洋秩序和国际海洋环境，与共建21世纪海上丝绸之路倡议内容相辅相成。中国从海洋大国到海洋强国的转变乃是机遇和挑战并存。一方面，岛屿和海洋争端无法在短时间内彻底解决，海上通道安全威胁依然存在，海外利益保障问题日益突出，还有恐怖主义、传染性疾病、海洋环境污染、海盗问题等非传统安全威胁。另一方面，当下也是我国海洋强国建设的机遇期，和平与发展仍然是时代主题，新型国际关系和人类命运共同体的指引为中国的海洋建设创造了良好的外部环境，我国的综合国力和海洋实力全方位提升，为后续发展打下良好基础，习近平新时代中国特色社会主义思想为海洋强国建设提供了丰富的理论指导。中国正加快建设海洋强国，提速增量、提质增效，通过共建21世纪海上丝绸之路更好地维护主权、安全和发展利益，加强磋商、深化合作、善用规则；大力构建蓝色伙伴关系，夯实海上丝路沿线的“朋友圈”，积极承担大国责任，推动开展务实合作；共商共建共享海洋经济发展，助推海洋经济转型和优势互补，融入互联网技术和人工智能技术提升经济建设速度与效率；深入贯彻科技兴海，巩固海洋卫星技术、海水淡化技术，不断发展深海装备体系；关注海洋生态保护，机制与文明共同发力，蓝色海湾、生态岛礁等大工程统筹实施。今后，需要把共建21世纪海上丝绸之路与区域开发开放结合起来，把握好共建21世纪海上丝绸之路提供的物质基础、战略契机、实现路径，认清沿线国国内局势动荡、沿线国家间存在冲突矛盾、地区发展多元化等现实情况，加强陆海口

岸支点建设,实施海洋战略,维护海洋权益,发展海洋经济,提高海洋科技,保护海洋生态,稳步向海洋强国的目标迈进。

共建 21 世纪海上丝绸之路倡议为参与国家和整个世界带来实实在在的利益。共建 21 世纪海上丝绸之路可以使亚欧非大陆及附近海洋连成一体,极大提高各方的互联互通水平。倡议提出以来,政策和规划对接不断强化,一批重大项目取得早期收获,贸易与产能投资合作不断深化,金融服务领域合作得到加强,人文交流逐步扩大。截至 2021 年 6 月 23 日,中国已同 140 个国家和 32 个国际组织签署了 206 份共建 21 世纪海上丝绸之路倡议合作文件。2013 年至 2020 年中国对沿线国家累计直接投资已达 1351 亿美元。① 2020 年,我国企业对共建 21 世纪海上丝绸之路沿线 58 个国家非金融类直接投资 177.9 亿美元,同比增长 18.3%,占同期总额的 16.2%,较上年同期提升 2.6 个百分点。对外承包工程方面,我国企业在共建 21 世纪海上丝绸之路沿线的 61 个国家新签对外承包工程项目合同 5611 份,新签合同额 1414.6 亿美元。倡议提出以来,"一带一路"国际互联互通水平持续提升。截至 2021 年,"六廊六路多国多港"架构基本形成,一大批合作项目落地生根,基础设施联通不断深化。数据显示,中欧班列已累计开行超 4 万列,打通 73 条运行线路,通达欧洲 23 个国家的 160 多个城市,运输货品达 5 万多种,有力保障了国际产业链供应链稳定畅通,促进区域共同发展,为共建 21 世纪海上丝绸之路合作增添更多动能。② 共建 21 世纪海上丝绸之路倡议不是空洞口号,而是实际强国利民举措,体现为求同存异凝聚共识、开放合作包容发展、多方参与市场运作、共商共建利益共享,现已取得一系列重大成果造福沿线人民。

共建 21 世纪海上丝绸之路倡议为全球治理、国际合作和世界经济持续健康发展提供了平台。共建 21 世纪海上丝绸之路倡议是全球治理和人类命运共同体构建的伟大实践。因倡议的开放性,沿线国家、世界各国均可从中获益。坚持正确的思想理论,积极参与海上丝路建设实现互利共赢,是面临和平赤字、发展赤字、治理赤字的挑战下,为全球治理提供的有效合作平台。一方面,结合中国的过往成功实践和文化传统,共建 21 世纪海上丝绸之路蕴含"丝绸之路精神",在继承和平共处五项原则、坚定不移走和平发展道路的基础上,坚持义利观和新发展理念,将"和平合作、开放包容、互学互鉴、互利共赢"的"丝绸之路精神"传播到海上

---

① 参见胡必亮:《共建"一带一路" 促进共同繁荣》,载经济参考报网,http://www.jjckb.cn/2021-07/20/c_1310071884.htm。

② 参见胡必亮:《"一带一路"八周年,互联互通取得哪些进展?》,载中国一带一路网,https://www.yidaiyilu.gov.cn/xwzx/gnxw/187294.htm,最后访问日期:2021 年 10 月 23 日。

丝路沿线和更广阔的全球交往中。另一方面,“共商共建共享”的全球治理观大大创新了全球治理理论,倡导国际关系民主化,坚持国家不分大小、强弱、贫富一律平等,支持扩大发展中国家在国际事务中的代表性和发言权。共建21世纪海上丝绸之路秉持共商共建共享,确保发展原则、合作机制、成果分享、规则构建获得最广大参与国的支持与认可,聚合各国发展力量,满足全球发展需求。最后,共建21世纪海上丝绸之路推动“全球价值链”的新发展。各个国家均积极参与全球价值链运行,但是共建21世纪海上丝绸之路倡议提出之前,发达国家因发展优势常处于全球价值链的高端水平,而发展中国家由于技术支撑不足、资金相对匮乏等,处于全球价值链的中下游地位,付出较大的代价却收益有限,同时,发达国家缺乏提升发展中国家全球价值链地位的动力。而共建21世纪海上丝绸之路将在广阔区域内形成新的全球价值链,革除传统价值链的弊病,注重比较优势的发挥以及生产要素的合理流动与分配,带动不发达国家的产业、技术升级,逐步实现全球价值链的深化改革和整体提升。总之,共建21世纪海上丝绸之路倡议意义重大,成果显著,应进一步加快港口建设,壮大海洋产业,保障海外投资贸易,加强人文交流互鉴,坚持走法治化道路,充分发挥共建21世纪海上丝绸之路的功能效用。

第四节　共建21世纪海上丝绸之路的经贸法治化

一、共建21世纪海上丝绸之路经贸法治化的内涵

“法治化”是人类社会组织文明发展的成果,是人类社会在千百年社会治理实践中不断吸取经验、总结教训,进而从各种非法治形态的治理形式走向“法治”的治理模式。虽然多数国家政治制度不同、经济发展水平差异、宗教信仰各异、社会文化多元,但均选择在法治道路上行进,使法治化建设成为不同文明的共同发展追求。虽然法治化建设是正确行进方向,但不同国家由于历史原因处于不同的历史发展阶段,各国人民对法治的认识水平有所差异,国家法治建设的侧重点和发达程度存在区别。各个国家须适应时代的切实要求,抓准自身法治建设的重点内容,但同时,就全球治理和国际法治而言,许多法治化问题是相通的,是各国需共同面对和解决的,需以积极的态度加紧法治化同步建设。

法治化是推进全球治理体系变革、构建世界新秩序的必然要求,建设国际法治是推进全球治理现代化和世界秩序法治化的必由之路。法律是社会中合理分配权力、限制权力的工具。国内法治着眼于一国内部的和谐与合作,而国际法治则致力于全世界范围的协调与发展。国际法治制定了促进国家间政治、经济、文

化交往的规范与程序,平息国家间争端,保护各国人民的合法权利。国际法治通过规范和程序的构建而全力减少可能引发的国际冲突,并提供了冲突解决的和平之方法。当然,国际法规则永远处于完善的过程中,也存在强制执行方面的不足。但重视和善用国际法调整国家间冲突的利益,实现国家间和谐共处、互利共赢的发展趋势不应改变。

国际法治具有丰富的内涵,从当今国际实践来看,实现国际法治至少包括三个层面的义务:国际法新规则的制定、国际义务的善意履行以及国际争端的和平解决。各国通过制定国际法,在国际、国内层面履行国际法义务,依法解决争端,逐步推进法治化,将法治作为实现持久和平、有效保护共建21世纪海上丝绸之路经贸持续发展的根本所在。

当今世界正经历百年未有之大变局,我国正处于实现中华民族伟大复兴的关键时期。内涵丰富、论述深刻、逻辑严密、系统完备的习近平法治思想应运而生,这是我国社会主义法治建设进程中具有里程碑意义的大事。习近平法治思想是马克思主义法治理论中国化的最新成果,是全面依法治国的根本遵循和行动指南。习近平法治思想新增了"坚持统筹推进国内法治和涉外法治"的重要内涵,为全面推进依法治国提出了新要求、明确了新任务。深入领会和贯彻"坚持统筹推进国内法治和涉外法治"的核心要义,加强涉外法治建设,将更好地维护我国主权、安全、发展利益,推进全球治理变革,推动构建人类命运共同体。

良法善治,民之所向。2020年,习近平总书记在中央全面依法治国工作会议上的讲话强调,"要加快涉外法治工作战略布局,协调推进国内治理和国际治理,更好维护国家主权、安全、发展利益"。加强涉外法治工作,是统筹推进国内法治和国际法治的坚强基石。要增强中国特色社会主义法治道路自信。从进入新发展阶段、贯彻新发展理念、构建新发展格局的实际出发,围绕问题导向和实践需求,不断强化涉外法治体系建设,加强涉外领域的立法、执法和司法。推动数字经济、人工智能和大数据等新兴领域的立法,修订完善对外贸易、对外投资和国家安全等领域的法律、法规。在尊重国际规则和维护国家主权的基础上,加快推进我国法域外适用的法律体系建设,健全适用的标准和程序,有机统一我国法域内适用和域外适用。加快推进自由贸易试验区(港)建设中的规则等制度型开放,为国际法的理论创新和规则完善提供中国的方案。正确处理国内法与国际法之间的关系,实现国内法与国际法的有效衔接和良性互动,最大限度地运用国际法、国内法和涉外法,协调推进国内治理与国际治理,更好地保障和服务国家主权、安全和发展利益。

厉行法治,在于"法之必行"。2020年,习近平总书记在中央全面依法治国工作会议上的讲话强调,"要强化法治思维,运用法治方式,有效应对挑战、防范风险,综合利用立法、执法、司法等手段开展斗争,坚决维护国家主权、尊严和核心利益"。目前我国处在"更多逆风逆水的外部环境",要坚持底线思维,做好较长时间应对外部环境变化的思想准备和工作准备。要强化法治思维,综合运用立法、执法和司法等法治手段,发扬斗争精神,敢于亮剑,提高防控能力,着力防范化解重大风险。充分发挥我国法在解决涉外法律纠纷中的重要作用,掌握法律斗争的主动权,运用法律武器反制国外"长臂管辖"等有损中国主权和利益的行径。提高我国涉外法律服务保障水平,平等保障中外当事人合法权益。不断提高企业和公民的风险防范、合规意识和能力,加大域外法查明平台和涉外投资风险预警平台建设,完善境外投资风险防控体系。健全领事保护、投资保护和知识产权保护等法律,保护国家、企业与公民的海外利益。深化国际法和国别法研究运用,加强涉外法治人才队伍建设。以实践为导向,探索人才培养模式机制的创新,培养有坚定信仰、全球视野、法律专业素质过硬、善于破解实践难题的一流法治人才,为提升我国在国际法律事务和全球治理方面的话语权和影响力作出积极贡献。

大道之行,天下为公。当前,世界正处于大发展、大变革、大调整时期,全球治理体系和国际秩序面临严峻挑战。推动全球治理变革,共同应对全球挑战。中国提出共商、共建、共享的全球治理观,构建以合作共赢为核心的新型国际关系和人类命运共同体等新理念、新方案,体现了中国与世界各国命运与共的态度和决心,体现了中国作为大国的使命感和责任感。坚决捍卫多边贸易体制,推动国际关系法治化,坚定维护以国际法为基础的国际秩序,坚定维护以联合国为核心的国际体系,坚定维护联合国在国际事务中的核心作用。要提高国际法在全球治理中的地位和作用,确保国际规则有效遵守和实施,坚持民主、平等、正义,建设国际法治,引导国际社会共同塑造更加公正合理的国际新秩序。要增强我国在国际规则制定中的话语权。积极参与网络、极地、深海、外空等新兴领域国际规则的制定,确保新疆域开发有法可依,公平惠及每个国家。积极开展国际法治合作,为建设开放型经济、促进世界经济恢复提供法治支持。共建21世纪海上丝绸之路顺应了全球治理变革的内在要求,彰显了同舟共济、权责共担的命运共同体意识。要充分发挥法治在共建21世纪海上丝绸之路进程中的重要作用,促进各国法律合作交流,运用法治思维和法治方式妥善化解争端,为构建人类命运共同体提供国内法与国际法有机结合的法治保障。①

自秦汉发展至今,《安边诏》《关市令》《赋役令》《唐律疏议》《元丰广州市舶条》《宋刑统》《市舶则法二十三条》《市舶法则》《大明律》《防范外夷规条》等法制逐步演变到当代法治。法治是人类文明进步的标志,也是权利得以实现的保障。通过国际合作制定国际规范,建立可预期的国际制度,进而逐步塑造法治化治理模式是共建21世纪海上丝绸之路发展的必然选择。法治化路径不仅是共建21世纪海上丝绸之路的现实需要,更是构建新型国际关系和人类命运共同体的基本要求。依法治理共建21世纪海上丝绸之路,全方位提升权利保障法治化水平,保证沿线国家主权和人民权利与自由,努力实现共建21世纪海上丝绸之路公平正义,构建更加公正合理的制度规范,是中国的坚定意志和不懈追求。构建法治化体系,坚持法治化路径,实现国际法治与国内法治良性互动,确保共建21世纪海上丝绸之路的可持续发展。总而言之,在人类命运共同体的目标指引下,共建21世纪海上丝绸之路经贸法治化内涵不仅包括中国与沿线国家和地区签署的既有双边、区域性及多边条约、协定,还应当吸纳国际经贸规则最新发展成果,囊括国际贸易、国际投资、国际金融、国际海运、国际争端解决、南海安全等重点内容,将构建一个较为全面、先进的国际条约体系作为其法治化的重要目标。致力于健全完善外交与安全合作机制、海洋港口与城市合作机制、经贸合作机制,打造建设支点体系、提升互联互通水平、推进经贸合作、加强海洋开发、推进人文交流。关注国际贸易投资便利化,推动新条约签署和更新;以亚洲基础设施投资银行为基础,推动国际金融制度创新;协调司法、仲裁、调解等多元化争端解决方式的共同发展与协调。

二、共建21世纪海上丝绸之路国际经贸法治化的指引

法治化是一项综合性的社会系统工程,既要面向社会现实,也要抓好顶层设计,应当建立起全局观、大局观,从宏观上更好地把握依法治国的历史进程,从而通过设定各种有效的制度。共建21世纪海上丝绸之路法治化体系,应该涵盖国际贸易法治化、国际投资法治化、国际投资保险机制、国际投资争端解决机制、国际金融法治化、国际海运法治化等内容。中国始终是世界和平的建设者、全球发展的贡献者、国际秩序的维护者。中国政府倡导构建人类命运共同体,积极参与国

① 参见张晓君:《坚持统筹推进国内法治和涉外法治》,载《重庆日报》2020年12月8日,第14版。

际经贸法治体系建构，认真履行国际义务，深入开展经贸领域国际合作，推进全球经贸事业健康发展。

共建21世纪海上丝绸之路国际经贸法治化以构建人类命运共同体为目标。2013年3月23日，习近平主席在莫斯科国际关系学院演讲中首次提出“人类命运共同体”理念。2015年9月28日，习近平主席在联合国成立70周年系列峰会上全面阐述了构建人类命运共同体的主要内涵。2017年1月18日，习近平主席在瑞士日内瓦万国宫出席“共商共筑人类命运共同体”高级别会议，并发表题为《共同构建人类命运共同体》的主旨演讲。在演讲中，习近平主席深刻、全面、系统阐述人类命运共同体理念，主张共同推进构建人类命运共同体伟大进程，坚持对话协商、共建共享、合作共赢、交流互鉴、绿色低碳，建设一个持久和平、普遍安全、共同繁荣、开放包容、清洁美丽的世界。习近平主席的重要讲话为应对当前突出全球性挑战指明了根本出路，对完善共建21世纪海上丝绸之路经贸法治化也具有深刻启示。“构建人类命运共同体”理念被联合国大会、安全理事会等载入相关决议，标志着这一理念成为国际经贸话语体系的重要组成部分，拓宽了国际经贸保障视野，为推进全球经贸治理朝着公正合理的方向发展发挥了重要作用。人类命运共同体构建以国际合作为前提，但又在共建21世纪海上丝绸之路具体建设过程中得以细化和深化，将国际合作演进到共商共建、共赢共享。将国际合作从单方受益的落后模式推动到参与方共同受益的先进模式，从关注个别发达国家利益推广到关注涵盖发展中国家的整体利益，符合国际发展趋势和人类发展进程。通过共建21世纪海上丝绸之路为人类社会提供了国际公共产品，将愿景落实为实践，促进经济要素有序自由流动、资源高效配置和市场深度融合，推动沿线各国实现经济政策协调，开展更大范围、更高水平、更深层次的区域合作，共同打造开放、包容、均衡、普惠的区域经济合作架构，以期实现构建人类命运共同体的伟大目标。共建21世纪海上丝绸之路符合国际社会的根本利益，彰显人类社会共同理想和美好追求，是国际合作以及全球治理新模式的积极探索。为保障共建21世纪海上丝绸之路顺利运作而进行法治建设，是我国的大国担当和持续发展需要，也是人类命运共同体构建的目标实现过程。

共建21世纪海上丝绸之路沿线众多国家的法律环境、法治水平、宗教信仰、文化背景存在较大差异，导致对于签署国际经贸条约的认识和参与积极性不同。但是，经过中国与缅甸合作的密松水电站项目的停工，数以亿计的损失既让人痛心，也强化了投资者和国家对于经贸法治化的重视。只有法治健全，才能有效规避风险、合理解决纷争、促进经贸交流。中国与共建21世纪海上丝绸之路沿线国家的国内法,双边、区域、多边条约和合作组织、机制构建均是经贸法治化的建设内容。构建21世纪海上丝绸之路国际经贸法治化体系应遵循以下三项原则:第一,平等互利原则。沿线国家无论大小、实力强弱,均相互尊重主权和坚持地位平等,坚持各国共商共建共享,在平等的基础上建设经贸法治化,追求互利共赢,这不仅造福中国人民,更造福沿线各国人民。党的二十大报告中指出:“中国坚定奉行独立自主的和平外交政策,始终根据事情本身的是非曲直决定自己的立场和政策,维护国际关系基本准则,维护国际公平正义。”倡导国际关系民主化,支持扩大发展中国家在国际事务中的代表性和发言权。支持多边贸易体制,促进自由贸易区建设,推动建设开放型世界经济。第二,发展导向原则。共建21世纪海上丝绸之路允许不同类型的合作机制并存,真正体现了开放的区域主义理念,从而为广大发展中国家参与区域经济合作、实现经济发展创造了条件。但是,由于存在法制不健全、部分国家存在法制空白领域、法律执行不到位、国家间法治交往不够密切等现象,同样需要本着实事求是的态度完善规则、落实规则、遵守规则。逐步实现海上丝路规则的统一协调,推动法治理念的广泛传播,为法治化体系构建夯实基础,为共建21世纪海上丝绸之路发展提供保障。第三,可持续发展原则。共建21世纪海上丝绸之路不能只着眼于经济发展,不能不加节制地牺牲生态环境换取经济增长,因为日益重视非传统安全因素的现状也体现了可持续发展的重要性。通过法治规范经济发展,通过法治保护生态环境,通过法治保障可持续发展原则,既是共建21世纪海上丝绸之路法治化体系建设的需要,更是人类命运共同体构建的要求。

三、国际法治对共建21世纪海上丝绸之路的推进

习近平主席2015年在气候变化巴黎大会开幕式上的讲话中强调,“我们应该创造一个奉行法治、公平正义的未来。要提高国际法在全球治理中的地位和作用,确保国际规则有效遵守和实施,坚持民主、平等、正义,建设国际法治”。长期以来,作为负责任的大国,中国始终遵循国际法,尊重国际规则,履行国际义务,维护国际秩序,为推动经济全球化作出自身的贡献。建立在各国普遍接受的国际法治基础上的国际制度和规则,能够为共建21世纪海上丝绸之路创造相对稳定的外部环境。

习近平主席在会上指出:“我们应该共同推动国际关系法治化。推动各方在国际关系中遵守国际法和公认的国际关系基本原则,用统一适用的规则来明是非、促和平、谋发展。”法治是人类社会政治文明的重要成果之一,也是现代社会治

理的重要工具。在国际社会中,国际法是规范国家行为的重要依据。第二次世界大战结束后,全球性问题层出不穷,国际法作为全球治理重要工具和载体的地位与作用进一步凸显。联合国大会1946年《国家权利义务宣言草案》序言确认世界各国已形成一个受国际法约束的国际社会。国际法治的鲜明特点就是依赖于国家间的共同利益。有了共同的价值追求,国家才有可能相互认同。① 如汉斯·摩根索所说:"国际法的存在、施行基于两个条件:各国间权力的均势和他们之间共同或相互补充的利益。没有均势和一致利益就没有国际法。"②作为国际社会治理的方式,国际法的本质是通过规定权利义务的方式体现国际社会成员之间利益关系的平衡。国际法是调整国与国、国与世界关系的规范,亦是为了构建持久和平的国际秩序和促进共同发展。国际法背后蕴藏着国家实力对比、利益分配和价值观的竞争,与国家外交源自同处,亦通向一方。

现代国际法治体系与全球治理机制相互依赖、相互促进。习近平总书记指出:"随着全球性挑战增多,加强全球治理、推进全球治理体制变革已是大势所趋。这不仅事关应对各种全球性挑战,而且事关给国际秩序和国际体系定规则、定方向;不仅事关对发展制高点的争夺,而且事关各国在国际秩序和国际体系长远制度性安排中的地位和作用。"③国际法的基本原则及规则是构建和维系现代国际社会基本秩序的基石,是实施全球治理并推动国际社会实现"善治"的制度保障。因此,完善国际法是改变不公正不合理的全球治理体制、推动构建更加公正合理的国际秩序和国际体系的重要途径。当然,全球治理机制的变革反过来会促进国际法体系的发展和完善,促使其向更加公正合理的"良法"方向转型。

复杂国际形势和全球经济形势需要国际法治发挥作用。当前,世界处于新一轮大发展大变革大调整时期,不稳定性、不确定性突出,各国角力、利益博弈更趋激烈,共建21世纪海上丝绸之路面临的挑战更趋复杂敏感。单边主义和保护主义抬头,联合国体制和多边贸易体制遭遇严重冲击和挑战。然而,共建21世纪海上丝绸之路面临的挑战也是国际法治发展的机遇,全球治理秩序虽受到扰乱和冲击,但整体的国际法体系及其维护国际秩序仍发挥重要作用,各国间的依存度依然较高,国际社会发展的趋势整体仍然向好。中国和平发展与崛起势头不减,综

---

① See Louis Henkin, *Conceptualizing Violence: Present and Future Developments in International Law*, Albany Law Review, Vol. 60, p. 571(1997).

② [美]汉斯·摩根索:《国家间的政治》,徐昕等译,中国人民公安大学出版社1990年版,第347页。

③ 习近平:《论坚持推动构建人类命运共同体》,中央文献出版社2018年版,第260页。

合国力和国际地位不断提升，复兴之路已不可阻挡。习近平总书记基于对国际形势的判断提出："要充分估计国际格局发展演变的复杂性，更要看到世界多极化向前推进的态势不会改变。要充分估计世界经济调整的曲折性，更要看到经济全球化进程不会改变。要充分估计国际矛盾和斗争的尖锐性，更要看到和平与发展的时代主题不会改变。要充分估计国际秩序之争的长期性，更要看到国际体系变革方向不会改变。要充分估计我国周边环境中的不确定性，更要看到亚太地区总体繁荣稳定的态势不会改变。"①各国发展密不可分，和平与发展互为依托，我国的发展进入了新时代，也是共建 21 世纪海上丝绸之路的机遇期。

国际法是国际社会结构性体系的规范基础。虽然国际法治依靠国家间横向约束，缺少超国家机构的强制力，但国际法治是人类发展过程中摸索出的各国存续、共同应对全球风险的最佳路径，是共同实现各国利益的最优解。当代国际法早已从低状态、低道德的"弱肉强食"法则发展成为"国家间合意之法"，从确保生存权的共存国际法到彼此获利的合作国际法，直至紧密结合的共同体国际法。于是，国际法可在共建 21 世纪海上丝绸之路过程中作为国际社会的基础规范，继续作为实现国家利益的有效工具。将国家利益通过国际法的方式表达，赋予合法性和可持续性，规制国家行为和指明权利义务。国际法权利是各国保障自身利益、采取行动的合法性来源。国际法义务则是各国遵守国际规则、必须依法行事的可持续保障。国际法通过权利义务在世界范围内推行国家的主张，而该主张必然包含国家利益，且往往是有利于国际规则制定国、国际组织主导国、国际机制构建国。相较于政治交涉和经济利益互换，国际法这一方式不但可以很好地实现国家利益，而且具备更强的影响力和稳定性。值得注意的是，国际法方式在实现国家自身利益的同时，并不意味着要损害他国利益，互利共赢更能强化国际法的生命力。

国际法治帮助中国获得广泛认同与支持。通过高质量共建 21 世纪海上丝绸之路，携手推动构建人类命运共同体是中国所愿，而国际法治具备公平正义的价值追求，辅以谈判协商的友好方式，既可以消除周边国家的防备之心、获取正面认同，又可以团结广大发展中国家。坚持如此，中国必将获取更多国家的认同与支持，为共建 21 世纪海上丝绸之路营造良好环境，也有助于维护中国"世界和平的建设者、全球发展的贡献者、国际秩序的维护者"的良好国际形象。

重视国际法治理论创新、规则解释话语权以及争端解决机制的清障作用。虽

---

① 习近平：《论坚持推动构建人类命运共同体》，中央文献出版社 2018 年版，第 199 页。

然国际法治具有共同价值，但国际法治具体理论和制度处于不断发展变化之中，加上法律规定具有一定的模糊性，为主导国提供了解释空间，辅之以案例丰富的争端解决机制，国际法治有能力为共建21世纪海上丝绸之路助力。从历史发展的经验来看，不同时期的大国在走向强盛的道路上和参与引领全球治理的过程中，不仅要具备政治、经济、军事实力，更需要在国际法治方面积极创新。巧妙地将发展目标提炼为国际法治理论，纳入国际规则，争取更大范围的推广和遵守，善于运用国际争端解决机制，便可实现低成本高收益的前进障碍清理。中国需在共建21世纪海上丝绸之路过程中重视国际法治创新理论，将中国方案和中国智慧融入相关国际规则。

共建21世纪海上丝绸之路时善用国际法治构建人类命运共同体。支持开放型世界经济和多边贸易体制，保障世界和平，促进共同发展。和平、发展、合作、共赢的要求已经融入《联合国宪章》、多边贸易规则等国际法制度中，且经过长期的国际实践检验，在全球治理中发挥重要作用，诸如联合国对于国家间矛盾分歧的管控，国际合作应对传统和非传统安全的挑战。世界贸易组织（World Trade Organization，WTO）对于贸易自由化便利化的重大推进作用，推动经济全球化普惠共赢。为顺应历史潮流，共建21世纪海上丝绸之路过程中，构建人类命运共同体之时，尚需进一步完善国际法体系，但须以坚定维护多边主义和现行国际秩序为前提，保证良好稳定的外部环境。与此同时，还应决不放弃自己的正当权益，清醒认识国际法兼具防御和进攻的双重工具作用。最后，加强文明互鉴、生态环保等领域的国际法构建，补足"开放包容、清洁美丽"世界的制度短板。相对而言，当前，国际法在文明互鉴和环境保护的制度建设方面较为薄弱，亦不能满足共建21世纪海上丝绸之路对国际法治的实际需求。如应对气候变化、节能减排等共同挑战，需要在国际法层面强化责任义务，落实"共同但有区别的责任"原则；其他如教育、旅游、卫生、自然生态等方面的合作也可以从双边国际协定着手，逐步推广到区域、多边领域，争取更大范围的认同和遵守。如此，才能发挥好国际法治的作用，切实推进共建21世纪海上丝绸之路和人类命运共同体建设。

四、司法护航共建21世纪海上丝绸之路

共建21世纪海上丝绸之路是在全球经济发生复杂变化的时代背景下提出来的，致力于开拓国际经济合作新空间，实现经济可持续发展。中国已有效开展司法领域国际合作。截至2021年7月，我国已与81个国家缔结引渡条约、司法协助条约、资产返还和分享协定、打击"三股势力"协定及移管被判刑人条约共169项

(140项生效),其中包括19项民刑事司法协助条约(全部生效)和20项民商事司法协助条约(19项生效)。2013年至2018年,“一带一路”倡议提出5年以来,全国各级法院审结涉外民商事案件7.5万件。2013年至2016年,中国中央机关平均每年处理的各类司法协助请求总数在3300件以上。司法领域建设进展迅速,但依然存在诸多涉外因素的法律问题和一系列挑战。法治是保障,司法不可或缺,发挥司法功能,主动服务和融入共建21世纪海上丝绸之路是人民法院面临的重大理论和实践课题。最高人民法院《关于人民法院为“一带一路”建设提供司法服务和保障的若干意见》(以下简称《“一带一路”意见》)对此提出了总体设计和科学规划,以司法护航共建21世纪海上丝绸之路,《“一带一路”意见》的制定具有鲜明的时代意义和实践价值。

第一,以营造良好法治环境为司法护航共建21世纪海上丝绸之路的基本内涵。国际法治是国际治理的新常态,国际法对国内法的影响与渗透正在加强。我国缔结或参加的民商事性质的条约和经济贸易、司法合作等领域的公约或条约,已经成为中国特色社会主义法律体系的组成部分。国际法治与国内法治良性互动是营造良好法治环境的重要条件,良好法治环境是顺利推进共建21世纪海上丝绸之路的重要保障,也是司法护航共建21世纪海上丝绸之路的基本要求。《“一带一路”意见》提出,要全面贯彻法律平等原则,平等保护中外当事人的合法权益,有效维护公平竞争、诚实守信、和谐共赢的区域大合作环境。立足我国实际,坚定不移走中国特色社会主义法治道路,积极开展与沿线各国的司法国际合作交流,夯实共建21世纪海上丝绸之路的法治基础。充分发挥多边合作机制,加强我国与沿线国家法律法学组织的交流与合作,携手打造稳定透明、公平公正的共建21世纪海上丝绸之路国际法治环境。

《“一带一路”意见》强调我国司法使命和审判功能对于共建21世纪海上丝绸之路的重要作用,积极回应和满足共建21世纪海上丝绸之路中的中外市场主体的司法关切和需要,保障涉外审判工作的高效有序展开,依法维护中外市场主体的合法权益,其深刻地表明人民法院“司法公器”的功能及“司法为民”的宗旨,传导的是法律平等、司法公正等法治价值理念,表明了司法活动融入和服务国家战略实施的重要性,彰显人民法院的历史责任感和时代担当。

第二,以提升司法保障的国际公信力为司法审判职能活动的指针。司法保障国际公信力问题关乎定分止争和权利救济司法功能的实现。保障权利是法治的要义,无救济则无权利。要积极主动行使司法职权,构建沿线国家的司法协助网络,加大司法审查涉外仲裁裁决和民商事裁决的力度,制约不当裁判权力,强化司法的权利救济功能。要通过司法功能的实现来转化司法权威，增强司法保障的国际公信力。为此，《“一带一路”意见》从司法管辖权、司法协助、外国法适用和裁决的承认执行等方面，对提升司法保障国际公信力提出明确要求。要充分尊重共建21世纪海上丝绸之路中外市场主体协议选择的权利，妥善解决国际平行诉讼问题，最大限度方便中外当事人诉讼。推动缔结双边或者多边司法协助协定，促进沿线国司法判决的相互承认与执行。建立外国法查明平台，准确查明适用外国法，正确理解和适用《关于承认及执行外国仲裁裁决公约》（以下简称《纽约公约》），及时承认和执行涉共建21世纪海上丝绸之路外国商事海事仲裁裁决，推动与尚未参加《纽约公约》的沿线国之间相互承认和执行仲裁裁决。探索司法支持贸易、投资等国际争端解决机制充分发挥作用的方法与途径，保障沿线国双边投资协定、自贸区协定的履行。

《“一带一路”意见》对创新与沿线国家的司法协助机制、准确适用国际条约、惯例和外国法、统一司法审查尺度、支持多元化纠纷解决机制等方面有关规定，将有助于增强我国司法保障的国际公信力和说服力，体现司法服务和便利当事人的理念，依法为中外市场主体提供高效、快捷的司法救济和司法服务。

第三，以提升我国司法的国际话语权为司法护航共建21世纪海上丝绸之路的重要切入点。国际法治是维护我国海外利益和主权权益的重要工具。共建21世纪海上丝绸之路构筑起对外开放的新格局，沿线国涉及不同社会制度、多元风俗习惯和多重法律体系，因此，《“一带一路”意见》要求在涉外审判活动中，注意沿线不同国家当事人文化、法律背景的差异，适用公正、自由、平等、诚信、理性、秩序以及合同严守、禁止反言等国际公认的法律价值理念和法律原则。共建21世纪海上丝绸之路对国际规则的需求，要求司法转变思路，发挥司法职能，树立国际法治意识，主动参与制定“国际游戏规则”，推动国际治理秩序的构建。《“一带一路”意见》为此专门指出，要进一步拓宽国际司法交流渠道，密切关注亚洲投资银行、丝路基金建设的进展，及时研究相关的国际金融法、国际贸易法、国际投资法、国际海事规则等国际法的发展趋势，积极参与和推动相关领域国际规则制定。此外，还应配合有关部门适时推出新型司法协助协定范本，在沿线一些国家尚未与我国缔结司法协助协定的情况下，先行促成互惠原则落实。应推广和深化现有的合作机制，完善各国在文书送达、调查取证、司法判决承认与执行、法律资料合作等多领域合作。探索具有地区特色、反映地区需要的司法合作机制，进一步降低司法合作的成本，为共建21世纪海上丝绸之路倡议的深入推进保驾护航。

《“一带一路”意见》创造性地提出司法参与国际法治建设，提升我国司法的国际话语权，首次明确我国司法与国际规则创制的关系，拓展了我国司法功能的内涵，是对我国司法审判活动内容的创新和丰富，对于共建21世纪海上丝绸之路有着重大意义和积极影响。

第二章　共建 21 世纪海上丝绸之路的贸易法治问题研究

第一节　共建 21 世纪海上丝绸之路贸易法治化的重点内容与重要意义

海上丝绸之路自古就是繁荣的贸易通道。自由贸易是各国人民重要的发展需求和交流手段，不仅有利于生产要素流通，还能促进和平稳定。目前，全球多边贸易体制的发展受到了严重的阻碍，一定程度上影响了全球经济的发展，但区域贸易经济相对发展繁荣。发展世界经济，必须消除贸易障碍，需要各国提高市场准入自由化、便利化水平，解决全球贸易发展不平衡的问题，促进世界贸易的可持续发展。共建 21 世纪海上丝绸之路倡议辐射范围广，包括但不限于东南亚、中亚、西亚、南亚、东欧、非洲及拉美地区，在全球经济合作一体化的背景下，贸易畅通是共建 21 世纪海上丝绸之路的重点内容，也对共建 21 世纪海上丝绸之路贸易合作提出新的更高的法治化要求。自 2008 年国际金融危机爆发以来，海上丝绸之路沿线各国在全球贸易体系中的地位越来越突出，贸易增长能力普遍较强，都强烈希望扩大贸易合作以促进自身贸易增长和全球经济发展。随着共建 21 世纪海上丝绸之路的顺利推进，中国与海上丝路沿线国家的贸易发展如火如荼。2020 年，中国与共建21世纪海上丝绸之路国家的进出口总额达到13,576.94万亿美元,占中国进出口贸易总额的29.15%,其中21世纪海上丝绸之路覆盖的亚洲大洋洲地区与中国的进出口总额23,865.67亿美元,占中国与共建21世纪海上丝绸之路国家进出口总额的51.36%。[①] 根据中国一带一路网的统计,2021年1~8月,中国与海上丝路沿线国家进出口贸易实现稳定增长。其中,我国企业在"一带一路"沿线对56个国家非金融类直接投资128.9亿美元,同比增长9.2%,占同期总额的18.1%,较上年同期上升0.9个百分点,主要投向新加坡、印度尼西亚、马来西亚、越南、阿拉伯联合酋长国、老挝、泰国、哈萨克斯坦、孟加拉国和巴基斯坦等国家。"一带一路"沿线国家在贸易法治化道路上,可着重通过共同推进政策协商协调,实现双边或多边贸易自由化、便利化,推动口岸操作、国际通关、换装、多式联运的有机衔接,简化通过、检验检疫等手续,降低关税,消除贸易壁垒,消除生产要素跨境流动的障碍,为世界各地数以千万计的人们提供持续、丰厚的收益。[②]

一、贸易自由化与便利化

贸易自由化首先是经济学上的术语,一般是指一国的贸易体制向着"中性化"方向转化的过程,或者一国的贸易体制更加"中立化"的变化,或者国家政府对贸易干预弱化的过程。从法学的角度来看,这种"中性化"或者"中立化"或者"干预弱化"的动态过程,应该是而且必须是建立在利益机会均等的基础之上。[③] 对贸易自由化理论的历史地位和实践价值,德国著名经济法学家彼德斯曼教授对其有精辟评价:"今天,几乎没有任何经济政策能比贸易自由化的受期望性在所有国家之间获得更大的共识;凯恩斯学派、货币主义者、所谓的供应学派,以及实际上所有其他的思想学派都就开放贸易的优点达成共识。在第二次世界大战以来的国家实践中,国际贸易的扩展和逐步自由化也已经成为许多国际协定以及联合国决议所规定的、受到普遍承认的政策目标。GATT的前言宣称:贸易自由化和国际商务中歧视待遇的消除,能够在所有国家中实现一种更高的真实收入、更多的就业以及对资源的充分使用。尽管个人和国家来自贸易的收益有可能被不平等地分配,

---

① 参见《2020年12月海上丝路贸易指数:2020年中国进出口规模创历史新高》,载中国一带一路网,https://www.yidaiyilu.gov.cn/xwzx/gnxw/162689.htm,最后访问日期:2021年9月19日。

② 参见杨善民主编:《"一带一路"环球行动报告(2015)》,社会科学文献出版社2015年版,第15页。

③ 参见李雪平:《贸易自由化与国家对外贸易管制——从中国和平发展遭遇的贸易保护主义谈起》,载《武汉大学学报(哲学社会科学版)》2006年第6期。

但每个贸易国都有可能通过依据其比较优势而参与对外贸易来改进其国内福利。"[①]贸易自由化是国际社会获取经济利益的重要手段,贸易自由化要求世界形成一个大市场,商品无障碍地自由流动;要求利益机会均等,以满足人们的各种需要,刺激经济发展。21世纪海上丝绸之路是以古代海上丝绸之路为基础,但又具备现代意义的通道,不仅是海上运输通道,还包括航空运输和管道输送方式,以及陆地通道,其基本定位就是保障"货物自由贸易、要素自由流动"。

贸易便利化,通常是指简化妨碍贸易的行政管理措施,如海关管理、技术和标准壁垒和阻碍商务人员流动的各种因素等。[②] 贸易便利化在《贸易便利化协定》的相关表述是"期进一步加快货物、包括过境货物的流动、放行和结关";世界贸易组织认为贸易便利化指"国际贸易程序的简化和协调",这些贸易程序包括"国际货物贸易流动所需数据的收集、提供、交流和处理的活动、做法及手续"。联合国经济与社会理事会认为,贸易便利化是指通过一种综合的相互协调的方法来降低贸易交易过程的复杂性及交易成本,确保所有活动都高效、透明、可预见,而且建立在国际广泛接受的规范、标准和惯例基础之上。在贸易自由化发展取得长足进步的背景下,贸易便利化的发展直接影响贸易交往的进一步发展。贸易便利化的优化离不开法治保障,尤其是共建21世纪海上丝绸之路要求的贸易畅通,对我国及海上丝路沿线国家的海关贸易便利化和相关法律制度的改革完善提出更高要求,双边、区域、多边贸易规则中的贸易便利化条款需要及时转化和借鉴,以期更好地服务共建21世纪海上丝绸之路贸易法治化建设。此外,以贸易自由化和便利化为指导思想的WTO多边贸易体制及其法律制度体系对全球经济已经作出巨大贡献,必须加深对贸易自由化的科学认识、阻止贸易保护主义对贸易自由化的冲击。

丝绸之路自古就是一条贸易通道,可以说,丝绸之路是为贸易而生的。"自由贸易是上帝赐予人类的最好的外交手段,没有比自由贸易更好的方法能够让人类和平相处。"目前,全球多边贸易体制的发展受到了严重的阻碍,一定程度上制约了全球经济的发展。发展世界经济,必须消除贸易障碍,需要各国提高市场准入便利化,采取所示环节全球贸易不平衡的问题,促进世界贸易的可持续发展。共建21世纪海上丝绸之路倡议涉及范围极广,有东南亚、中东、非洲、南太平洋、南北美洲,如果可能,甚至影响到北极地区。这样广泛的区域,必将涉及沿线国家的经

① [德]E. U. 彼德斯曼:《国际经济法的宪法功能与宪法问题》,何志鹏等译,高等教育出版社2004年版,第146页。

② 参见陈晖、邵铁民主编:《海关法理论与实践》,立信会计出版社2010年版,第91页。

贸政策及法治问题。自2008年国际金融危机爆发以来，海上丝绸之路沿线各国在全球贸易体系中占有越来越突出的地位，其贸易增长能力普遍较强，都强烈希望扩大贸易合作以促进自身贸易增长和经济复苏。根据商务部的数据统计，2012年我国与海上丝绸之路沿线国家的贸易总额达到约6900亿美元，占我国外贸总额的17.9%。

二、共建21世纪海上丝绸之路贸易法治化现状及意义

共建21世纪海上丝绸之路的重要内容之一，即加强与推动各成员国在各领域的贸易合作，并不断构建和完善相关法律规范及机制，以确保区域内贸易合作能够得到长期稳定的发展，并且合理有效地展开。在多边贸易体制作用弱化的背景下，绝大多数国家都参与到了区域贸易协定之中，区域经贸规则形成了全球贸易治理的主要形式。与此同时，随着经济全球化的不断发展，以全球价值链为代表的新型贸易模式迅速发展。与传统贸易模式相比，新型贸易模式更加注重生产要素的双向跨境自由流动，从而使生产、贸易、服务与投资融入"一体化综合体"，这就是所谓的"国际生产、全球销售"。共建21世纪海上丝绸之路的贸易规则构建同样也面临着这样的问题。海上丝路沿线国家多为发展中国家，即使经过近年来的迅速发展，其国内经济水平依旧相对较低。因此，在跨太平洋伙伴关系协定提出了一系列新的贸易规则及标准时，沿线国家依旧面临着国内经济发展实践适应全球贸易新秩序的挑战。

总体来说，共建21世纪海上丝绸之路沿线国家贸易规则发展迅速，与中国以及各经济体之间，都存在大量双边或者区域贸易协定。其中，东亚的贸易协定在数量上和质量上都有着巨大的优势，比其他地区贸易协定的发展更快。东亚具有发展活力足、经济增速快、贸易体量大、开放程度高的优势，并且在全球价值链中占据着重要地位。① 自1992年东盟自贸区诞生后，东亚逐步形成了以东盟为中心的"轮轴—辐条"结构。② 同时，东亚地区的贸易协定已经具有了较高水平。虽然与CPTPP规则的高标准仍有差距，但是在传统贸易规则的基础之上，广泛涵盖了货物贸易、服务贸易以及一些"21世纪议题"。需要注意的是，即使东亚的贸易协定发展程度较高，但其贸易规则稍带有大国主导和实力影响的色彩，共建21世纪

---

① 参见竺彩华、韩剑夫：《"一带一路"沿线FTA现状与中国FTA战略》，载《亚太经济》2015年第4期。

② 参见全毅主编：《十字路口的东亚区域合作：东亚经济合作新思维》，经济科学出版社2011年版，第7页。

海上丝绸之路贸易法治化需坚持更进一步的规则发展。共建21世纪海上丝绸之路需构建更加公平合理、多元化的贸易治理模式。

从中国已经签署的和正在谈判的协定的情况来看，主要对象是东亚国家，同时也与其他国家、地区保持着良好的经贸合作关系。中国历年来的外贸总额中，与周边国家和地区的贸易额占有很大比例。中国的自贸区战略也是建立以周边国家和地区为基础，向外部不推断拓展的中国区域经济合作框架。从WTO的统计数据来看，中国与独立国家联合体（独联体）国家在经贸合作关系和贸易协定上都存在很大的进步空间。① 因此，总结过往经验，在共建21世纪海上丝绸之路沿线国兼顾各国利益，争取到俄罗斯等大国的理解与合作，对中国推进共建21世纪海上丝绸之路的建设是十分重要的。

目前，全球贸易秩序正处于变革与重构的特殊时期，各国各地区都在探索新的贸易规则以适应新的贸易形势。中国对外经贸关系面临新的挑战，尤其是美国近期释放的“敌对”信号，中美贸易摩擦频出。共建21世纪海上丝绸之路对于我国坚持和平发展道路，促进经济全球化朝着更加开放、包容、普惠、平衡、共赢的方向发展，推动构建人类命运共同体意义重大。21世纪海上丝绸之路，其实质上是一条由沿线节点港口互联互通构成的、辐射港口城市及其腹地的贸易网络和经济带。② 因此，建立高效的贸易自由化便利体系应该是共建21世纪海上丝绸之路的重要追求，构建先进有效的贸易规则体系也是共建21世纪海上丝绸之路贸易法治化的核心内容。

第二节　国际经贸规则发展的新趋势与中国的立场

20世纪末期经济全球化浪潮席卷而来，统一的经济市场需要统一的经济秩序，因此，制定国际经贸规则的呼声持续高涨。在此背景下，以WTO各协定为主体的全球经贸规则开始形成，全球贸易福利进一步增强。迈入21世纪以来，随着多哈发展回合谈判陷入僵局以及新兴国家经济体的迅速崛起，国际经贸规则开始有新的发展动向。各种类型的区域贸易安排势头迅猛，体现出高标准的特点。在国际舞台上，政治与经济因素相互作用，经济策略从某个层面也反映出政治意图。

---

① 参见俞毅、潘奇杰：《中国同独联体国家自贸区建设的经济效应分析——基于“欧亚经济联盟”背景下》，载《当代经济》2016年第12期。

② 参见陈万灵、何传添：《海上丝绸之路的各方博弈及其经贸定位》，载《改革》2014年第3期。

作为新兴发展中大国,我国面临发展的严峻挑战。因此,从经贸规则的视角分析其未来走势是亟待关注的重要课题,经贸规则的发展也关乎我国深化经济体制改革和海外投资者的利益。

一、国际经贸规则发展的区域化

WTO素有“经济联合国”的美誉,是当代最重要的国际经济组织之一,在国际经贸规则的制定方面一度独占鳌头。自1995年1月1日正式运行以来,在贸易自由化、规范贸易行为、贸易争端解决等方面发挥着协调各国利益的功能。然而,始于2001年的多哈发展回合谈判进展却相当缓慢,其谈判终止日期也一再延期。多哈发展回合谈判困境的原因是多层次的。据统计,WTO的成员方已经从1995年成立初的120个增加到目前的160多个。成员方的增多加大了谈判合意的难度,谈判各方的利益严重分歧,在敏感领域始终难以达成一致意见。在多哈发展回合停滞的背景下,作为关税与贸易总协定(General Agreement on Tariffs and Trade, GATT)第24条、贸易服务总协定(General Agreement on Trade in Services, GATS)第5条和东京回合授权条款等所许可的更优惠的区域贸易安排方式却繁荣发展,对多边贸易体制产生了强烈冲击。以GATT第24条为例,其允许WTO成员方之间缔结更加优惠的区域贸易安排,包括自由贸易区和关税同盟等形式,其构成WTO最惠国待遇的合法例外。如今,世界上绝大多数国家都参与到区域贸易安排之中。截至2021年6月15日,根据WTO数据显示,已有349个区域贸易协定生效,所辖范围囊括全球所有经济地理区域。在WTO之外,欧洲联盟、美墨加协定(US - Mexico - Canada Agreement, USMCA)、南方共同市场等多边经贸安排在各自区域经贸事务处理中发挥着越发重要的作用。

近年来,由于地缘政治、经济效应、利益诉求等差异,国际经贸规则日渐体现为多层面的区域规则,国际经贸规则的区域化趋势进一步凸显。由此,区域经贸安排成了跨国经济治理的主要形式,区域化规则成为国际经贸规则的模板。首先,区域经贸规则自由化程度更高。其次,区域经贸规则与一体化模式相匹配。由于区域经贸安排的大量出现,在国家间形成复杂的、相互交织的网络,实质上,区域经贸安排形成“轮轴—辐条”体系,轮轴国通过自由化的制度构建,吸引各辐条国的投资,因此,以新加坡等为代表的轮轴国的区域贸易规则将更加自由化与便利化。最后,区域经贸安排也体现出跨区域等新特征。传统上的区域贸易安排主要是在区域内基于交通便利和文化相近等因素形成“自然的”(natural)贸易伙伴,但是,新兴区域贸易安排具有跨区域的特点,已突破了传统的地理限制。在规则层面,跨区域经贸安排相应地体现出除纯粹的经济福利外的特殊价值追求,如政治利益、文化利益等。

在某种程度上讲,带有歧视性的区域贸易安排之所以被当作最惠国待遇的合法例外,在于其能够增强人类共同的福祉。传统的区域贸易安排被视为各国家之间进行优惠安排的“先行先试”场所,通过区域贸易安排的多元化、自由化和便利化的发展,从而成为多边舞台的垫脚石。21 世纪以来,随着全球范围内多边主义的式微,各国开始在区域舞台上寻求立足点。因此,国际规则的区域化特征已经深刻地影响到全球经济体制,并逐渐抵消区域一体化所能增加的共同福利。其一,多边规则的进一步“碎片化”。时至今日,区域贸易安排下常常存在众多的次区域贸易安排。众多的贸易协定使多边规则和双边规则进一步相互交织,增加了规则的辨识成本。其二,相互规则的差异为私人投机创造了可能性。由于规则适用的多重性,在对外决策时,企业会以最大利益为目标,更多地投资于轮轴国,通过轮轴国进一步散布到各辐条国。毋庸置疑,其最终结果将是:在经贸领域中,成为轮轴国的强国恒强,而弱国越弱。

二、国际经贸规则发展的拓展化

WTO 乌拉圭回合将服务贸易、与贸易有关的知识产权、与贸易有关的投资等内容纳入调整的范畴,形成了 WTO 广泛的管辖范围。21 世纪以来,面对日益复杂的国际经济政治格局,国际经贸规则的调整对象进一步拓展,包括竞争政策、技术转让、腐败问题、文化权利、气候变化与生态环境、劳工权利和人权保护等。从 GATT 到 WTO 的转变过程中,谈判的议题范围扩大至 21 个。虽然在坎昆会议无疾而终后,谈判各方在 2004 年“七月框架”中将“竞争政策”“贸易与投资政策”和“政府采购透明度”三个新加坡议题排除在多哈回合谈判范围之外,以巩固先前谈判的成果。然而,相比于乌拉圭回合及先前谈判议题,瘦身后的多哈回合议题数量仍相当庞大。

在区域层面上,经贸规则的适用范围也不断拓展,出现了涵盖广泛领域的高水平自由贸易协定,不仅体现在传统贸易自由化规则的深化之上,如新西兰—新加坡自由贸易协定废除了所有产品的关税,还体现在新领域自由化规则或相关规则的拓展之上,如投资自由规则、劳工标准、环境保护和企业社会责任等领域。甚至在欧盟和墨西哥的双边协定中还包括了关于国内民主发展的条款。以美式范本为典型的第三代投资协定在传统内容的基础上,增加了劳工标准条款、环境保护条款和企业社会责任条款,其规制内容进一步拓宽。

国际经贸规则的拓展化现象对全球经济体制具有双重影响。从微观层面分析,议题的多样化实际上反映出不同国家的利益诉求。在经贸规则谈判中,发达国家关注新领域,如竞争政策、环境问题等,而广大发展中国家将重点放在农产品、渔业产品补贴和国内支持等领域。在一定程度上,议题的多样化能够推动谈判博弈进程,平衡不同利益主体的要求,以"打包"的方式达成妥协。但是,议题的多样化也会加深谈判各方的意见分歧,尤其是在敏感领域,在谈判各方均不妥协的情况下,谈判进程将停滞,而这正是目前多哈回合遭遇困境的成因。从宏观角度而言,国际经贸规则已从传统的贸易规则发展至国内规制、竞争政策、劳工标准等方面,其加速了经济全球化的进程,促进了全球福利正向的增长。然而,经贸规则的拓展趋势也将极大地限制国家主权的行使。申言之,国际秩序是国际社会中主要行为体尤其是大国权力分配、利益分配、观念分配的结果,而其主要表现形式就是全球性国际机制的创立与运行。因此,发达国家积极推动、拓展的全球经贸规则也必然反映大国的利益而非发展中国家的利益以及全人类共有利益,正因如此,伴随国际经贸规则向纵深拓展,"反全球化"运动也越发频繁。

三、国际经贸规则发展的差异化

国际经贸规则的区域化发展将导致规则的差异化,经济实力的差异直接决定了各国在对外经济交往中的利益诉求有所侧重。国际知识产权规则最能体现差异性的特点。20世纪末期,国际知识产权规则以WTO和世界知识产权组织(World Intellectual Property Organization,WIPO)为主要平台。21世纪以降,由于南北国家在更新知识产权保护制度的问题上难以达成一致见解,知识产权的区域或双边规则开始兴起。从区域层面来看,以发达国家为主签订了标准较高的《反假冒贸易协定》(the Anti – Counterfeiting Trade Agreement,ACTA),在知识产权执法程序、边境措施等方面设置了严格的要求;从双边的角度来看,近年来美国、欧盟等签署的贸易协定有较翔实的知识产权保护规则,试图以差异化规则的方式实现竞争性自由化的目的。在知识产权保护领域,乃至在竞争政策、投资及其相关的环境、劳工保护等领域中,由发展中国家和发达国家主导的不同区域贸易规则所体现的自由化水平和涉及领域的差异性特征非常明显。

即使在发展水平相当的国家间,双边或多边经贸规则也呈现差异化。大量的贸易争端,处于中心的都是"贸易和其他"问题。"贸易与文化"议题在发达国家之间也并未形成统一观点,美国、法国和加拿大之间的分歧尤为明显,法国所推崇的"文化例外"观点与美国"文化贸易自由化"的主张相悖,这也导致了乌拉圭回合的谈判文件并未明确列明文化产品与服务的待遇问题。鉴于此,法国、加拿大等国将"文化例外"转换成"文化多样性",通过联合国教科文组织制定并通过了《文化多样性保护公约》,赋予国家对文化产品贸易管制的合法性。然而,美国至今未批准《文化多样性保护公约》,同时,在区域经贸安排上,美式的贸易协定减少了国家采用或维持文化政策措施的权限。在文化产品贸易方面,美国—智利自由贸易协定与美国—新加坡自由贸易协定等均采取负面清单(negative list)的方式,限制了缔约方适用文化贸易管制的范围和手段。相反地,在欧盟对外签署的自由贸易协定中,缔约方采取的都是正面清单(positive list)的模式。

阿根廷经济学家普雷维什提出"中心—外围理论",其从经济上证明了发达国家在国际经济发展中获利,而发展中国家在国际经济发展中不断被边缘化的观点。国际经贸规则的发展构建着新的国际经济秩序,新的国际经济秩序对不同国家利益的关注度必然有差异,实际上也反映在不同国际经济贸易规则的差异化问题上。随着区域经贸安排激增,不同发展水平国家间的经济交流与合作阻力增大,其结果自然为强者更强,弱者仍弱。多边或双边经贸规则的差异化最终将阻碍全球统一体制的形成与发展。

进一步说,国际规则的差异化已然对全球经济体制造成威胁,尤其是发达国家不能在重要部门达成共识。当前,多哈回合停滞不前,从某种意义上说,可归咎于美国在谈判中的消极态度,以及美欧之间难以达成"交易"。美欧之间的"交易"本质上是两大主要成员方间对利益分配方案妥协的结果。国际规则的差异化适合于"自助餐食堂"的谈判模式,却不适应"要么全有、要么全无"的"一揽子"谈判方案。如此,差异化利益的诉求给多边贸易体制带来了严峻的挑战。此外,国际经贸规则的差异化会进一步加剧对发展中国家的歧视。受制于经济条件,由于开放程度相对较低,规则差异化的结果极有可能加大区域间的贫富差距,进而影响发展中国家的发展权。

四、国际经贸规则发展中的中国立场

自改革开放以来,我国以积极的姿态面对经济全球化和区域一体化,特别是自21世纪以来,在加入WTO后,充分认识到区域一体化浪潮的重要性与紧迫性,并将其提升至战略高度,采取一系列行动予以落实。在短短数年间,中国对外建设的自由贸易区从无到有,有了较快的发展。目前,我国已签署的区域贸易协定有19个,涉及26个国家和地区。区域合作既包括地理传统相近的东盟、巴基斯坦、韩国等,也包括跨区域的冰岛、秘鲁、智利等。此外,中国与东盟国家完成了中国—东盟自由贸易区升级版议定书,并于2020年11月与日本、韩国、澳大利亚、新西兰和东盟十国共同签署了《区域全面经济伙伴关系协定》(Regional Com - prehensive Economic Partnership,RCEP)。

在经济全球化的语境下,国际经贸规则的区域化、拓展化、差异化的发展趋势深刻地影响到我国参与国际经济秩序构建策略的选择。因此,应顺应国际经贸规则的发展趋势,立足于国家利益,坚持以下立场。

(一)捍卫多边贸易体制成果,建设国际经济新秩序

尽管区域贸易安排正以前所未有的速度迅猛发展,但WTO构建的多边体制涵盖全球98%以上贸易量,其地位仍难以被取代,WTO规则仍将是国际经贸规则的基础。我国加入WTO短短十余年,社会经济发展迅猛,所取得的巨大成就有目共睹。在国际社会,以“法治”的形式捍卫了国家权益。综言之,统一的多边规则促进了我国经济的发展。因此,积极参与全球化仍是我国经济可持续发展的重要依托,我国应成为多边经贸体制的坚定捍卫者。

毋庸置疑,区域贸易安排的勃兴淡化了符合发展中国家利益的多边体制的作用,也增加了全球性经贸规则谈判和执行的难度,使作为支撑WTO运作的最惠国待遇机制“形同虚设”,WTO成员方因签署不同的区域贸易安排协定而享有不同的贸易待遇,容易造成贸易歧视,特别是对自由化水平相对较低的发展中国家来说,更是如此。如果不加以严格约束,不仅损害多边贸易体制,也将严重影响不同区域贸易安排国家之间的经济合作与发展。因此,应适时推进协调WTO多边贸易体制与区域贸易安排关系的相关条款,完善GATT第24条等相关规定,基于更多的约束(如明确区域贸易安排的通知和早期宣布等程序),增强透明度,将其纳入审查和监管程序,以及区域外发展中国家享受区内待遇问题等,以减少区域贸易规则对全球经济自由化的负面影响,减缓对多边体制冲击的压力。

(二)立足于发展中国家的身份,强化国际经贸规则话语权

随着经济全球化和区域经济一体化进程的深入发展,我国充分利用国内和国际两种资源、两个市场,并通过实施“走出去”和“引进来”两种战略取得了良好经济效益。从根本上分析,我国仍应以拓宽发展空间作为主要目标,立足于发展中国家的发展权益,这决定了我国对外经济发展策略的立场。

我国正处于经济结构调整和转型的关键时期，在经济实力提升的基础上，应当积极应对和适应国际经贸规则变革，逐步从过去被动接受规则的思维向主动参与规则谈判和制定的思维转变。在国际法治进程加速的背景下，中国宜以更积极的姿态参与WTO等有关国际组织的立法活动，参与相关国际规则的完善和制定，推动国际法律规则和全球法律规则的形成，促进国际经济、政治新秩序的建构。同时，我国也应以积极姿态对待区域贸易规则的谈判，提高对具有歧视性的国际经贸规则的甄别能力，切实立基于发展中国家的利益。一方面，主动调整国内相关劳工、环境与竞争政策，与国际规则发展趋势融合。另一方面，积极研究和参与新规则的谈判和制定，争取更多的规则权益，推进制定公正和合理的国际经济秩序规则，为我国社会经济的可持续发展提供制度保障和强大动力。

（三）发挥建设性作用，推进区域贸易安排战略实施

由于区域贸易安排存在差异化的特征，容易对区域外国家造成歧视，也有可能产生国家间隐性的贸易壁垒，长远观之，不利于全球自由贸易的发展。作为发展中的新兴大国，我国应扩大和强化与我国具有重要地缘政治和经济效应的国家的区域合作，积极参与发达国家推进的区域贸易安排的谈判，以避免被边缘化和贸易歧视。

在国际经贸规则发展的大趋势下，以区域经贸安排为突破口是我国对外经贸策略的应有内容。以中国—东盟自由贸易区为例，作为我国具有地缘政治作用的周边地区，我国在自贸区中的主导权仍有待提高，尽管我国与东盟10国均签署有BITs，但各BITs间的差异比较明显，尤其是在投资待遇和争端解决方面，这将损害《中国—东盟投资协议》的实施效果。中国—东盟自由贸易区规则建设的现状与区内缺乏核心力量有密切关联。

鉴于此，在发展新阶段下，我国应积极地维护并开拓与其他国家、地区的双边贸易和投资关系，构建区域层面的合作平台，维持地区稳定和经济发展。积极参与能源、农业、电信、运输和金融等在多边体制下短期难以完成的议题的规则创制，如2013年7月签署的中国—瑞士自由贸易协定的内容已扩充至竞争政策、知识产权、环境等新领域。此外，研究一般贸易议题之外的新型贸易议题，如横向议题向国内法制领域的渗透。如此，通过区域贸易安排规则议题内容的拓展和主导性作用的发挥，将有力提升我国在构建全球经济秩序中的地位，维护国家利益，从而实现我国社会经济的长足发展。

当前国际经贸规则呈现新发展动向，作为国际社会的成员，国家更多地通过

区域贸易安排构建国际经贸规则。同时,国际经贸规则的内容也逐步拓展,甚至涉及人权、文化、政治制度等领域。正因为区域规则的勃兴与规制对象的拓展,不同的多边规则或双边规则间体现出明显的差异性,由此也引发了歧视性待遇等问题。针对国际经贸规则发展的新动向,一方面,我国应坚持发展中国家的立场,积极参与相关协定的谈判,同时,应统筹协调,通过多边规则约束区域规则创制,维护既得经济利益;另一方面,我国也应顺应时代潮流,在区域经贸规则安排上,力争合理的话语权,以制度切实保障我国经济的持续发展。

第三节 共建21世纪海上丝绸之路自由贸易区网络构建的挑战

一、共建21世纪海上丝绸之路贸易现状

2017年,首届共建21世纪海上丝绸之路国际合作高峰论坛成功举办,共建21世纪海上丝绸之路成果举世瞩目。党的十九大进一步确立以涵共建21世纪海上丝绸之路为重点,推动形成全面开放新格局。当前,在世界经济暗流涌动、贸易保护主义和反全球化浪潮抬头的形势下,我国始终坚持对外开放,积极推动经济全球化,促进贸易投资自由化和便利化。贸易畅通是共建21世纪海上丝绸之路的重点内容。共建21世纪海上丝绸之路倡议提出以来,我国与共建21世纪海上丝绸之路国家贸易合作不断深化。2017年我国与共建21世纪海上丝绸之路国家的贸易增速以高于整体外贸增速的势头推动我国外贸加速回暖,成为我国外贸的新亮点,也成为国内发展和全方位改革开放的新动力。2018年是中国改革开放40周年,也是共建21世纪海上丝绸之路倡议提出5周年,我国还举办了首届中国国际进口博览会,可以说,加强共建21世纪海上丝绸之路贸易法治化合作正逢其时、前景可期。①

除中国外,共建21世纪海上丝绸之路惠及的国家有39个,这是一个人口众多、区域广阔并且潜力巨大的沿海经济带。2020年,中国进出口贸易总额46,583.82亿美元,同比上涨2.01%,出口贸易总额25,980.79亿美元,进口贸易总额20,603.03亿美元。其中,2020年中国与东盟进出口贸易额6868.64亿美元,同比上涨7.08%,占我国进出口总额中的14.74%。其中,出口贸易额3854.11亿美元,进口

① 参见国家信息中心"一带一路"大数据中心、大连翰闻资讯有限公司编:《"一带一路"贸易合作大数据报告2018》,在第二届"京陵大数据高峰论坛"上发布。

贸易额3014.53亿美元;中国与非洲进出口贸易额1872.69亿美元,同比下跌10.10%,在我国进出口总额中的占比为4.02%。排名前三位的国家(地区)分别是南非、尼日利亚、安哥拉,分别实现进出口贸易额358.68亿美元、192.72亿美元、162.69亿美元。2020年,中国与21世纪海上丝绸之路沿线国家进出口贸易额13,576.94亿美元,同比上涨1.12%,在我国进出口总额中的占比为29.15%。

由此可见,"一带一路"沿线国家与中国的贸易量在中国外贸总额中占据较大分量,分析中国与这些国家的贸易状况,对于提高双方贸易水平具有重要意义。

从贸易结构与贸易主要对象来看,中国与东盟的进出口贸易以机械及运输设备为主,双方其余的贸易商品呈现较强贸易互补性,新加坡和马来西亚是中国在东盟的前两大贸易伙伴,但近年来中国与越南贸易额增速强劲;中国对南亚国家持续贸易顺差,并且顺差额度保持稳定增长态势,中国与南亚贸易主要对象为制成品和化学制品及化工产品,双方贸易互补性不强,并且印度长期以来都是中国在该节点的第一大贸易国,贸易份额占南亚贸易总额的50%以上;海湾国家蕴藏丰富的石油及其他能源,中国主要从其进口矿物燃料及润滑油,出口机械设备、杂项制品和制成品,双方贸易互补性较强;中国与红海及东非国家的双边贸易总额占中国对外贸易比重较少,进出口集中在按原料分类的制成品上,其余的贸易商品有较强的互补性,南非、苏丹和埃及是中国长期在该节点的前三大贸易伙伴国。

2020年,共建21世纪海上丝绸之路贸易合作总体格局、中国与共建21世纪海上丝绸之路国家、中国各省区市与共建21世纪海上丝绸之路国家的贸易合作现状和发展态势呈现以下特点:(1)从总体上看,中国与沿线国家进出口总额实现较快增长。2020年,中国与共建21世纪海上丝绸之路沿线国家进出口贸易额为13,576.94亿美元,同比上涨1.12%,在我国进出口总额中的占比为29.15%,共建21世纪海上丝绸之路国家重要性越发凸显。我国企业在21世纪海上丝绸之路沿线对58个国家非金融类直接投资177.9亿美元,同比增长18.3%,占同期总额的16.2%,较上年同期提升2.6个百分点。对外承包工程方面,我国企业在21世纪海上丝绸之路沿线的61个国家新签对外承包工程项目合同5611份,新签合同额1414.6亿美元,占同期我国对外承包工程新签合同额的55.4%。(2)从国别区域来看,亚洲大洋洲地区与中国贸易额比重占五成以上,韩国、越南、马来西亚、日本、俄罗斯是主要贸易合作伙伴。2020年,亚洲大洋洲地区是中国在共建21世纪海上丝绸之路的第一大贸易合作区域,进出口总额达25,820.2亿美元,占中国与共建21世纪海上丝绸之路国家进出口总额的55.6%。从区域贸易额增速来看,

2020年,中国对中东欧地区贸易额增速最快,较2019年增长9.92%,其次是北美洲(7.62%)。2020年前五位贸易伙伴分别是东盟、欧盟、美国、日本和韩国,中国与这些国家和地区的进出口总额占中国与共建21世纪海上丝绸之路国家的比重合计达68.9%。进出口总额增长最快的贸易伙伴为文莱、塞浦路斯、刚果(金)、塞尔维亚,其增速均在35%以上。(3)从国内地区来看,2020年我国各省市中与21世纪海上丝绸之路沿线国家贸易总额较突出的有广东、浙江、江苏、山东等地。其中,广东省与21世纪海上丝绸之路沿线国家2020年一般贸易进出口1.03万亿元,占广东外贸总值24.8%;江苏省对21世纪海上丝绸之路沿线国家2020年进出口10,840.4亿元,增长1.9%;山东省对"一带一路"沿线国家进出口6608.2亿元,同比增长9.1%,其中出口3883.5亿元,进口2724.7亿元;2020年浙江省对21世纪海上丝绸之路沿线国家累计进出口1.16万亿元,占同期全省进出口总额的34.1%,高出同期全国对21世纪海上丝绸之路沿线国家进出口平均增速9.7个百分点。(4)从商品结构来看,出口商品方面,2020年增长最多的商品种类为防疫医疗和传统优势商品,我国出口包括口罩在内的纺织品、医疗器械、药品合计同比增长了31%,拉动整体出口增长1.9个百分点。家用电器和塑料制品在2020年出口同比分别增长23.5%和19.6%。机电产品出口10.66万亿元,同比增长6%,笔记本电脑、家用电器、医疗仪器及器械出口分别同比增长20.4%、24.2%、41.5%。与此同时,我国传统优势产品出口继续保持增长。全年机电产品出口10.66万亿元,增长6%。笔记本电脑、家用电器、医疗仪器及器械出口分别增长20.4%、24.2%、41.5%。进口商品方面,我国原油、金属矿砂等资源型产品进口量分别增加7.3%和7%。(5)从运输方面来看,2020年中欧班列共开行12,406列,逆势增长50%,首次突破"万列"大关,综合重箱率达98.4%,通达欧洲21个国家92个城市,较2019年新增37个,增幅为67%。

二、共建21世纪海上丝绸之路沿线国家签署的自由贸易协定现状

共建21世纪海上丝绸之路自贸区网络建设是一个宏大的超区域构想,主要包括71个国家。具体而言,"一带"包括3个方向:西向中亚、俄罗斯和中东欧,最后到达西欧大西洋海岸;远西向经中亚、土耳其达到西亚和北非;南向到达印巴、斯里兰卡。"一路"则首先南向,涵盖东盟,进而海上折向东西两个方向:西向印度尼西亚,东向澳新。共建21世纪海上丝绸之路自由贸易区网络建设以现有沿线国家的经贸安排为基础,具有多层次的特点,包括自由贸易协定(FTA)、关于特定领域的经贸安排,以及包含有贸易化和便利化措施的协定或双边/多边贸易谅解

书等。

(一)我国与共建21世纪海上丝绸之路沿线国家签署的自由贸易协定现状

加入WTO以来,我国自由贸易区建设取得了重大进展,中国在建自由贸易区达27个,涉及39个国家和地区;已签署自由贸易区协定19个,涉及26个国家和地区。除单项贸易协定外,我国与共建21世纪海上丝绸之路沿线国家签署的建设自由贸易区的协定有11个,包括《中国—东盟全面经济合作框架协议》《中国—新加坡自贸协定》《中国—巴基斯坦自贸协定》《中国—格鲁吉亚自由贸易协定》《中国—韩国自由贸易协定》《中国—新西兰自由贸易协定》《中国—智利自由贸易协定》《中国—秘鲁自由贸易协定》《中国—哥斯达黎加自由贸易协定》《中国—柬埔寨自由贸易协定》《区域全面经济伙伴关系协定》,涵盖19个国家,占比14%。

1. 亚洲大洋洲区域。2002年,中国与东盟国10个国家签署了《中国与东盟全面经济合作框架协议》(CAFTA),并于2010年成功启动中国—东盟自由贸易区的运行,涉及货物贸易、技术贸易、服务贸易与投资等多个领域,这标志着CAFTA成为继EU、NAFTA之后的第三大自由贸易区。2009年1月1日《中国—新加坡自由贸易协定》正式生效,协议涉及货物贸易、服务贸易、人员流动、海关程序等多个领域,是一份内容比较全面的自由贸易协定。此外,2012年12月,中国和日本、印度、澳大利亚、新西兰等国领导人发表了《启动"区域全面经济伙伴关系协定"谈判的联合声明》,以建立一个高水平和互惠的经济合作协定。2015年11月22日,在时任总理李克强和东盟十国领导人的共同见证下,中国商务部部长高虎城与东盟十国部长分别代表中国政府与东盟十国政府,在马来西亚吉隆坡正式签署中国—东盟自贸区升级谈判成果文件——《中华人民共和国与东南亚国家联盟关于修订〈中国—东盟全面经济合作框架协议〉及项下部分协议的议定书》(以下简称《议定书》)。商务部国际司负责人介绍说,《议定书》是我国在现有自贸区基础上完成的第一个升级协议,涵盖货物贸易、服务贸易、投资、经济技术合作等领域,是对原有协定的丰富、完善、补充和提升,体现了双方深化和拓展经贸合作关系的共同愿望和现实需求。2020年11月,中国与日本、韩国、、澳大利亚、新西兰及东盟十国签署《区域全面经济伙伴关系协定》,标志着当前世界上人口最多、经贸规模最大、最具发展潜力的自由贸易区正式启航。

2. 中亚区域。2001年6月,中国、俄罗斯、哈萨克斯坦、吉尔吉斯斯坦、塔吉克斯坦、乌兹别克斯坦六国成立上海合作组织。上海合作组织虽未签署有关自由贸易协定,但自成立伊始就将区域经济合作作为其主要任务目标,如2010年签署

《上海合作组织成员国政府间关于区域经济合作的基本目标和方向及启动贸易和投资便利化进程的备忘录》,明确了上海合作组织区域经济合作的基本方向和目标。2003年9月总理会议批准了《上海合作组织成员国多边经贸合作纲要》,强调加强贸易投资便利化是现阶段上合区域经济合作的主要任务。

3. 南亚区域。2006年,中国与巴基斯坦正式签署了《中国—巴基斯坦自由贸易协定》,之后两国陆续签订了服务贸易和投资贸易协定,内容包括市场准入、原产地规则、技术性贸易壁垒、卫生和植物卫生措施、贸易救济、投资、争端解决、合作等方面。这份协定是中国首次与南亚国家签署的双边自由贸易协定。此外,中国正在研究与斯里兰卡和印度建立自由贸易区的可能性。

4. 西亚区域。2017年5月中国与格鲁吉亚签署《中华人民共和国政府和格鲁吉亚政府自由贸易协定》。2009年6月,中国—海湾阿拉伯国家合作委员会已重启自由贸易区谈判。中海双方就货物贸易主要关切和服务贸易初步出价进行了深入磋商,在原产地规则、技术性贸易壁垒、卫生和植物卫生措施、经济技术合作和自由贸易协定案文等议题方面取得了积极进展。

(二)共建21世纪海上丝绸之路沿线国家签署的自由贸易协定现状

共建21世纪海上丝绸之路沿线国家存在中国未参与的许多自由贸易协定。根据WTO统计数据,截至2015年,共建21世纪海上丝绸之路沿线国家签订有不少自由贸易协定,主要包括东盟、独联体自贸区、南盟自由贸易区以及海湾阿拉伯国家合作委员会(海合会)等。同时,在东盟、南盟等框架之外,各国还参与了其他双边或多边自贸协定。FTA建设取得显著成就的国家有新加坡、土耳其、俄罗斯、乌克兰和印度等。蒙古和伊朗尚未与任何国家签订自由贸易协定,区域经济一体化程度最低。

1. 东南亚国家。为了促进东盟区域经济一体化的发展,东盟自由贸易区于2002年1月1日正式启动,目标是实现区域内贸易的零关税。2003年10月,第9届东盟首脑会议宣布将于2020年建成以安全共同体、经济共同体和社会文化共同体为三大支柱的东盟共同体。2013年4月,第22届东盟首脑会议提出于2015年建成东盟共同体的具体步骤和在2015年后努力实现"以人为本"的东盟长远目标。在东盟自贸区的框架之外,新加坡、马来西亚、菲律宾等国家都签订了一系列的多边或双边贸易协定。东南亚国家中区域经济一体化程度最高的是新加坡,已签订21个自贸协定,其次是马来西亚和泰国。

2. 南亚国家。1985年12月,南亚七国(包括印度、孟加拉国、不丹、尼泊尔、巴基斯坦、斯里兰卡、马尔代夫)通过了《南亚区域合作宣言》和《南亚区域合作联盟宪章》,正式宣告了南盟自由贸易区的成立。印度、斯里兰卡、巴基斯坦等国也已经在南盟自由贸易区下建立了南亚特惠贸易安排。印度立足南亚自由贸易协定体系的枢纽位置,建立起以自身为核心的自由贸易协定网络,与阿富汗、尼泊尔、不丹、巴基斯坦等国家都签署了双边自由贸易协定,同时为了加强与东盟的联系,签署了印度—东盟自由贸易区协定。阿富汗、孟加拉、马尔代夫的区域经济一体化程度非常低,仅与一个国家签订了双边自贸协定。

3. 中亚及独联体国家。为建立独联体框架内的自由贸易区,独联体国家于1993年9月签订了《经济联盟条约》,随后,成员国曾签订了《独联体自由贸易协定》,但由于各种原因,《独联体自由贸易协定》未能执行。直到2011年10月,俄罗斯、白俄罗斯、哈萨克斯坦等8国签署了《独联体自由贸易区协定》,并于2012年9月正式生效,标志着独联体国家在经济一体化进程中迈出了实质性的一步。此外,俄罗斯、哈萨克斯坦、白俄罗斯等国还签订了一系列的多边或双边区域贸易协定,如《俄白哈关税同盟》。相对而言,俄罗斯、乌克兰、亚美尼亚构建了较高水平的自贸区网络,而塔吉克斯坦、乌兹别克斯坦则较落后。

4. 西亚及中东欧国家。为了推进海湾地区区域经济一体化进程,加强成员国之间在政治、经济等方面的协调与合作,海合会于1981年5月正式成立。成立以来,海合会一体化建设取得了许多成就,主要包括:建立了海合会成员国之间的自由贸易区,允许成员国公民在区域内实现自由流动,税收待遇平等,等等。希腊、波兰、立陶宛等中东欧国家已加入欧盟,因此FTA网络建设已较为完善,签署的FTA达36个。

三、共建21世纪海上丝绸之路沿线国家签署的自由贸易协定评析

共建21世纪海上丝绸之路沿线国家签署了众多的自由贸易协定。随着区域经济一体化的深化,实践中诸多自由贸易协定得以不断修订和完善。例如,近期中国与东盟国家对《中国—东盟自由贸易协定》的升级版开展了多轮谈判,并取得了实质性的进展。客观而言,现有共建21世纪海上丝绸之路沿线国家签署的自由贸易协定仍体现出碎片化、自由化程度低、覆盖面窄等问题。

(一)自由贸易协定呈现碎片化的趋势

目前,共建21世纪海上丝绸之路沿线区域内大量存在的双边及多边FTA使得整个地区经济呈多维的“轮轴—辐条”格局,相互交叉、重叠的FTA安排形成了

“面条碗”态势。一方面,相同商品面临着多种关税税率等成本因素,产生贸易创造或贸易转移现象;另一方面,重叠的FTA与共建21世纪海上丝绸之路沿线国家现有产业结构产生冲突,会产生一些不平等的带有歧视的贸易行为,从而降低市场自由化的程度。沿线国家自由贸易协定的“面条碗”现象加剧了碎片化的趋势,加之共建21世纪海上丝绸之路贸易投资便利化尚未形成相对有约束力的协调机制,不利于公正的贸易秩序构建和区域一体化的融合发展。

(二)自由贸易区协定自由化、便利化程度整体较低

共建21世纪海上丝绸之路沿线国家已缔结的FTA涵盖内容不够全面,过分强调货物贸易的自由化,忽视了其他相关的贸易问题,投资、服务市场开放度低,基本未涉及诸如知识产权、政府采购和竞争政策等领域。在货物贸易领域,大部分签订的FTA未达到GATT第24条“实质上所有贸易”的要求。就承诺减让表而言,大部分FTA的“服务贸易协议”采用的是肯定列表的方式。在承诺水平上,已缔结的自贸协定基本遵循GATS模式,采取“准入后国民待遇+正面清单”模式,在自由化程度上尚未显著超越GATS。自由贸易区协定的水平也直接影响FTA的利用率。超过31%的新加坡公司能够利用东盟自由贸易区协议,而马来西亚只有5%的公司能够利用自由贸易协定优惠措施。

(三)自由贸易协定新议题覆盖面较窄

已签署的FTA基本集中于传统领域,致力于以互惠方式提高货物与服务的市场准入水平,主要手段是通过关税减让、削减非关税壁垒、提供贸易便利化等“边界措施”和在服务业实施开放与国民待遇。随着区域经济一体化水平的提高,FTA所覆盖领域也在逐步拓宽,但对于竞争政策、投资、环境、知识产权、制度、金融服务等“第二代”贸易政策的覆盖程度较低,还有待于进一步开放。“第二代”贸易政策被称为“WTO+”措施,主要包括扩展的知识产权、竞争政策、投资、环保法规、劳动市场管制、消费者保护、资本流动、财政支持、税收等38个广阔的议题。在多边贸易体制无法和无力推动新规则的背景下,发达国家通过TPP、TTIP等经贸安排的谈判,推动“第二代贸易政策”的实施,在环境治理、知识产权保护、竞争政策、国有企业、产业政策等领域制定了更为严格的标准。

(四)自由贸易协定缺乏“范式”

大部分共建21世纪海上丝绸之路沿线国家所签署的FTA,无论是早期单个

协议的签署，还是其后“一揽子协议”的签署，均是以 WTO 为基础根据缔约方特点具体转化而来的，根据不同缔约国的利益进行调整，并无统一的“范式”。要推动共建 21 世纪海上丝绸之路自由贸易区网络建设，必然涉及对现有 FTA 文本的修缮和新的 FTA 的签署。各具特色的文本虽然有助于在短期内顺利签署 FTA，但同样意味着增加交易成本和协定管理的难度。自由贸易区协定网络包括嵌套型、辐条型和交叠型等复杂多样的结构体系，这种结构体系导致了区域经济一体化面临多重治理的问题。处于嵌套型和交叠型自由贸易协定中的国家开展经济往来时需要对不同协议进行比较和选择，从而降低了贸易的效率。

四、构建 21 世纪海上丝绸之路自由贸易区网络面临的主要挑战

经济全球化与区域一体化要求在区域内形成某种联动的机制。现有的共建 21 世纪海上丝绸之路沿线国家的贸易安排呈现层次杂乱、范围宽泛和自由化整体水平低等特点，共建 21 世纪海上丝绸之路自由贸易区网络的构建能够提供统筹和协调的功能，提高区域内整体自由化水平。然而，共建 21 世纪海上丝绸之路沿线国家存在与其他全球重要经济体的利益分歧、法制的不完善、高门槛的贸易壁垒和政治经济风险等问题，使共建 21 世纪海上丝绸之路自由贸易区网络的构建面临着重大的挑战。

（一）与重要经济体贸易安排的利益分歧

共建 21 世纪海上丝绸之路沿线国家先后不同层次地参与了多个地区性组织，如东盟、南亚区域合作联盟、海湾合作委员会、南部非洲关税同盟、欧亚联盟、上海合作组织等，参与成员大多有一定重合。这些不同层次、不同定位的经济合作交织在一起，形成一个类似“意大利面条碗”现象的迷局，多种规则的交织必然对区域内贸易和投资便利化明显不利。同时，也不排除某些国家利用现存的多个竞争性国际合作方案与我国讨价还价，谋求更优惠的合作条件、更大的单边利益让渡的情况出现。这对构建 21 世纪海上丝绸之路自贸区网络产生了压力和竞争。此外，共建 21 世纪海上丝绸之路沿线国家建立自由贸易区，与已有组织如 CPTPP、RCEP、欧亚经济同盟和上海合作组织都属于广域一体化范畴，参与成员上重叠，地域上交叉，经济功能上亦有重合，它们的作用具有可替代性，其发展会相互影响和相互架空。目前，RCEP 已经成功签署，谁的谈判进程快，谁就可能设立新的贸易规则，推行有利的贸易标准，构建起占据主导地位的亚太经贸秩序，这可能使共建 21 世纪海上丝绸之路规则建设与 CPTPP、RCEP 产生规则叠加和竞争，

给共建21世纪海上丝绸之路自贸区网络的构建带来了挑战。

(二)沿线国家法律制度的差异性和不稳定性

共建21世纪海上丝绸之路沿线国家法律体系和法律制度具有多样性和差异性的特点。既有属于英美法系的马来西亚、新加坡等国,也有属于大陆法系的俄罗斯、哈萨克斯坦等国,还有属于伊斯兰法系的阿富汗、伊朗等国。不同的法系有不同的特点,加之语言、习俗、宗教与文化存在差异,导致了法律制度的不同。以伊斯兰法系为例,法律规定利息属不合法的收入,金融行业禁止收取利息的贷款,所有的交易形式都只能以商品买卖合同的形式表现。共建21世纪海上丝绸之路自贸区网络的建设涉及对成员国的法律制度进行协调的问题,法律体系和法制的差异性将是一个严峻的挑战。此外,沿线国家法治化程序不同,法律环境良莠不齐。不同发展水平的国家有不同的利益诉求。沿线国家大多属发展中国家,法律体系和法治水平相对落后,透明度和公正度欠缺。在如此复杂和差异的法律环境中,实现贸易投资便利化和自由化必然困难重重。国际规则缺乏相关国内法的配套,这显然不利于保护外国投资者的利益,限制了本国与其他国家的经贸合作,势必影响自由贸易协定的签署和执行。

(三)沿线国家经济合作存在较多壁垒和障碍

在自由贸易区网络构建的重要区域中亚、西亚,各国的关税水平仍总体偏高。在中亚,俄罗斯、哈萨克斯坦、乌兹别克斯坦、吉尔吉斯斯坦和塔吉克斯坦五国的平均进口关税税率分别是10%、8.6%、14.8%、10%和9.8%。在上海合作组织中,只有中国、俄罗斯和吉尔吉斯斯坦是WTO成员,因此在哈萨克斯坦、乌兹别克斯坦和塔吉克斯坦尚未入世的情况下,构建自贸区将使之在产业发展和资金、技术等方面承受压力,因此,这些国家对贸易投资的自由化、便利化态度会十分谨慎。例如,新欧亚大铁路途经多个欧亚国家,各国的轨距不同,换轨将耗费大量的金钱与时间;一些国家的港口设施较落后,各国口岸之间尚未形成合作机制,贸易便利化程度较低,物流成本偏高,这些都构成了各国货物贸易和服务贸易合作的障碍。在南亚的印度等国,关税、非关税壁垒等保护措施和较高门槛的准入政策常被用作保护本国产业的手段。

(四)沿线国家政治经济发展水平差异较大

虽然沿线国家相互连接,具有促进各国之间区域合作的有利条件,但其经济发展水平差异巨大,既有经济发达的新加坡、马来西亚等国家,也有贫困落后的阿富汗、格鲁吉亚等国家。由于经济发展水平不一、政治动荡、历史问题等因素,尚未形成以本地区成员为主、具有广泛代表性的多边机制,制约了丝路地区区域内合作的深度和广度的提高。各成员方存在不同的利益诉求,中国很难达成一个统一的一体化方案,共建21世纪海上丝绸之路区域内可能出现更多不同层次的FTA并存重叠的现象。此外,各国决策能力差异较大,政策不稳定等社会政治风险无法保证法律政策的延续和稳定,使区域一体化难以有效推进。

第四节 共建21世纪海上丝绸之路贸易法治问题的中国方案

一、发挥共建21世纪海上丝绸之路在全球贸易规则重构的作用

当前,全球经济处在一个充满危机与困难的时刻,经济危机带来的阻碍和多哈回合的困境使多边体系到达了一个最为脆弱的境地。在多边贸易规则体系的作用不断弱化的背景之下,双边贸易协定和区域贸易安排却日益活跃起来。在过去的十年中,中国在国际贸易中的重要地位显而易见。因此,作为全球三大经济体之一的中国在全球贸易规则重构中的重要作用也毋庸置疑。然而,事实上,由其他国家发起的一些区域贸易安排,并不会首先考虑中国会如何认为以及中国会如何反应。[①] 基于中国目前的贸易政策而言,中国尝试构建一个亚洲贸易利益共同体,实现亚洲区域内贸易合作,促进贸易便利化、自由化。可以设想,在多边贸易体系作用弱化和区域贸易安排繁荣发展的背景之下,共建21世纪海上丝绸之路贸易法治化将会对区域贸易协定乃至国际贸易体系产生重大影响。

共建21世纪海上丝绸之路沿线国家多属于发展中国家,共建21世纪海上丝绸之路倡议的人类命运共同体目标,将推进沿线国家共同进步、协调发展。人类命运共同体构建问题是共建21世纪海上丝绸之路国家共同关注的总目标,发展中国家的发展,不应当是隔离于全球环境之外的。公平互利是国际经济法的基本原则,[②]也是国际经济新秩序的原则。在国际经济交往中强调公平互利,旨在营造一个真正的平等的环境。为了实现发展中国家和发达国家之间在相互贸易中的

---

① See Rafael Leal-Arcas, *China and the Regional Comprehensive Economic Partnership*, J Glob Policy Gov 2, p. 287 – 304(2013).

② 参见陈安主编:《国际经济法学专论》,高等教育出版社2007年版,第288页。

实质平等,必须对两类主体之间经济、社会状况的不平衡性加以考虑。传统的平等、互惠原则可以在具有近似发展水平的国家之间继续应用。而在发展水平不同的国家之间,应当实行有条件的"差别待遇",以实现真正的公平互利。正如罗尔斯所说,"对社会和经济不平等的安排,应能使这种不平等既能向所有享有公平的机会均等条件的人提供平等的待遇,又能最大限度地有利于社会弱势群体的利益"。[①] 然而,发达国家所倡导的新型全球贸易规则,并没有充分考虑发展中国家的特殊要求,认为国家之间的经济往来应当遵循相同的贸易规则,以确保各个国家在开放的世界市场中获得无条件的平等和互惠待遇,而不应该考虑国家的发展水平。这势必不会被大多数发展中国家所认同。

均衡发展问题是共建21世纪海上丝绸之路贸易法治化关注的核心问题,发展中国家的发展,不应当是隔离于全球环境之外的。共建21世纪海上丝绸之路贸易法治化对于全球贸易秩序的重构,应该打造一个公平合理的新秩序环境,使全球各国各民族都能够实现普遍的繁荣发展。共建21世纪海上丝绸之路贸易法治化合作的核心,是"南北合作";而"南北合作"能够顺利进行的前提,则是明确发达国家在全球治理中的责任问题。通过发达国家对发展中国家提供帮助和支持,实现全球的经济进步和社会发展。实际上,"南北合作"的发展总是伴随"南北矛盾"的对峙。发达国家凭借其在全球贸易体系中的优势地位,是既有秩序中的主要获利者和维护者。在经历对既有秩序的适应期后,发展中国家崛起对新规则制定的参与权和话语权提出更多要求。此时,发达国家试图通过推动建立更高标准贸易规则和新秩序来确保其主导权和竞争力的持续,这也是TPP规则生命力不强的原因之一。

依靠"共商共建共享"原则有效提升发展中国家话语权,降低少数国家对全球经贸规制的"垄断",主张合作共赢,使共建21世纪海上丝绸之路贸易法治化秩序更加公平合理,能够促进全球贸易的平衡有序发展和发展成果的惠及全体。合作共赢,是平等、合理、开放的交流方式,在利用现有的各项协议的基础之上创新完善,协调各国立场与诉求,达成共同规制。尊重各国主权以及各国资源基础的差异,充分考虑各国各地区不同的发展水平、文化传统,在充分发挥各国国内优势的基础之上,实现各国的协调进步,形成共同发展的共赢局面。由于各国的经济发展水平不一致,许多问题无法通过单一方式或某一协定规则解决。共建21世纪海上丝绸之路贸易法治化构建新的全球贸易秩序观,要解决的是在贸易活

---

① John Rawls, *A Theory of Justice*, Harvard University Press, 1999, p. 56.

动之中如何有效地平衡贸易自由化与保护各国发展利益的关系，以及扩大发展中国家尤其是让最不发达国家参与国际贸易规则制定的话语权。这样的新秩序，不仅是形式上的各成员“机会平等”，还要实现各成员之间的实质平等和社会正义。

共建21世纪海上丝绸之路倡议要求，要秉承“共商共享共赢”原则，提高新兴市场国家和发展中国家代表性和发言权，建立一个政治互信、经济融合、文化包容的利益共同体、命运共同体和责任共同体。共建21世纪海上丝绸之路贸易法治化既是对合作共赢原则的现实回应，又是对国际合作以及新的全球治理模式的积极探索。共建21世纪海上丝绸之路倡议提出之初，即强调倡议的基础是中国与沿线国家和地区以及其他国家和地区依靠现有既有的双边、区域、多边机制，进行多领域、多层次的国际合作。与《全面与进步跨太平洋伙伴关系协定》(Comprehensive and Progressive Agreement for Trans – Pacific Partnership，CPTPP)、《跨大西洋贸易与投资伙伴协定》(Transatlantic Trade and Investment Partnership，TTIP)等绕开现有多边贸易体制另起炉灶不同的是，共建21世纪海上丝绸之路强调在现有的多边贸易规则的基础之上，协调各贸易规则，使其能够最大化促进全球贸易。同时，共建21世纪海上丝绸之路提倡的区域合作，并不仅限于沿线国家和地区，而是超越了地缘概念，希望与世界各国达成共识，形成互惠互利的命运共同体，是一个全方位对外开放的倡议。

共建21世纪海上丝绸之路贸易法治化规则和标准，应当具有灵活性、包容性。这体现在中国提倡其他成员的广泛参与，而不用顾虑其会遏制自身的发展，损害自身利益，最终目的是通过充分参与共享发展成果加强互信惠及所有成员并实现经济的跳跃式发展。共建21世纪海上丝绸之路贸易法治化的出发点是通过成员各国的自愿开放与互利合作，不仅促进中国在经贸交往中的发展，还符合各国的根本利益，将我国的利益诉求与全球的利益诉求相结合，寻求共同利益的交集，实现共同发展和共同繁荣。所以，经贸活动的各个领域和各个方面的规则和标准，都要体现上述价值观和原则。

二、实现体系、规则、格局同步发展

互联互通是共建21世纪海上丝绸之路的核心内容之一，而贸易相通又是互联互通的重要部分。作为亚洲最大的经济体，共建21世纪海上丝绸之路不仅是中国贸易外延的倡议，更多的是中国将自身也视为区域经济增长的一部分。共建21世纪海上丝绸之路不仅为中国经济贸易的发展提供了新动力，还将有助于亚洲区域内各国解决在全球经济低迷下的新的经济增长。因此,共建21世纪海上丝绸之路应当致力于打造多元化经贸治理结构,实现多层次经贸规则的协调互动。构建自贸区协定网络,应对新型贸易规则带来的挑战。

(一)建立多元化贸易法治化治理体系

区域贸易法治化的发展势头正盛,对多边贸易法治化的影响不容小觑。自CPTPP提出以来,一直受到亚太地区各国的广泛关注。CPTPP对全球贸易规则的发展起到了极大的推动作用。无论是贸易新规则的制定还是贸易领域的新标准的提出,都极大地发展了国际贸易体制,对现有的贸易规则进行重构与补充。亚太地区各国纷纷采取行动,应对CPTPP将可能带来的影响。例如,东盟国家在其东盟自贸区规则的基础上,提出了"东盟+",积极与中国、韩国、日本、澳大利亚和新西兰签署RCEP。相较于CPTPP直指全球贸易规则和标准的重塑与引导者,共建21世纪海上丝绸之路更加注重对现有贸易规则进行整合及协调,在此基础上推动区域内贸易规则的制定与合作。多边贸易谈判受阻的实践表明,既有的多边贸易规则和共建21世纪海上丝绸之路贸易法治化规则仍需要更多关注处于水平较低的成员方国家的发展需要。因此,共建21世纪海上丝绸之路贸易法治化构建中,应当兼顾全球贸易发展的不同需要,造就能够适应发展、具有全新生命力的贸易规则体系,提出新的全球贸易秩序观。

推动涵盖国内、双边、区域、多边的多元化贸易治理模式,才能使全球化的世界经济格局进一步发展。一方面,全球已进入"互联网+"时代,全球价值链等新型贸易模式的出现需要更全面、更高标准的贸易规则,以求更大程度的贸易便利化、自由化;另一方面,依旧存在一些国家还处于贸易全球化程度较低的阶段,其发展需要经济强国帮助,因而难以承受全面、高标准的新型贸易规则。全球贸易的发展,不能脱离世界各国的共同努力。只有实现全球各国各民族的普遍繁荣发展,才能不断推进全球贸易的发展。单一的贸易规则无法满足全球贸易发展需要。要建立一个涵盖国内、双边、区域、多边的公平合理的新环境,构建多层次、多元化的贸易规则体系,实现全球贸易多元化治理。因此,要实现全球贸易的多元化治理,首先,维护和推动多边贸易体制改革。虽然WTO谈判进展缓慢,但是已有体系依然是国际贸易领域最科学、最广泛、最具执行力的多边机制,依然对共建21世纪海上丝绸之路的贸易自由化、便利化发挥重要作用。要推动WTO机制的改革,促进WTO决策机制的民主化进程,实现谈判的民主参与以及提高谈判过程的透明度，在此基础上尽快完成多哈回合谈判，落实现有谈判成果。[①] 其次，要认识到区域贸易安排是多边贸易体制的有益补充，二者相互促进、共同发展。正是二者的共同推进，才使经济全球化的进程没有停滞不前。需要借助区域贸易安排的优势，推动贸易规则和标准的不断进步与发展，形成更多广泛的、高标准的贸易规则。然后，借助多边贸易体系，将这些新规则逐步适用至全球各个国家，不断推动全球贸易的进步与发展，实现世界经济的不断增长，实现全球共同发展、人类命运共同体构建的伟大目标。

(二)升级更具包容性的贸易规则

必须认识到，中国既要依靠现存的多边贸易规则体系，更要发展国内、双边、区域等包容性贸易规则，去应对全球贸易秩序和贸易体系重构所带来的影响，但切忌死守一条路径，尤其是考虑到数年来多边贸易体制进展缓慢。共建21世纪海上丝绸之路的沿线国家，各国社会经济发展水平均不相同，贸易发展水平存在差异，贸易规则和标准也有很大的不同。全球贸易应该被视为一种通过促进包容性和可持续的经济增长实现广泛的发展目标。这意味着，全球经济的增长，全球贸易新秩序的构建，无法脱离世界各国的共同努力。构建多元化的全球贸易治理模式，通过双边、区域贸易安排推动贸易规则的不断发展，倒逼国内经贸规则改革，助力多边贸易规则前进，将规则适用于共建21世纪海上丝绸之路沿线国家，实现全球贸易规则的普遍发展。要实现普遍发展，必须依赖于世界各国的共同参与。因此，规则的制定不能采用"一刀切"的方式，需要考虑各国国家的经济发展程度、市场经济完善程度、法治发展程度和宗教文化的可接受程度，为处于水平较低的国家提供一个缓冲的时间和空间。

共建21世纪海上丝绸之路贸易规则致力于囊括更多国家和地区，涵盖更广领域，促进区域内经济一体化以及建立更高层次的贸易互通互信。共建21世纪海上丝绸之路将会更加关注给潜在成员国带来巨大利益的领域，不会如CPTPP那样忽视发展中国家承受能力，一味追求高标准。因此，共建21世纪海上丝绸之路中的贸易规则不能盲目追求贸易领域的拓展以及贸易规则和标准的高水平。没有CPTPP那样追求"高标准、广覆盖"，共建21世纪海上丝绸之路更加关注区域内各国贸易发展水平的差异。在现有多边贸易体制、区域贸易安排及双边贸易协定的

---

① R. Sally, *International Trade and Emerging Markets Since the Crisis*, South African Institute of International Affairs, March, 2011, p.21.

基础上，共建21世纪海上丝绸之路不会一味追求更多贸易领域自由化，而更多的是将现有的规则落实到实处；同时，帮助区域内发展水平不足的国家，推动贸易自由化、便利化发展，实现贸易增长。这样的贸易政策，从中国在全面经济合作伙伴关系（RCEP）的谈判中可以看出，RCEP在WTO贸易规则的基础上，仅仅扩展了六个贸易领域。① 有学者认为由于谈判范围有限，会难以吸引发达经济体的支持。② 因此，共建21世纪海上丝绸之路需要尝试对更多贸易领域进行进一步的探索与开放，而不仅仅局限于现有的贸易规则。

就货物贸易而言，共建21世纪海上丝绸之路倡议中的贸易规则应当追求构建一个公平合理、自由开放的贸易体系，提高贸易保护水平，逐步消除关税及非关税壁垒，实现贸易自由化、便利化。在服务贸易方面，应当尽可能限制或消除区域内各国之间的贸易歧视性措施，实现边境内措施与边境外措施协调发展，最终达到推动区域内贸易一体化进程的目标。由于国际经贸秩序和规则的重构，共建21世纪海上丝绸之路贸易规则会更加关注货物贸易、服务贸易之外的议题，如技术合作、知识产权、竞争政策、政府采购、争端解决机制等其他问题。共建21世纪海上丝绸之路的贸易规则体系，相比CPTPP将更具包容性。除了对潜在成员国提供灵活的贸易规则，也会根据其发展水平、需求及诉求提供合理的差别待遇。相比CPTPP要求的所有缔约国无差别地遵循其高水平的规则标准，共建21世纪海上丝绸之路贸易规则的灵活性将会对区域内的发展中国家和不发达国家产生极大的吸引力，同时不会削减潜在发达经济体成员的潜在贸易利益。

加强贸易自由化与环境保护的协调发展。贸易自由化要求世界形成一个大市场，商品无障碍地自由流动，以满足人们的各种需要，刺激经济发展。贸易自由化受资本驱动，资本的目标就是剩余价值的最大化。这个目标的客观要求，是扩大现有消费量，以造成新的需要，生产、发现和创造出新的使用价值。这就必然要求大规模地探索开发整个自然界，不断发现自然物的新属性以及加工自然物的新方式，以不断开发和满足社会的新需要。资本对消费的要求往往是通过自由贸易来实现的，贸易意味着生产更多的产品。因此，在多数情况下，高生产、高消费必然导致更严重的生态环境破坏。但从最根本的层次上，贸易与环境是相互关联

---

① See Jeffrey D. Wilson, *Mega-Regional Trade Deals in the Asia-Pacific: Choosing Between the TPP and RCEP?*, Journal of Contemporary Asia, Vol. 45, No. 2, 349(2015).

② Ming Du, *Explaining China's Tripartite Strategy Toward the Trans-Pacific Partnership Agreement*, Journal of International Economic Law, Vol. 18(2): 407(2015).

的,原因是所有的经济活动都基于环境。人类要生存,就离不开自然环境。进入工业化社会以来,环保主义的呼声一浪高过一浪的根本原因,在于自然资源特别是不可再生的自然资源的耗竭。贸易自由化带来的高生产与高消费给环境造成的污染,超过了环境的承受能力。因此,“保护地球、保护环境”并非可有可无的口号性宣传,而是实实在在的关乎人类未来走向的决定性因素。环境是不可或缺的,人们沉浸在贸易自由化带来的丰富的物质世界中,体验着前人根本无法体验的现代物质给人以震撼的感受时,更应该去思考地球及人类的未来。环境保护是人类不具有选择性的选择。尽管贸易与环境的中心价值各异,具有冲突性,但两者又是相互依存的,其终极目标具有一致性。自由贸易可以提供人类生存所需的各种产品,满足人类的需求,终极目标是为人类服务。环境政策着眼于人类生存所需之自然条件,通过对自然资源的合理开发利用和保护,控制人类的活动对自然环境产生有害影响,以实现人类社会的可持续发展。因此,环境政策的最终目的与贸易自由化一样是立足于人类的生存和需要,服务于人类。贸易自由化与环境政策在终极目标上的一致性,决定了两者可以通过不同的手段来调控各自的对象,为终极目标服务。

建设贸易便利的营商环境。借鉴中国(上海)自由贸易试验区的经验,推动贸易转型升级的措施,积极培育贸易新型业态和功能,形成以技术、品牌、质量、服务为核心的外贸竞争新优势,加快提升共建21世纪海上丝绸之路沿线国家在全球贸易价值链中的地位。鼓励跨国公司建立共建21世纪海上丝绸之路地区总部,建立整合贸易、物流、结算等功能的营运中心。支持试验区内企业发展离岸业务。鼓励企业统筹开展国际国内贸易,实现内外贸一体化发展。探索设立国际大宗商品交易和资源配置平台,开展能源产品、基本工业原料和大宗农产品的国际贸易。加快对外文化贸易基地建设。加快培育跨境电子商务服务功能,试点建立与之相适应的海关监管、检验检疫、退税、跨境支付、物流等支撑系统。

站在新的历史起点上,世界各国对共建21世纪海上丝绸之路前景充满信心。共建21世纪海上丝绸之路倡议和共商共建共享的核心理念已经写入联合国等重要国际机制成果文件,已有140个国家和32个国际组织签署206份共建21世纪海上丝绸之路方面的合作协议,涵盖互联互通、投资、贸易、金融、科技、社会、人文、民生、海洋等领域。2020年以来,中国与“一带一路”沿线国家货物贸易额从2013年的1.04万亿美元增加到2020年的1.35万亿美元,占中国货物贸易总额的比重由25%上升至29.1%。2020年,在全球对外直接投资同比缩水35%的背景下,中国境内投资者在“一带一路”沿线的58个国家实现直接投资186.1亿美元。

因此,共建21世纪海上丝绸之路已成为亚太地区乃至全球贸易的重要区域安排,要保持定力,用发展、合作的办法,解决贸易发展合作中的问题,不断完善贸易法治保障体系和国际合作机制,推进共建21世纪海上丝绸之路走深走实,行稳致远。

(三)构建21世纪海上丝绸之路自由贸易区网络

自贸区是扩大开放、增加贸易的重要纽带。共建21世纪海上丝绸之路,推进双边、多边自贸区建设,将强化区域及全球的经济关系,带动全球经济的开放和升级。由于地缘、历史、文化以及政治等因素,自贸区能够提供多边贸易体制无法达成的便利性和自由化程度。自贸区安排能够最大限度地实现区域内各国的政策、规则以及各领域的衔接,能为区域内国家提供最为优惠的贸易条件。同时,自贸区并不排斥区域内国家参加其他的贸易安排,既提供了区域内贸易的便利化和自由化,也为各国发展贸易开放了选择空间。因此,自贸区能够成为多边贸易体系的重要补充,在全球共同发展的前提之下,提供贸易发展更强劲的动力。

目前中国设立的自贸区,单边降低或取消了进口税,大大促进了进口贸易,对于拉动内需、平衡出超贸易、促进世界经济健康发展,均起到了积极作用。目前中国最应当关注的是,什么样的区域贸易安排才能够充分实现贸易自由化、便利化的目标,促进区域各国的共同繁荣发展。然而,中国在这方面的经验是不足的,除了参加的各多边体制、区域安排,过去一直没有参与全球贸易规则的制定当中去,也没有发展出自己的贸易规则范本。这与中国日益增长的经济实力和全球地位是不相符合的。因此,中国应当主动参与到自由贸易区中去,在自由贸易区的建设中积累区域合作的经验;同时,在国内进行自贸区试点,发掘中国潜力,制定中国自贸区协定范本,在不断推动各国共同发展的同时,兼顾国内的利益需求。该项工作取得较大进步,除了在国内四个城市建立的自贸区试点,中国与周边国家和地区以及跨区域的国家和地区进行了自贸区的谈判与建设。中国已经签署了19个自贸协定,涉及26个国家和地区,另外,还有正在谈判的自贸区10个、正在研究的自贸区8个、优惠贸易安排1个。① 中国已经逐步构筑起自己的自贸区网络。共建21世纪海上丝绸之路倡议旨在促进经济要素有序自由流动、资源高效配置和市场深度融合,推动沿线各国实现经济政策协调,开展更大范围、更高水平、

① 数据来源:中国自由贸易区服务网,http://fta.mofcom.gov.cn/,最后访问日期:2018年8月22日。

更深层次的区域合作。[①] 因此,中国提倡建立的自贸区需要在保证区域内贸易自由化和便利化的同时,能够抵消因各国的贸易水平差异所带来的消极影响。鉴于沿线各国发展水平的不同,在沿线设立多个不同层次的自贸区似乎更为合理。在我国目前与周边各国和地区已经签订和正在谈判的自贸区协定的基础之上,以互惠互利原则促进沿线国家更多地与中国进行自贸区合作。构成一个涵盖不同地区、不同经济发展程度的、多层次的、面向全球的自贸区网络。

第五节　共建21世纪海上丝绸之路贸易法治的发展路径

多年来的共建21世纪海上丝绸之路实践表明,共建海上丝路顺应时代潮流和发展方向,国际认同日益增强,合作伙伴越来越多,影响力持续扩大。这些成绩的取得,离不开沿线国家的通力合作以及世界各经济体的支持。同时应当看到,当前世界经济发展中面临诸多不确定、不稳定因素,国际环境风云变幻,共建21世纪海上丝绸之路也面临不少风险。个别国家个别方面对共建21世纪海上丝绸之路倡议仍有质疑。在把握国际经贸规则发展新趋势,梳理出共建21世纪海上丝绸之路自由贸易区网络构建的现存挑战的基础上,我们要客观、理性地看待共建21世纪海上丝绸之路贸易法治化取得的成绩和遇到的困难,既不回避矛盾,也不要夸大问题,要保持定力,用发展、合作的办法解决问题,不断完善贸易法治化体系和国际贸易合作机制。依据共建21世纪海上丝绸之路贸易法治化中国策略和人类命运共同体总目标的指引,坚持共商共建共享原则,将策略和目标进一步具象化,寻找现阶段切实可行的切入点和法治化路径,不断完善贸易法治,以期更好地保障共建21世纪海上丝绸之路。

一、支持多边贸易体制推动贸易规则改革

(一)共建21世纪海上丝绸之路沿线国家共同维护多边贸易体制

"国际社会日益成为一个你中有我、我中有你的'命运共同体',面对世界经济的复杂形势和全球性问题,任何国家都不可能独善其身。"在国际社会中,法治促

① 新华社:《授权发布:推动共建丝绸之路经济带和21世纪海上丝绸之路的愿景与行动》,载新华网,http://news.xinhuanet.com/2015-03/28/c_1114793986.htm。

进着国家之间的有效合作。历史经验告诉我们,单边主义一旦失去制约,将会严重破坏世界经济的稳定,使所有国家,尤其是发展中国家受害。目前,多边贸易体制正面临如何应对单边主义和贸易保护主义的严重挑战。对于现行的世界贸易体系来说,多边贸易体制得到有效地维护,多边规则得以认真地遵守,是共建21世纪海上丝绸之路贸易繁荣发展的根本保证。一个以规则为基础的多边贸易体系为全球商业运行提供了必要的稳定性和可预见性,从而能充分支持共建21世纪海上丝绸之路贸易增长。在现有多边贸易体系之下,共建21世纪海上丝绸之路沿线各国、各地区都能获得不同程度的益处。多边贸易体系给共建21世纪海上丝绸之路贸易带来了前所未有的经济增长与繁荣,是共建21世纪海上丝绸之路经济的"宝贵资产",这一体系有赖于所有利益相关者、特别是新兴市场经济国家和发展中国家的积极支持。中国一直是多边贸易体制的积极参与者和坚定维护者。维护条约义务的严肃性,维护多边贸易体制的权威性,是世贸组织成员的共同义务,也是各成员的共同利益。共建21世纪海上丝绸之路蕴含经济体量巨大,多边贸易体制的支持度降低不但削弱共建21世纪海上丝绸之路沿线国家间的贸易伙伴关系,而且损害全球经济的未来发展。面对美国对多边贸易体制的破坏,在这个特殊的关头,更需要共建21世纪海上丝绸之路沿线国家以建设性的方式,坚定维护多边贸易体制,推动全球经济治理改革,实现WTO等贸易机制的功能持续稳定发挥。

(二)为WTO规则优化发挥建设性作用

多边贸易体制规则是共建21世纪海上丝绸之路贸易持续发展的重要制度保障,符合各国的共同利益。共建21世纪海上丝绸之路过程中,沿线国家对于WTO争端解决机制的运用可以顺利解决贸易争端,WTO争端解决机制运行多年,裁判经验丰富,裁决案例数量众多。在2018年6月作出裁决的越南对印度尼西亚提起的"对部分钢铁产品保护"的案例,越南主张印度尼西亚针对部分钢铁产品征收特殊关税不符合GATT 1994第19条和《保障措施协定》的实质性条款,经过专家组和上诉机构裁定,印度尼西亚的关税措施并不构成《保障措施协定》第1条下的"保障措施",但钢铁产品进口特殊关税的适用,只及于120个国家之外的其他所有国家,不符合GATT 1994第1条第1款下的"最惠国待遇"规定,故建议印度尼西亚修改措施以满足其在WTO下的义务。WTO争端解决机制顺利解决了越南与印度尼西亚间的贸易争端,既不损害双方的友好贸易关系,又成功作出相对公正合理的裁决。诸如此类的案例不止一个,在共建21世纪海上丝绸之路发展不够充分的情况下,沿线国家十分需要相对完备的WTO等多边贸易体制。面对新形势新挑战,中方愿同共建21世纪海上丝绸之路沿线国家共同努力,推动贸易法治化向更加开放、包容、普惠、平衡、共赢的方向发展。美国单边主义以及对WTO抵制,对多边贸易体制的威胁和损害不可谓不深。从某种程度上也反映出多边贸易体制出现问题,亟待改革完善。中国和共建21世纪海上丝绸之路沿线国家是WTO体制的受益者和建设者,需支持多边贸易体制,在谴责违反WTO规则行为的同时,也应回应国际社会的关切。欧洲理事会于2018年6月28日至6月29日授权欧盟委员会推进WTO现代化,旨在增强WTO对世界发展变化的关联性与适应性,并增强WTO的有效性。考虑到欧盟历来是多边贸易体制的坚定支持者,其对WTO现代化改革的推动将对中国和共建21世纪海上丝绸之路沿线国家参与WTO规则优化有借鉴意义。

在积极推动多哈回合剩余议题的谈判,适时根据全球贸易新发展扩大谈判议程的基础上,一是推动WTO规则更加公正和平衡,主要集中在约束产业补贴使用和国有企业活动上,需要改善透明度和补贴通报,保证国有企业在符合WTO贸易体制的宗旨下合法活动。二是解决服务和投资壁垒,主要是市场准入壁垒、对外国投资者的歧视以及强制性技术转让,现有WTO规则不能较好地解决投资壁垒和强制性技术转让的问题,已经造成了世界大型经济体间的贸易摩擦,涉及共建21世纪海上丝绸之路沿线国家,所以对新规则的要求颇为急切,此外数字贸易的流行对数字贸易壁垒的消除也提出更高要求。三是特殊和差别待遇的完善,由于部分共建21世纪海上丝绸之路沿线国家近年来崛起迅速,成果喜人,也招致发达国家的不满,将其归咎为WTO体制给予发展中国家的差别待遇,为了平衡各方需求,在保留特殊和差别待遇的基础上,可增添灵活性,更加细化待遇期限、领域,避免发达国家与发展中国家"一刀切"或依赖简单的评价标准。四是WTO谈判方式和争端解决规则改进,思考"全体成员协商一致"的规定是否还符合当今发展趋势,是否还有更加科学的谈判模式,加强秘书处的监管职能,争端解决机制中的"90天期限限制"、离任上诉机构成员对未决案件的处理、上诉机构报告中对"不必要问题"的裁判等具体问题皆有改进空间。中国和共建21世纪海上丝绸之路新兴市场国家和发展中国家在欧盟建议的基础上,更要结合自身实际和发展经验,提出改革和完善多边贸易体制的方案,推进多边贸易治理体系的变革和完善,避免多边贸易体制的停滞不前给贸易保护主义势力以可乘之机,损害共建21世纪海上丝绸之路的国际贸易合作和人类命运共同体构建。

协调WTO贸易自由化规则与环境保护的新要求。贸易与环境相互依存和冲突的内在关系,决定了贸易自由化与环境政策协调发展模式的多样性。就国际层面而言,目前的协调模式主要有贸易导向模式、环境导向模式和平衡共管模式。以贸易为导向的协调模式主要体现在推进贸易自由化的世界贸易组织和区域贸易组织的制度框架内;以环境为导向的协调模式主要反映在以环境保护为主要内容的多边环境条约群,如保护臭氧层的多边环境协议、控制温室气体排放的多边环境协议、控制危险废物越境转移的多边环境协定、保护生物多样性的多边环境协定;平衡共管模式则主要是在联合国的框架内进行。

WTO对贸易自由化与环境政策的协调发展模式,在于对环境问题的关注不得妨碍对贸易自由化的促进。同时,需要改革现有议事机制,促进各成员社会经济的公平和可持续发展。一方面,改革环境议题的生成机制。议题是制度的产物,新议题产生于旧制度的同时,就形成了对旧制度进行改革的客观要求。WTO体制作为新议题产生的制度背景和制度基础,自然伴随着议题的扩展和延伸。新议题的扩展和延伸不断丰富多边贸易体制的内容,特别是议题间挂钩在利益平衡中的作用,导致确定谈判议题本身也成了一场谈判。由于WTO体制的制度性缺陷与制度外缺陷依然存在,随着全球经济的进一步加速和融合,环境议题与非环境议题、环境议题下各子环境议题的扩展和延伸与多边贸易体制的缺陷之间的矛盾越来越突出。仅仅通过议题的扩展、延伸与挂钩,已经不能很好地为各方提供合理预期。因此,必须对WTO的组织形式、谈判模式、决策方式等体制内缺陷进行改革,增加规则修改和议题讨论的透明度和民主性,对现有的议事和决策机制加以完善;要建立发展中成员和发达成员的利益协调机制,使包括环境议题在内的新议题的产生能够均衡反映各方利益。发达成员方应关注"公平发展",重视发展中成员方的利益;发展中成员方既要坚持原则,又要表现出更大的灵活性,以积极、务实的态度推进贸易自由与环境政策的协调发展。另一方面,完善现有的环保条款。完善现有的环保条款,需遵守"可持续发展"目标。应明确GATT 1994第20条的内涵,这主要涉及"为保护人类、动植物的生命或健康""必需""可用竭自然资源""与国内限制生产与消费的措施相配合""武断的歧视、不合理的歧视和隐蔽的歧视"等内容,使之更具透明性和可执行性,能够有效统领WTO框架内的环保条款,避免各条款之间产生空白、重复和矛盾。同时,要充分运用WTO争端解决机制,以弥补现有环保条款在制定上的不足。

遵守和落实WTO的《贸易便利化协定》。《贸易便利化协定》是WTO成立之后首个达成的多边贸易协定,旨在清除国际贸易中的机制性和技术性障碍,降低交易成本,提升贸易效率。《贸易便利化协定》给予发展中国家成员和最不发达国家成员特殊和差别待遇,适度延长了条款的执行期限并给予技术援助,已经充分考虑了共建21世纪海上丝绸之路沿线国家等广大发展中国家的执行挑战,尽力促成其接受和落实。加快落实《贸易便利化协定》是中国的当务之急,也是共建21世纪海上丝绸之路沿线的WTO成员的应有之举,《贸易便利化协定》允许发展中成员根据其自身发展进度来适时执行协定,不具备强制执行力,故主要依靠成员的自我落实和自主监督。我国贸易便利化水平尤高于世界平均水平,但仍有很大提升空间,多数共建21世纪海上丝绸之路沿线国家提升空间更大。所以,共建21世纪海上丝绸之路贸易法治化需要及时落实《贸易便利化协定》,以期全面提升贸易便利化水平。以"单一窗口"条款为例,《贸易便利化协定》将建设单一窗口设定为具有灵活性的约束性义务,要求成员方应努力设立一个单一窗口,实现通过主管机构的单一接入点提交货物进出口或过境的单证和数据,并获得处理结果。共建21世纪海上丝绸之路沿线国家可通过扩大单一窗口业务覆盖面、提高单一窗口内部各部门间协调性、促进各单一窗口间互相衔,全面满足单一窗口的要求,并建立贸易便利化委员会通知机制,提高单一窗口信息化水平,切实提高海关效率和贸易便利化水平。此外,《贸易便利化协定》与跨境电商联系紧密,在《贸易便利化协定》的基础上推进跨境电商规则的制定符合当前国际格局的现状,有希望突破当前跨境电商规则谈判的僵局并取得务实进展,为今后跨境电商贸易发展提供法治保障。

中国改革开放与WTO是双向互动的过程。一方面,WTO通过对中国改革开放的规则指引与倒逼作用影响中国,使中国社会主义市场经济体制渐进完善,贸易自由化、便利化水平不断提高;另一方面,中国通过改革开放不断积累成功经验渐进影响WTO改革。2012年以来,中国成为WTO相对艰难时期的坚定支持者。当前WTO面临的问题和挑战可以归因为WTO无法在机制中反映国际格局的变动,纳入贸易新议题和形成新成果也颇为缓慢。随着新兴市场国家和发展中国家的崛起,它们需要提升与经贸规模相适应的WTO组织内地位和发言权共建21世纪海上丝绸之路沿线国家在经济实力逐步上升的同时,需把握WTO改革机遇,担负起相应的国家责任,积累国际经济治理法治经验,为国家和全球经济法治化发展贡献力量。

二、促进构建21世纪海上丝绸之路自由贸易区网络

推进贸易投资自由化与便利化是共建21世纪海上丝绸之路倡议实施的基本方向。尽管构建21世纪海上丝绸之路自由贸易区网络面临着诸多挑战，但中国作为共建21世纪海上丝绸之路倡议的倡仪者和引领者，应着眼于长远发展，积极参与和主导国际经贸新规则的制定，加快与共建21世纪海上丝绸之路沿线国家商建自由贸易区，构建立足周边、辐射共建21世纪海上丝绸之路、推动区域经济一体化到面向全球的高标准自由贸易区网络。

（一）共建21世纪海上丝绸之路自贸区网络构建的总体思路

1. 构建的核心目标。构建21世纪海上丝绸之路自贸区网络应服务于共建21世纪海上丝绸之路的倡议目标，服务于我国新一轮的对外开放，拓展和构建国际经济合作空间和秩序，为区域经济一体化提供强劲动力，合力打造政治互信、经济融合、文化包容的利益共同体、命运共同体和责任共同体。由于共建21世纪海上丝绸之路沿线国数量众多、经贸安排层次多、社会经济发展水平和法律制度差异较大，共建21世纪海上丝绸之路自贸区构建只能循序渐进，不宜实行统一和硬性的制度安排；通过与沿线国家和组织以创新的合作模式方式，实现区域法治治理，将已经形成的中国—东盟自贸区、南盟自贸区、海合会自贸区、上合组织等一个个“节点”连接形成“链条”，沿着“双边、诸边、区域”的路径，由点到面，从线到片，与沿途国家开展不同层次、不同领域的双边和区域合作，共同推进区域经贸发展，最终编织成一张立体的以中国为主导、辐射共建21世纪海上丝绸之路的跨区域的高标准自由贸易区网络。

2. 构建的原则。在共建21世纪海上丝绸之路自贸区网络构建中，我国应树立国际法治的意识，将国际法治思维贯穿建设过程的始终；应遵循各国主权平等的原则，体现合作共赢宗旨和打造命运共同体和利益共同体的理念，以协调、协商和政策沟通的方式推进。第一，国家经济主权和共赢互信原则。共建21世纪海上丝绸之路沿线国家由于地域和历史文化的不同，在政治体制、资源禀赋、经济发展水平、宗教信仰以及民族文化传统等方面存在较大差异，要实现区域内的贸易投资自由化必须尊重主权，以互信为基础、合作共赢为目标。各国均是共建21世纪海上丝绸之路平等的参与者和建设者，我国与沿线国家商谈不同类型和不同层次的自由贸易协定时应照顾彼此的利益关切，要通过对话磋商和协作机制建立互信，传承历史上丝绸之路兼容并包的精神，与沿线国家合力打造平等互利、合作共赢

的“利益共同体”和“命运共同体”的新理念，展现中国发展区域共赢合作的新理念、新蓝图、新途径和新模式。第二，坚持“先易后难、重点突破、逐步推进”的原则。自由贸易区战略是个项目复杂的系统工程，必须以战略协调、政策沟通为主加以推进，应充分利用现有的双边和区域的合作机制安排的基础，完善、开拓和商谈新型的多层次区域合作机制。对于较难达成一致的协议或特定的谈判伙伴，可以选择某些行业和部门在容易达成共识的领域取得突破，逐步取得互信后推进更深层目标。在地缘政治风险和大国博弈风险较大的区域，应照顾到各国的适应度，可采取选择特定对象进行重点突破的策略；同时，以经济走廊、贸易投资便利化、经济技术援助、投资融资模式等各种可供选择的方式，将优势互补转化为务实合作，逐步与沿线国家形成贸易投资自由化和便利化的区域合作机制。第三，坚持规则导向的原则。共建21世纪海上丝绸之路倡议构想旨在与沿线国家分享中国经济潜力，这不仅是我国发展的需要，更是惠及沿线国家繁荣发展的重要路径。共建21世纪海上丝绸之路倡议的推进必须坚持规则导向，以实现国际区域法治的方式进行。我国要从贸易大国走向贸易强国，构建新型的国际合作发展空间和秩序，必须以规则和区域国际法治引领区域的合作和共同发展繁荣。共建21世纪海上丝绸之路自由贸易区网络的构建是中国从国际规则被动接受者向规则的制定者转变的实践过程。只有掌握国际经济新规则的制定权和话语权，才能从参与者转变成引领者；只有倡导国际经济合作新理念，构建起区域的乃至国际的经济新秩序，才能彰显负责任大国的形象，推动世界的持久和平、普遍安全和共同繁荣。

3. 宏观层面的构建。共建21世纪海上丝绸之路所涉及的国家众多，这就要求中国的共建21世纪海上丝绸之路自贸区战略必须依据开放的需要，找到共同利益点，尊重沿线各国之间的异质性，打造多层次、多类型的自贸区网络。一方面，我国与阿富汗、蒙古等国家，通过承诺过渡期、部门贸易自由化以及“早期收获计划”、框架协议等多种合作形式，先达成低起点的浅层次一体化协议；另一方面，应逐步理解、接纳与践行基于高标准的贸易和投资政策规则，重新审视与评估传统贸易政策，逐步提升共建21世纪海上丝绸之路自由贸易协定的水平，打造以贸易新议题与规则为主的深层次经济一体化的中国—东盟自由贸易区升级版，包括积极支持RCEP的谈判，与区域内经济发展水平较高的国家签订高水平的FTA。此外，由于当前共建21世纪海上丝绸之路沿线区域内FTA数量众多、水平参差，为协调和统筹共建21世纪海上丝绸之路自贸区的网络建设，我国应组建由商务部和国家发展改革委员会牵头的共建21世纪海上丝绸之路自贸区网络建设协调委员会，以推进自贸区战略的成型与成熟。共建21世纪海上丝绸之路自贸区建设应采取全面推进，重点突破、多层次融合协调整合的战略，逐步形成布局合理、覆盖全面、呈放射状形态分布的区域一体化网络，其主要包括两个方向：一是南向东南亚、南亚。加快推进RCEP谈判，提升现有中国—东盟自由贸易区要投资贸易便利化和自由化水平，深化与东盟的经济合作关系，并将建设中巴经济走廊和孟中印缅经济走廊作为重要节点，辐射南亚地区，推动中—巴自贸协定第二阶段谈判，连通商谈中国—南盟自由贸易区以及中国—印度自由贸易区。二是西向中亚、俄罗斯和中东欧。推动上海合作组织自由贸易区可行性的研究，早日启动中国—中亚自由贸易区的谈判，打通从中亚到印度洋和波斯湾的交通运输经济大走廊；创造条件加快与海合会的自贸区谈判，通过海合会辐射西亚地区。

（二）共建21世纪海上丝绸之路自贸区网络构建的策略

1. 加快推进高水平自贸协定的谈判。共建21世纪海上丝绸之路自贸区网络建设是全面的、高质量的贸易投资自由化和便利化的进程。我国自贸区建设虽取得了一定成绩，但在涵盖范围、开放程度和规则水平等方面还存在较大的提升与发展空间，之前缔结的FTA过分强调货物贸易领域的自由化而忽略了其他问题，包括非关税壁垒、服务、投资、知识产权、政府采购和竞争政策等。因此，在与共建21世纪海上丝绸之路沿线国家商谈FTA时，应进行宽领域多议题的磋商，并着重进行贸易和投资自由化、便利化议题的谈判。这方面可通过给予更优惠的关税减让，以换取在关键部门的准入开放。中国应进一步研究和明确自身在缔结FTA过程中的攻势利益和守势利益，认真分析在贸易和投资领域可以得到的利益和可以做出的牺牲，如果潜在的缔约国在贸易方面对中国有很大的需求，中国应该抓住主导权和话语权，同时磋商贸易和投资问题，并且应向对方提出更多适当的要求。除此之外，我国还应及时总结《中国—东盟自由贸易协定》升级版谈判和中巴经济走廊建设过程中的经验，复制推广到与其他沿线国家的谈判和协定商签进程中，推动区域内投资和贸易的自由化和便利化。

2. 设计弹性的中国版的自贸协定“范式”。我国应以全球视角主动谋划和设计符合我国总体和长远利益的FTA“范式”，把现行区域、诸边和双边协定条款反复过滤，确定这些条款的聚合点和不同点，从而提取出中国FTA的范式，即采取统一综合式文本，在一个FTA文本中包括所有内容，并一次完成这些内容的谈判。这些内容应该包括三大方面：贸易自由化、贸易与投资便利化以及经济及其他相关领域的技术合作。当然，在中国FTA范式的拟定过程中，我国应该认识贸易自由化和便利化的标准尚不能完全统一，但是针对贸易协定的术语、格式和体例能够建立起相对固定的范本，以增强贸易的可预见性。在制订过程中，范本的打造宜粗不宜细，根据不同经济发展水平的国家制定弹性的“范式”条款。一方面，针对沿线经济发展相对滞后的发展中国家，在总结现有的自贸协定的基础之上，设计低门槛的FTA“范式”条款，如通过设置过渡期和例外等条款，克服发展不平衡带来的不利因素，分阶段实现更深层次的区域经济一体化。另一方面，由于沿线发达国家已经具备条件和基础来接受、满足和执行更高标准的深层次经济一体化条款，可设计高标准的FTA“范本”，例外条款较少、议题覆盖面较为广泛，以此推动以贸易新议题与标准为主的深层次经济一体化。需要注意的是，贸易协定的各缔约方既不能预见未来的每一个意外情况，也不能记录下每一个细节。因此，在设计FTA“范本”时，一方面需要保持可预测性和稳定性；另一方面需要具有灵活性和适应性，在这两者之间寻求“和谐”。中国要确立FTA范本，但并不是要给所有的FTA伙伴订立完全一样的条款，只是对原则、形式、内容、顺序以及语言等可以确定的内容进行规范，但对于具体的内容或者侧重点仍需要具体问题具体分析，要保证足够的灵活性和适应性。

3. 与区域内重要经贸安排的融合与协调。共建21世纪海上丝绸之路自贸区网络与其他重要的区域集团，如南亚区域合作联盟、海湾合作委员会、南部非洲关税同盟、欧亚联盟等虽然是不同的架构，有一定竞争关系，但并非不能共存。它们都有各自存在的合理性，并不是一个相互排斥不能相容的状态。共建21世纪海上丝绸之路自贸区网络应与其他重要的区域集团形成伙伴关系，相互支持与合作。共建21世纪海上丝绸之路自贸区网络应对其他重要的区域集团经济一体化表示理解和支持，实现对接与整合。从长远来说，共建21世纪海上丝绸之路自贸区网络与其他重要的区域集团在经济功能上存在某种联接和整合的可能性，同一些国家内的多个经贸安排可以殊途同归，并努力实现经济多样化发展长期目标。金融合作与贸易畅通直接相关。“一带一路”的建设面临巨大的资金需求。因此，自由贸易区网络的建设必须加强与亚洲基础设施投资银行、丝路基金、金砖国家新开发银行和中国东盟合作基金、上合组织等的金融合作，扩大包括本外币结算和互换等合作，推进人民币区域化合作，发挥金融对贸易投资自由化便利化的支撑作用。

4. 与其他重要经贸安排的互动与衔接。从中国利益和共建21世纪海上丝绸之路涉及的国家和地区的共同利益出发，中国要努力推动融合欧亚大陆甚至欧亚非大陆的经济整合，走互惠互利的发展共赢之路。如欧亚经济共同体和上合组织成员国、观察员国大都处于丝绸之路经济带，加强合作和互动可以使有关国家获得更大的发展空间。CPTPP与TTIP谈判中提出了高标准条款，强调全面的市场准入标准，建立以"负面清单"为基础的市场准入政策。其涉及诸多新的贸易问题，如环境问题、劳工标准、信息技术、新电子经济、透明与竞争性的市场环境等。同样，共建21世纪海上丝绸之路自由贸易协定也应当关注这些新的贸易议题和新贸易规则，为进一步推动整合重要经济体参与的亚太自由区的目标实现奠定基础。但同时我们也应看到沿线国家经济发展水平的差距，应循序渐进扩充自贸协定的领域，逐步理解、接纳与践行基于全球价值链的现代高标准与高质量的贸易和投资政策规则，重新审视与评估传统贸易政策，逐步提高自由贸易协定的质量水平。

除此之外，共建21世纪海上丝绸之路自贸区网络建设还必须与区域内各国法律制度相协调。国际法与国内法的相互影响、相互作用，既推动了国际法的发展，也促进了国内法的完善。自由贸易规则的执行有赖于国内法，各国国内法的协调又促进了自由贸易规则的形成，因此，应当促进各国国内法制与自由贸易区规则进行协调和融合，区域内法治水平较高的国家应该对法治水平较低的国家提供技术支持，以保证这些国家对自由贸易规则的理解和遵守。如此才能进一步克服空间障碍、社会制度和社会意识形态等方面的障碍，在全球范围内实现充分的交流、沟通，互相借鉴和吸收优秀的法律成果，进而在法律理念、法律价值观、执法标准与原则乃至法律和法治方面达成更多的共识或向趋同的方向发展。例如，我国在上海、天津、广州和福州建立国内性质的自由贸易试验区，在货物贸易转型、市场准入、投资贸易自由化便利化、金融国际化等领域以高标准先行先试，可复制的经验可以对接共建21世纪海上丝绸之路沿线国家自由贸易区网络。下一步，还可考虑在云南设立面向东南亚和南亚市场的边境自由贸易试验区，在宁夏建设中国—海合会自贸区先行区，鼓励在新疆设立中国—中亚自由贸易区，全面实施贸易投资自由化政策，通过国内试点改革，逐步探索达成高水平、高标准、深层次的自由贸易协定网络，促进与全球经济的深度融合。

三、推动中国—东盟自由贸易区"升级版"规则贯彻落实

东盟是我国重要的周边国家联盟，自21世纪以来，我国与东盟各国间的区域合作逐渐深入。中国—东盟自由贸易区是我国对外商谈的第一个也是最大的自由贸易区，于2002年开始实施"早期收获"，2010年全面建成。在自贸区各项优惠政策的促进下，目前，中国已成为东盟最大贸易伙伴，东盟是中国第三大贸易伙伴。2010年CAFTA正式建立，随即进入良性运作阶段，最为重要的原因是将谈判

成果制度化、规则化,CAFTA规则体系以《中国—东盟全面经济合作框架协议》为基础,并以《中国—东盟全面经济合作框架协议货物贸易协议》《中国—东盟全面经济合作框架协议争端解决机制协议》《中国—东盟全面经济合作框架协议服务贸易协议》《中国—东盟全面经济合作框架协议投资协议》为其主要内容。中国—东盟自由贸易协定“升级版”于2015年11月签署,于2016年中期生效。

中国—东盟自由贸易协定“升级版”的规则更加合理。以原产地规则为例,原产地标准用于判定出口货物的原产资格,是原产地规则的核心。东盟“升级版”协定在对货物的原产地判定标准方面作出了较大调整。一方面,原产地判定更加灵活。原产地判定过程更加简单易行。“升级版”规则增加了对完全使用一方或多方的原产材料生产的货物的判定标准。只要产品的所有原材料都分别符合原产地规则,即可判定为具备原产资格。另一方面,规则设定更加严谨。“升级版”协定补充或完善了原产地规则的辅助性条款,使规则的设定更趋完善和严谨。新增“微小含量”条款及“吸收原则”条款。“升级版”规则新增了可互换材料条款,完善了包装材料及容器、附件及工具、中性成分等条款,在完善规则的同时,使其与我国签订的其他自贸协定的表述相一致。证书申领更加便利,在原产地操作程序方面,“升级版”协定也作出了相关调整,使企业能够更加便利地申领证书。拓宽原产地证书申领人范围。简化第三方发票填制要求。

落实“升级版”规则,着眼于中国—东盟自由贸易区的持续发展。世界经济总体回暖上行,但不稳定不确定因素在增加,特别是个别国家采取保护主义和单边主义措施,严重破坏了以规则为基础的多边贸易体制,成为影响世界经济的最突出风险。面对错综复杂的形势,中国需要同东盟和共建21世纪海上丝绸之路其他国家一道,抓住新工业革命的机遇,共同应对挑战,推动构建创新、开放、联动、包容的世界经济。首先,明确协议法律属性。其一,CAFTA各协议是多边条约。东盟崇尚以灵活的、松散的“东盟方式”处理外交事务,最为重要的一点,其不能独立承担义务,因此,其并非完全的国际法主体。另外,虽然《全面经济合作框架协议》在名称上仅反映中国与东盟签署协议,但是各协议文本中均规定对各国家或地区的权利与义务。同时,协议是以各国政府首脑签字作为结束。因此,无论是从权利与义务的相称性,还是从协议文本及手续程序而言,各协议均应反映多边条约的法律属性。其二,并非双边条约的集合。CAFTA各协议均是建立在各国家一致同意的基础上,中国与东盟国通过磋商与谈判达成共识,而非分别出价,进而各方均有达成多边协议的预期与意识。多边条约的法律属性为共建21世纪海上丝绸之路和维护多边贸易体制增强信心,但更需要抓紧落实此多边条约的“升级版”

新规则。其次,多路径推动区域经济一体化。中国与东盟及其他共建21世纪海上丝绸之路沿线国家一道,推动中国—东盟自贸区升级成果尽早落地,早日完成《区域全面经济伙伴关系协定》谈判,加强澜沧江—湄公河合作,提升中国同东盟东部增长区合作,帮助东盟国家缩小发展差距,为区域经济一体化和可持续发展注入新动力。作为共建21世纪海上丝绸之路的重要组成部分,中国—东盟自由贸易区的协调发展有望成为共建海丝路的成功典范,贸易规则的更新换代也强有力地支持了共建21世纪海上丝绸之路贸易法治化建设。最后,时刻把握中国—东盟自由贸易区的发展水平和接受程度,切忌盲目加入或全盘引进发达国家的高标准贸易规则。中国—东盟自由贸易区是“南南合作”的典范,其利益需求并不完全与“北北合作”“南北合作”相同,也不同于国际贸易机制,因此,其规则完善应建立在客观实践的基础之上,对于投资准入等领域不宜过度拔高要求。

四、推动反腐败国际规则和国内法制的发展

贸易壁垒和扭曲是腐败滋生的经常性根源。WTO框架下对透明度和正当程序作了比较详尽的规定,但至今为止没有就反商业贿赂达成一致。而近年来国际规则在进一步强化透明度规则的同时,直指反商业贿赂问题,无疑是国际贸易投资领域反腐败合作的一个重要突破。

自20世纪90年代以来,冷战的结束以及快速推进的全球化和市场化,使国际经贸领域的贪污贿赂等腐败现象大幅增加。随着贸易、投资、金融等经济议题在国际关系中地位和权重的提升,反腐败问题不再仅作为政治问题,而越来越凸显出其经济性和对市场秩序的影响。从1995年开始,国际社会加强了预防和惩治跨国腐败犯罪的国际立法,如1996年订立的《美洲反腐败公约》、1997年订立的OECD Convention及其附件,1998欧洲理事会建立的《欧洲反腐国家联盟》和三个法律文件,即刑事反腐公约、《民事反腐公约》和《公职人员行为准则》,以及2003年订立的UNCAC等。世界银行、国际货币基金组织等国际金融机构也强化了其反腐败的职能。在发放援助贷款、提供金融支持时,附加打击腐败、改善治理的条件,甚至因为腐败问题而暂停或取消贷款援助。① GATT、WTO、USMCA等多边或

---

① Early in this century the anti-corruption emphasis of the World Bank became particularly controversial as World Bank President Paul Wolfowitz withheld funding to India, Kenya, Chad, Bangladesh, Argentina and the Congo. See Sebastian Mallaby, Wolfowitz's Corruption Agenda, WASH. POST, Feb. 2, 206, at A21 (providing examples of Wolfowitz's approach to corruption, such as the withholding of millions of dollars for health projects to India).

区域性经贸协定大多是通过透明度条款间接反腐，或者鼓励、劝告加大反腐败措施，但不包含对腐败问题直接的强制机制和制裁措施。

近年来的国际条约中，各缔约方同意采取或维持相关法律，打击公职人员行贿索贿以获取不正当利益，以及其他影响国际贸易及投资的腐败行为，也同意有效执行其国内反腐败法律、法规。坚持整体立法的指导思想，将反腐败视为一项系统工程，对各层面、各层次均作出规范，既明确政府是反腐败主力，也关注“社会参与”；既惩治受贿人，也打击行贿人和教唆犯等，坚持打击和预防并重，在惩处的同时，还充分关注公职人员的培训。与国际反腐公约的接轨，极大地充实和补强了国际经贸协定的反腐败议题规则。

反腐败规则的硬化以规范性为前提，即相关规则足够准确具体，能够产生法律义务并可以评估其执行状况，同时拥有相关权利义务的主体。在用语上，CPTPP等协议采用了应当（shall）等命令性用语，确保相关规则确定的法律义务执行力。比如，“每一缔约方应采取或维持与其法律原则一致的必要措施……特别地，每一缔约方应保证应对第1款或第5款中描述的违法行为承担责任的法人受到有效、适当并具劝阻性的刑事或非刑事处罚……”或者“每一缔约方应努力采取或维持正确、正直和适当履行公务职能的行为准则或标准，以及惩戒性措施或其他被授权的针对违反本款中行为准则或标准的公职人员的措施”。CPTPP等协议还通过“不得”“禁止”规定不作为义务。又如，规定：“……任何缔约方均不得以鼓励贸易和投资为目的，通过持续或反复的作为或不作为而不有效实施其依据第26.7条第1款（打击腐败的措施）采取或维持的法律或其他措施。”“缔约方不得允许其管辖权范围内的人抵扣与其在第1款中描述的违法行为相关产生的税收费用。”“……每一缔约方……禁止以实施第1款中描述的违法行为为目的的行为……”CPTPP等国际条约的协议中这样的表述可谓普遍存在。

贪污贿赂等腐败行为危及市场主体的公平竞争关系，扭曲了健康公平的市场秩序。因此，加强治理，预防、惩治乃至消除腐败，也是国际经贸条约和成员方打造贸易投资自由化和便利化环境的重要内涵。CPTPP等条约的反腐败规则的新突破，短期内对我国是挑战，但长远观之，则应是努力方向和奋斗目标。毕竟反腐败义务规则所涉及的主要内容及所透射出的价值与我国的互利共赢、公平效率的价值追求是相符的，并非西方独有，其与中国全面深化改革开放的主旨并不矛盾。①

---

① 参见马晓芳：《华为中兴海外涉腐败案被阿尔及利亚禁竞标两年》，载第一财经日报，http://www.yicai.com/news/1805864.html，最后访问日期：2016年4月12日。

因此,在推进共建21世纪海上丝绸之路、参与全球经济秩序重构的背景下,我国要争当规则和秩序的引领者和主要参与者,能够提出国际经贸合作规则的"中国方案"。我国在贸易投资条约的谈判和完善,如中国—东盟自由贸易区(China - ASEAN Free Trade Area,CAFTA)升级版,以及共建21世纪海上丝绸之路沿线国家间自由贸易区网络,应将包括的反腐败等反映"共同价值"的内容和规则嵌入其中,早日形成范本,以引领公平公正的贸易投资秩序,推进国际经济社会发展。

对于反腐败而言,我国一直高度重视。尤其是党的十八大以来,无论是惩治腐败还是反腐制度建设,都有巨大成效。但对于反海外腐败而言,则有待强化。长期以来,中国公民或投资者在国外特别是发展中国家的腐败行为时有发生。[①]原因固然有多种,但与国内相关法律空白也不无关系。尤其是在深入推进共建21世纪海上丝绸之路的过程中,无论从道义角度还是实效角度来看,反腐败都事关其实施成败。我国海外投资者理应严格遵守法治秩序,适应公平竞争环境,维护好国家和民族声誉。为此,可以深入推进海外反腐败为切入口,充分调研国内外反海外腐败实践,启动"反海外腐败法"的立法论证工作。

尽快出台反海外腐败法,一是可以彰显中国反腐决心,维护"共同价值",立足道德制高点,提升国家形象,赢得海外民心和国际社会认同;二是可以全方位推进依法治国,立体化建构反腐败机制,做到国内外反腐败法治化,保护好国家财产、国家利益和社会公共利益;三是可以完善国家治理能力,抵消CPTPP等新型贸易协定所引发的社会治理冲击;四是可以依法促进国际反腐合作,助推营造共建21世纪海上丝绸之路中公平竞争的市场环境,维护全人类的共同秩序和利益。"反海外腐败法"依据国际法中属人管辖原则,可以达到多重打击目标:一是严厉打击中国公民(无论在国境内还是国境外)对外国权贵进行贿赂的行为;二是严厉打击在境外对中国国内官员进行贿赂的行为,包括外国人在境外贿赂我国官员行为;三是打击中国公民海外贪污侵占国有资产和损害国家利益的行为。

在推进实施自贸区战略中,中国应在对外的自贸区协议中积极引入反腐败规则,体现"共同价值"。借鉴近年的国际条约规则将透明度与反腐败结合起来,强化透明度规则,明确反腐败规制。反腐败规则引入中国自贸区协议,一方面可促进国际贸易投资的可持续发展,消除腐败对贸易投资的负面影响;另一方面,有助

---

① 参见马晓芳:《华为中兴海外涉腐败案被阿尔及利亚禁竞标两年》,载第一财经日报,http://www.yicai.com/news/1805864.html,最后访问日期:2016年4月12日。

于国际贸易投资的自由化与便利化，避免腐败滋生的不必要贸易投资障碍，更重要的是为国际贸易投资形塑公平的市场秩序，与中国自贸区战略和共建21世纪海上丝绸之路的宗旨相符。①

① 参见宋晓燕、廖凡等：《关于TPP中若干议题的讨论》，载《暨南学报（哲学社会科学版）》2016年第9期。

第三章　共建 21 世纪海上丝绸之路的投资法治问题研究

第一节　共建 21 世纪海上丝绸之路的国际投资法治困境与变革

一、共建 21 世纪海上丝绸之路国际投资法治的价值

在全球化背景下，国际投资已经成为全球经济发展的重要引擎。投资提供了建立全球价值链所需的资金，使货物和服务能够通过市场进行合理的配置。在全球经济不确定性增加、危机持续不断、社会和环境面临挑战的情势下，促进投资并确保投资实现可持续发展目标是所有国家的优先选项。然而，相较于国际贸易，国际投资领域的自由化与便利化程度较低，法治水平低，存在诸多不公正不合理问题，严重滞约了国际投资的发展。随着全球化程度不断加深，世界各国经济联系日益紧密，在迎来更广阔发展空间的同时面临越来越多的全球性问题。各国开始意识到这些问题带来的“一荣俱荣、一损俱损”连带效应，没有一国可以独善其身。全球治理离不开以规则为基础的法治秩序。法治是人类社会政治文明的重要成果之一，也是现代社会治理的重要工具。在国际社会中，国际法是规范国家行为的重要依据。第二次世界大战结束后，面对全

球性问题的层出不穷,国际法作为全球治理的重要工具和载体的地位与作用进一步凸显。[①] 当前共建21世纪海上丝绸之路正在积极推进,在此背景下,国际投资法治作为国际法治的主要内容,应通过构建稳定、透明和可预期的国际投资法治营商环境,促进投资自由化便利化,形成更加公正合理的国际投资秩序,推动全人类共同繁荣与21世纪海上丝绸之路可持续发展。

共建21世纪海上丝绸之路是共建"一带一路"倡议的重要组成部分,离不开国际投资法治。伴随经济全球化的发展,以海洋为载体的经济合作日益紧密,进一步注重海上合作发展蓝色经济逐步成为国际共识。共建21世纪海上丝绸之路是全方位、多领域海上合作的平台,以海洋为纽带,以共享蓝色空间、发展蓝色经济为主线,以求同存异、凝聚共识、开放合作、包容发展、市场运作、多方参与、共商共建、利益共享为合作原则,以中国沿海经济带为支撑,密切与沿线国的合作,连接中国—中南半岛经济走廊,经南海向西进入印度洋,衔接中巴、孟中印缅经济走廊,共同建设中国—印度洋—非洲—地中海蓝色经济通道;经南海向南进入太平洋,共建中国—大洋洲—南太平洋蓝色经济通道;积极推动共建经北冰洋连接欧洲的蓝色经济通道。[②] 共建21世纪海上丝绸之路的合作重点集中在海洋绿色发展,依海繁荣、维护海上安全、海洋科技创新、蓝色伙伴关系等领域;高层引领推动,搭建合作平台,加大资金投入,推动内外对接,促成项目落地等一系列积极行动共同促进共建21世纪海上丝绸之路向人类命运共同体的目标迈进。

《2021世界投资报告》指出,2020年中国吸收外资1490亿美元,是全球第二大外国直接投资流入国,同时是全球第一大外国直接投资流出国,投资总额达1330亿美元。[③] 2020年,我国企业在"一带一路"沿线对58个国家非金融类直接投资177.9亿美元,同比增长18.3%,占同期总额的16.2%,较上年同期提升2.6个百分点,主要投向新加坡、印尼、越南、老挝、马来西亚、柬埔寨、泰国、阿联酋、哈萨克斯坦和以色列等国家。对外承包工程方面,我国企业在"一带一路"沿线的61个国家新签对外承包工程项目合同5611份,新签合同额1414.6亿美元,同比下降8.7%,占同期我国对外承包工程新签合同额的55.4%;完成营业额911.2亿美元,同比下降7%,占同期总额的58.4%。瞩目的吸引外资和对外投资成绩背后,是共建21世纪海上丝绸之路倡议的正确性和重要性。共建21世纪海上丝绸之路

---

① 参见张晓君:《维护国际法权威,尊重国际秩序》,载《求是》2018年第20期。

② 参见中国国家发展和改革委员会、国家海洋局:《"一带一路"建设海上合作设想》,载中国一带一路网,https://www.yidaiyilu.gov.cn/zchj/jggg/16621.htm,最后访问日期:2019年1月3日。

③ UNCTAD, World Investment Report 2021, Investing in sustainable recovery.

沿线国家愈加注重吸引外资,需要外来投资带动经济发展,以加快基础设施建设、促进工业化进程、推动产业转型升级,凡此种种均离不开国际投资法治完善。

促进投资自由化便利化是共建21世纪海上丝绸之路背景下国际投资法治的重要目标和意义。国际投资能够为共建21世纪海上丝绸之路经济持续增长提供资金保障,①各国为实现经济的发展有着吸引外国投资的现实需求。投资条约的缔结能够有效促进投资自由化和便利化。缔结国际投资条约的首要目的是通过维护外国投资者的利益吸引外商投资,通过投资条约作出承诺,进而扩大投资准入,提高投资保护标准,引入替代性争端解决机制,扩大外资经营活动范围以及放松外资就业限制等,打造稳定、透明、可预期的法治营商环境,增加投资者的信心,促进投资。据联合国贸易和发展会议统计,近70%的国内投资政策变化旨在进一步促进投资自由化便利化,②通过加大对外签署投资条约、实施投资促进政策、放宽市场准入等方式促进投资自由化便利化。在共建21世纪海上丝绸之路过程中,在国际投资协定中加大对外国投资的开放程度,改善国际投资环境,可以进一步推动跨国资本和产业在全球范围内的自由流动,优化全球范围内的资金和技术资源配置,从而推动经济全球化,为趋缓的全球经济发展提供新的增长动能。

共建21世纪海上丝绸之路背景下国际投资法治可构建更加公平合理的国际投资秩序。在共建21世纪海上丝绸之路过程中,国际法是规范国家行为、建立秩序的重要依据。国际投资秩序中,既要平衡国家间利益,约束大国政治,制约强权政治对国际投资秩序的肆意摆布,也要避免投资者与东道国之间利益的失衡减损国际投资法治的价值。当前,国际经济格局发生了重大变化,新兴市场国家和发展中国家群体性崛起成为不可阻挡的时代潮流。国际法的原则和内容越来越朝着民主化、平等化的方向发展。过去国际法是大国为其垄断利益服务的工具,现在广大中小国家也逐渐把国际法作为反对强权政治、制约大国为所欲为、参与国际事务、维护自身利益和国际正义的重要武器。③ 这些国家对改变目前国际投资秩序中不公正不合理的安排有着现实需求和能力,力图防止大国恣意将其意志植入国际投资规则以致国际投资法成为大国政治的工具。共建21世纪海上丝绸之

---

① Monterrey Consensus of the International Conference on Financing for Development, Report of the International Conference on Financing for Development, 22 Mar. 2002, UN Doc. A/CONF. 198/11, Ch. 1, Resolution 1, Annex (2002).

② See United Nations, World Investment Report 2018: Investment and New Industrial Policies (2018), p. 25 – 27.

③ 参见张晓君:《维护国际法权威,尊重国际秩序》,载《求是》2018年第20期。

路过程中，国际投资法治还能够起到平衡投资者与东道国利益的作用。外资的流入对共建21世纪海上丝绸之路沿线国家的经济发展有着积极的影响，会促进国内法治的建设和改革，优化东道国的投资环境，但外国投资者不规范的投资行为甚至非法行为也会恶化东道国投资环境。外国投资者与东道国纠纷诉诸国际投资争端解决机制可能削弱东道国对外资的管制权力，导致东道国政府的监管恐惧。国际投资条约不仅涉及对外国投资者及投资的保护，还涉及国家主权及对国家和社会的责任。因此，作为共建21世纪海上丝绸之路经济治理的重要法治工具，国际投资条约需要全面平衡地反映共建21世纪海上丝绸之路沿线国家的多元需求和共同利益，改进国际投资秩序中不公平和不合理的因素，推进国际投资关系法治化，维护良好的国际投资秩序。

共建21世纪海上丝绸之路背景下国际投资法治能够推动全人类的共同繁荣和可持续发展。国际投资是世界经济增长和可持续发展的核心，是开放、有效的国际经济体系的组成部分和国际经济发展的重要催化剂。① 作为世界经济的“双引擎”，投资与贸易不仅相辅相成，而且日益不可分割地成为这一全球化进程“硬币的两面”，成为经济发展的重要抓手。共建21世纪海上丝绸之路背景下，国家之间相互依存空前紧密，利益共生不断深化，国际投资所带来的经济发展最终的受益者不应当是某一个国家或者某一个区域，而应惠及所有参与者。资本全球流动所带来的发展成果应当由全人类共享。共建21世纪海上丝绸之路过程中，扫清国际投资的障碍、促进资源在全球范围内的最优配置，意味着更多的就业机会、更大的经济产出、更高的生产力、更高的工资以及更高质量的经济发展。国际投资法治通过构建以互利平等、合作共赢为基础的国际投资法律体系，促进共建21世纪海上丝绸之路的繁荣与发展，推动实现全人类的共同繁荣。国际投资法治所追求的繁荣与发展应当是可持续的。投资促进发展中国家实现必要的经济增长以改善人民的福利，其以可持续的方式满足发展中国家基本需要的能力至关重要。国际社会普遍意识到可持续发展关系到人类生存和发展，要求国际投资条约与可持续发展目标挂钩。目前，各类国际投资条约的缔结都努力想要实现可持续发展

① Co-Operation Development, Foreign Direct Investment for Development Maximising Benefits, minimising costs (Complete Edition-ISBN 9264199276). Source OECD Finance & Investment/Insurance & Pensions, 2002.

的目标。① 但现有的国际投资条约中存在忽视可持续发展的情况，部分学者认为，现有的国际投资条约在一定程度上抑制了政府回应可持续发展问题的能力。② 因此，共建21世纪海上丝绸之路的国际投资法治应当给予可持续发展更多的关注。可持续发展应当正视保护环境与经济发展之间的关系，特别是共建21世纪海上丝绸之路沿线大多数发展中国家依然以摆脱贫困作为经济的发展目标，仍处于满足人民基本需要的阶段，可持续发展应同时考虑到保障发展中国家消除贫困和经济发展的优先需要。

就制度层面而言，除了国际贸易自由化、便利化及相应规则的发展，促进国际投资的发展同样重要，特别是实现互联互通是共建21世纪海上丝绸之路是优先建设领域，国际投资关涉基础设施的建设。联合国贸易和发展会议在《世界投资报告》中对投资自由化进行了定义，认为"投资自由化是减少或消除政府对跨国公司实行的限制或鼓励措施，对其提供平等的待遇，废除歧视性、造成市场扭曲的做法，确保市场的正常运行；投资自由化最重要的特征就是消除国际投资进入和建立方面的障碍"。国际上公认的投资自由化强调东道国放松对国际资本流入的限制，中国学者将投资者母国放松本国资本流出也纳入投资自由化的内涵。经济合作与发展组织对投资便利化的定义为：协调和简化各成员国投资者在跨国投资活动中的各种程序和政策，从而创造一种透明和预见性的投资环境。亚太经合组织认为投资便利化是指政府在投资周期的全部过程中，通过加强管理有效性和提高效率，以吸引国外投资的行动和做法。③ 促进世界经济持续发展，不能仅靠贸易领域的发展。除了发展贸易规则，实现自由贸易，促进贸易便利化，还需要加强基础设施的建设。实现互联互通是21世纪海上丝绸之路优先建设的领域，主要是基础设施的投资项目。21世纪海上丝绸之路建设需要运转良好的投融资机构和机制，以保证源源不断的资金推进项目进展和巩固区域间合作。目前，发展中国家每年投入基础设施建设领域的资金大约为1万亿美元，但要维持目前的增长速度并满足未来需求，每年还需要额外增加近1万亿美元。同时，私营领域的机构投资者

① Implementation of Agenda 21, the Programme for the Further Implementation of Agenda 21 and the Outcomes of the World Summit on Sustainable Development, G. A. Res. 64/236, U. N. Doc. A/RES/64/236 (Mar. 31, 2010).

② *Public Statement on the International Investment Regime*, https://www.osgoode.yorku.ca/public-statement-international-investment-regime-31-august-2010.

③ 参见沈铭辉：《东亚国家贸易便利化水平测算及思考》，载《国际经济合作》2009年第7期。

拥有大量资金，正在寻求长期、可持续且稳定的投资项目。[①] 通过法律制度推进国际投资的自由化、便利化是共建21世纪海上丝绸之路投资法治的重要内容，而法治环境评估、投资保险等内容亦属投资法治的内容。

共建21世纪海上丝绸之路沿线国家众多，各国参与的双边投资协定、区域贸易投资安排以及多边投资规则构成了复杂体系。各类型的投资条约并存交错，同一投资关系可能同时受到不同的投资条约的调整。[②] 这必然会引起大量的法律冲突，也增加了投资行为后果的不确定性。另外，沿线国家的投资法治多定位于投资东道国，力求减少东道国的义务，更多地强调了对东道国权益的维护，实则也为外国投资进入本国市场设置了较高的准入条件。共建21世纪海上丝绸之路倡议的推进必然带动外国投资的增加，东道国投资准入的门槛将使外国企业的进入受到限制。而中国参与的对外投资实践中，国有企业进行的基础设施建设占大比例，这可能被认为是一种特殊的国家行为，更可能受到相关国家的准入限制。然而，21世纪以来，国际投资规则的内容不断深化，投资自由化成为投资规则的基本议题。因此，共建21世纪海上之路沿线国家的投资准入规则亟须调整，以适应跨国投资的发展，提高资本的流动性。

区域投资规则以及新议题的发展与共建21世纪海上丝绸之路投资法治发展相伴。全球经贸规则正处于重构期，投资规则作为经贸活动安排中的重要内容也会随着全球经贸规则的调整而变化。区域经济已经发展成为了全球经贸活动最主要的方式之一。从某种意义上来讲，区域经济合作与一体化是经济全球化的结果，也是经济全球化进程的必经阶段。在不断发展的区域经贸安排的作用下，全球经济得以不断发展。区域经贸安排的不断深化与发展，也促进了区域内各国贸易和投资的不断合作。实际上，区域经贸安排不断促进了经济全球化的进程。要维护区域经济发展，需要以制度与规则作为其支撑的基础。因此，区域经贸规则的重要性不言而喻。随着经济的发展，区域经济合作和一体化不再仅仅关注于贸易以及与贸易相关领域的规则安排，新一轮的经贸规则制定关注于更广泛领域的规则安排，投资、竞争、环境、劳工等因素也被考虑进去。而其中，在未来相当长的时间内，投资规则将会是区域经济安排中相当重要的一部分。如前文所述，共建21世纪海上丝绸之路沿线各国国内以及各国之间、与中国之间的背景十分复杂，

---

① 参见郑启航、高攀：《世行搭建基建合作平台为发展中国家项目融资》，载新华网，http://news.xinhuanet.com/fortune/2014-10/10/c_1112761750.htm。

② 参见崔凡、赵忠秀：《当前国际投资体制的新特点与中国的战略》，载《国际经济评论》2013年第2期。

因此,在涉及投资规则方面也将面临不少问题。除了传统的投资准入、投资待遇等方面,国际投资规则的重构也将对区域投资规则的制定产生重要的影响。

历史上,丝绸之路主要指陆路,海上丝绸之路真正发挥重要作用的时间较短,受重视程度较低。但是,在共建21世纪海上丝绸之路倡议的背景之下,21世纪海上丝绸之路乃是与陆上丝绸之路经济带并驾齐驱的重要经济线。总体来看,共建21世纪海上丝绸之路沿线国家多属于发展中国家,多处于现代化建设阶段,工业化程度偏低,产业结构相对单一,多数国家经济落后,基础设施不完备,具有极大的市场潜力,同时亟须来自经济强国的投资与技术帮助,这为我国共建21世纪海上丝绸之路倡议的实施和展开提供了有利的基础,也利于我国拓展经济合作范围,提高规则制定能力与国际影响力。当然,共建21世纪海上丝绸之路沿线各国政治局势相对复杂,多是大国角力的焦点,又地处东西文明的交界处,容易发生种族和宗教冲突。这些国家国内的经济环境复杂,甚至战乱、政局更迭不断,使外国投资面临巨大的国家风险,尤其是政治风险、金融信贷风险等。

表3-1是部分共建21世纪海上丝绸之路沿线国家最新主权信用评级结果,[①]表3-2是部分共建21世纪海上丝绸之路沿线国家在经济、财政、债务及政治方面的风险评估(0表示风险最高,30表示风险最低)。

表3-1 部分共建21世纪海上丝绸之路沿线国家最新主权信用评级结果

国家	信用级别	评级展望
哈萨克斯坦	BBB_{g+}	稳定
乌兹别克斯坦	BBB_{g}	稳定
土库曼斯坦	BB_{g}	稳定
吉尔吉斯斯坦	B_{g}	稳定
塔吉克斯坦	B_{g}	稳定
印度尼西亚	BBB_{g-}	稳定
马来西亚	A_{g-}	稳定
泰国	A_{g-}	稳定
菲律宾	BBB_{g}	稳定
新加坡	AAA_{g}	稳定

① 数据源自中诚信国际信用评级报告:《共建21世纪海上丝绸之路沿线国家主权信用风险报告》,经济日报出版社,2015年版。

续表

国家	信用级别	评级展望
越南	BB_g	稳定
老挝	B_{g-}	稳定
缅甸	B_{g-}	负面
柬埔寨	B_g	稳定
荷兰	AA_{g+}	稳定
比利时	A_{g+}	稳定
德国	AAA_g	稳定
法国	AA_g	稳定
希腊	Bg^-	稳定
俄罗斯	A_g	稳定
土耳其	BB_g	稳定
印度	BBB_{g-}	稳定
巴基斯坦	Bg^-	稳定
斯里兰卡	Bg^-	稳定
沙特阿拉伯	AA_{g-}	稳定
伊朗	B_g	稳定
肯尼亚	B_{g+}	稳定
埃及	B_{g-}	稳定

表3－2　部分共建21世纪海上丝绸之路沿线国家次级指标评价

国家	经济风险	财政风险	债务风险	政治风险
哈萨克斯坦	23.7	25.6	16.7	11.4
乌兹别克斯坦	19.0	28.0	23.7	6.3
土库曼斯坦	20.3	22.8	27.3	5.2
吉尔吉斯斯坦	16.1	19.6	13.7	4.1
塔吉克斯坦	17.0	22.4	16.3	7.1
印度尼西亚	22.8	23.4	19.0	13.3
马来西亚	26.0	18.8	20.3	21.3
泰国	23.8	20.6	21.0	9.7

续表

国家	经济风险	财政风险	债务风险	政治风险
菲律宾	22.4	20.0	22.0	13.8
新加坡	27.9	19.0	29.7	29.0
越南	19.7	19.4	19.0	10.5
老挝	18.7	20.2	15.7	6.6
缅甸	19.0	19.4	21.3	5.8
柬埔寨	19.2	20.0	18.3	4.5
荷兰	25.1	17.4	21.0	28.2
比利时	25.3	15.0	19.3	25.3
德国	26.4	18.4	20.7	27.6
法国	25.5	15.8	19.3	28.1
希腊	22.7	9.4	18.7	6.0
俄罗斯	24.3	26.8	20.7	12.0
土耳其	23.5	21.6	16.3	11.6
印度	21.4	18.8	20.3	18.9
巴基斯坦	19.1	17.6	17.7	5.5
斯里兰卡	21.5	15.2	17.3	8.6
伊朗	21.5	26.2	28.3	3.2
肯尼亚	18.1	20.0	18.3	5.6
埃及	21.2	12.6	20.7	7.6

二、共建21世纪海上丝绸之路国际投资法治的内涵

共建21世纪海上丝绸之路的重点方向是从中国沿海港口过南海到印度洋，延伸至欧洲；从中国沿海港口过南海到南太平洋。

沿线国家投资法治环境评估是共建21世纪海上丝绸之路投资法治特殊性的首要体现和基本要求。共建21世纪海上丝绸之路倡议推动了中国企业“走出去”的步伐，有利于我国扩大海外投资规模。此处的投资，不仅指传统国际投资法规范的直接投资行为，也包括实现直接投资目的的以购买证券、股权等金融手段的

间接投资。[1] 企业“走出去”的核心问题是投资和资本运作如何实现收益最大化的问题。资本管理市场化、资本项目选择以及资本如何配置都需要投资者对海外投资市场进行预判，评估其风险。由于沿线国家众多，各国发展水平及投资环境差异巨大，资本准入条件以及资本市场的安全水平不同，使企业“走出去”必须要将投资东道国投资市场风险识别与控制放在其考虑的首要地位。一切的资本流动（包括直接投资、股票、债券等）都会面临投资东道国的国家风险。资本在海外市场流动中，可能会受到特定的国家行为的影响而造成投资者损失，国家投资法治环境评估即是对由此而产生损失的可能性大小的评估，以及相关的指标。因此，共建21世纪海上丝绸之路的沿线国家投资法治环境评估具有十分重要的意义。

21世纪以来，国际投资规则的内容不断深化，投资自由化成为投资法治的基本议题。从CPTPP等新投资协定文本中可以得知，除了对各项规定有所细化，投资标准和规则均普遍高于21世纪海上丝绸之路沿线国已签署或正在谈判的BIT或FTA。新近的投资规则更加注重规则制定的长期性，采用“准入前国民待遇条款+负面清单”的模式成为较流行的方式。截至2013年，已经有77个国家采用准入前国民待遇加负面清单的模式，[2]其中包括美国、加拿大、日本、韩国、马来西亚、越南、智利等国家。中国在与美国的BIT谈判中，也采用了“准入前国民待遇条款+负面清单”的模式。在2019年3月15日通过的《中华人民共和国外商投资法》中，也对准入前国民待遇条款和负面清单作出规定。这意味着，中国已经在投资准入的相关规定上作出较高水平的规定，然而对于共建21世纪海上丝绸之路沿线的许多国家，迅速实行这样高标准的投资准入规定是其国内经济发展水平难以承受的，但也不能在投资准入方面停滞不前。

国际投资法治的另一个新特点是对公平价值的追求，这在共建21世纪海上丝绸之路投资法治建设中更为重要。避免对于外国投资的过度权利倾斜，保障投资者与东道国的利益平衡，不但不会损害投资者合法合理利益，反而更易获得东道国的信任，利于营造友好的营商环境。以扩大东道国政府的监管权力和政策空间为例，过往的投资规则更多地强调跨国公司和东道国政府的责任，强调对外国投资的高水平保护；而新的投资规则，则注重于平衡二者之间的权利与义务，不仅在传统议题上进行了深化，更加入了对边境后措施的规定。对边境后规则的规

---

① 参见陈安主编：《国际经济法学专论》，高等教育出版社2007年版，第836页。

② 商务部：《已有77个国家采用准入前国民待遇和负面清单模式》，载人民网，http://finance.people.com.cn/n/2013/0712/c1004-22173506.html。

定,一来是通过约束缔约方国内政策以减少对市场公平竞争的消极影响;二来也体现出国家在经济水平和管理体制上的优势。通过例外条款赋予政府对外资准入、经营要求、国家安全审查、反垄断审查以及金融审慎等监管权利,保留了东道国在确定其立法和监管的优先事项以及政策的灵活性,扩大东道国的监管范围,以约束跨国公司的投资行为,避免出现因违反投资规定而危害东道国经济的情况出现。特别是在投资章节中对安全例外条款之规定,为保护东道国国家根本利益而采取必要行动留出了政策空间。

共建21世纪海上丝绸之路需要投资法治在议题的不断深入和范围的不断扩大,在更好地整合各领域规则的基础上,也体现了对"21世纪新议题"的回应。对于劳工、环境、发展、政府竞争中立和国有企业等议题的规定,不仅反映了全球价值链生产模式的需求,还体现了高水准投资规则的要求。同时,贸易与投资本是密切相连的。由于经济全球化的深入发展和全球价值链的新型贸易模式产生,国际投资活动与贸易、金融、知识产权、环境等各领域联系越发紧密。在此背景之下,21世纪海上丝绸之路沿线国的国际投资法治必然要呈现各领域规则相互融合、相互促进的新特点。全球经贸活动更多地由投资所驱动,[①]投资法治的发展,不再是对投资领域的简单回应,而是对全球价值链下的规则的整合,呈现覆盖面广的特点。通过对各个领域的规则整合,推动区域经济一体化的发展,促进投资自由化便利化。同时,也能够为区域内各国企业提供一个公平合理的竞争环境,也能够创造一个安全、透明的市场,进而更好地服务于21世纪海上丝绸之路沿线国经济发展。

对于共建21世纪海上丝绸之路沿线许多发展中国家和最不发达国家而言,国际投资法治发展的新趋势实际上会给其国内带来一定的压力。这些国家国内发展水平依旧较低,对国际投资规则新特点难以迅速适应。虽然国际上对更深层次、更广泛的投资规则议题呼声很大,但许多仍然缺乏明确的规划和基本主张。在"21世纪新问题"和边境后条款方面,也未有类似的经验。这必然要求中国在推进21世纪海上丝绸之路投资法治时结合实际进行调整,适应沿线各国的发展要求。

三、共建21世纪海上丝绸之路国际投资法治的建设困境

共建21世纪海上丝绸之路视野下,我们要从全体沿线国和全人类发展的角度出发,形成整体思维,重视多边合作和利益平衡。国际投资法治的建设应当以

---

① 参见东艳:《全球贸易规则的发展趋势与中国的机遇》,载《国际经济评论》2014年第1期。

实现国际投资法治的时代价值为目标,从国际经济发展和国际投资秩序的构建着手,建设国际投资法治。目前国际投资法不成体系的状态导致一定问题。部分国家开始重新审视其对外签订的投资条约,部分投资仲裁案件的裁决反映出目前的国际投资法在结构上未能有效应对国际投资带来的投资风险和社会风险。国际社会虽然已经意识到国际投资法治的重要价值和意义,但目前为推进国际投资法治进行的一系列努力收效甚微,究其原因,除东道国过于考量国家安全和公共政策规制权因素外,共建21世纪海上丝绸之路各国之间缺乏构建国际投资法治的理念共识也是国际投资法治建设举步维艰的重要原因。

目前共建21世纪海上丝绸之路国际投资法治建设呈现"双边/区域投资条约+多边投资争端解决机制"的模式,即主要投资规则以双边和区域的投资协定为主,投资争端解决以多边为主。在全球层面上缺乏统一的规则和机制来调整国际投资法律关系,国际投资规则及其议题的设置、谈判、制定和执行都处于分散和不成体系的状态。双边和区域投资条约仍是当前最主要的国际投资法律渊源。在1959年德国和巴基斯坦签署了第一个双边投资条约之后,双边投资条约成为调整共建21世纪海上丝绸之路沿线国家之间投资关系的主要工具。20世纪90年代是双边投资协定迅猛发展和繁荣时期。20世纪80年代末只有381项双边投资条约,到2000年年底达到2067项,截至2017年年底全球共签署了双边投资协定2946项,几乎所有共建21世纪海上丝绸之路沿线国家都至少缔结了一项双边投资条约。2008年之后"双边投资协定热潮"逐渐降温,开始转向新型的区域投资条约的谈判和制定。近年来,出现的大型区域协定中包含有新型的投资协定,不少共建21世纪海上丝绸之路沿线国家参与或有意向参与其中,例如CPTPP和USMCA。TTIP、《非洲大陆自由贸易协定》(The Africom Continental Free Trade Agreement, CFTA)、《欧盟—日本经济伙伴关系协定》(EU - Japan Economic Partnership Agreement, EPA)、《东南非共同市场、东共体、南共体三方自由贸易协定》(TFTA)和RCEP等都在推动谈判或生效中。此外,一些区域正在为投资政策制定不具约束力的指导原则,例如,非洲、加勒比和太平洋国家集团的79个成员国与贸发会共同制定了《非加太国家投资决策指导原则》,57个伊斯兰合作组织成员国制定了《伊斯兰合作组织成员国投资决策指导原则》,标志着各国开始协调一致地推动国际投资协定改革。同时,多边投资规则仍然缺失。从GATT时代开始,WTO就试图将投资问题纳入该体系。1955年通过了一项关于国际经济发展投资的决议,呼吁成员国签订双边和多边协议,为投资提供安全保障,避免双重征税,并为外国投资资金汇回提供便利。在新加坡举行的WTO第一次部长级会议之后，贸易与投资工作组成立。1967年经济合作与发展组织（Organization for Economic Co-operation and Development，OECD）的《保护外国公约草案》试图达成一个多边投资规则。虽然规则最终没有达成，但是OECD成员国在20世纪60年代和70年代对外资谈判和缔结双边投资条约产生了重大影响，也在很大程度上解释了许多双边投资条约的同质性。1996年OECD启动多边投资协定（Multilateral Agreement on Investment，MAI）的谈判。该协议旨在产生一项独立的多边条约，为保护和促进外国投资建立一个全面的框架，对经合组织成员和非成员国都开放。当前，这种"双边/区域投资条约+多边投资争端解决机制"的模式遇到了发展瓶颈。2017年是自1983年以来缔结的双边和区域投资协定数量最少的一年，终止使用双边投资条约的数量首次超过了新缔结的投资条约数量，投资条约的缔结已经到了一个转折点。与同期比较，签署的国际投资协定数量创新低，标志着共建21世纪海上丝绸之路沿线各国对国际投资政策进入了反思和审查的时期，反映出各国政府对国际投资条约政策的再调整。

"双边/区域投资条约+多边投资争端解决机制"模式的缺陷是显而易见的，其中最主要的问题是双边/区域投资条约不成体系。双边和区域的投资条约具有较强的灵活性，能够较好契合缔约国的投资特点，充分挖掘缔约国的投资潜能，为促进缔约国间投资发展、规范缔约国间的投资关系发挥了重要的作用，但是这也意味着共建21世纪海上丝绸之路国际投资法治缺乏统一原则、价值和标准，不可避免造成了国际投资法确定性、体系性和发展功能的缺失，阻碍了国际投资法治的发展。

一方面，投资法治确定性功能缺失。共建21世纪海上丝绸之路的双边/区域国际投资条约数量众多，水平参差不齐，对外资的开放程度和保护标准各行其是，各类投资促进措施纵横交织，处于无序杂乱状态。这种状态本身就构成了一种"投资壁垒"，而且现有几千项双边和区域投资条约中，绝大多数缔结于2005年之前。共建21世纪海上丝绸之路的大部分投资条约并没有及时更新迭代，依然属于初级投资发展水平的版本。此外，共建21世纪海上丝绸之路沿线国家之间可能同时受制于不同的投资条约，这些投资条约中大量内容重叠，部分内容可能会产生冲突和法律义务的不兼容，造成规则适用的冲突。总体而言，当前纷繁复杂的国际投资条约不能适应共建21世纪海上丝绸之路国际投资自由化便利化的需求。特别是在跨国投资越来越复杂、涉及多个国家或多个国际投资条约的情况下，规则标准不一、相互冲突、投资争端解决结果可预测性缺失，将对共建21世纪海上丝绸之路国际投资的自由化便利化造成一定的阻碍。

另一方面,投资法治体系性功能缺失。共建21世纪海上丝绸之路投资条约的分散性和不成体系性,导致其不能有效发挥保障国际投资发展秩序的功能。双边/区域和多边都是国际合作的重要形式,但是其区别不仅仅是边数的问题。虽然在双边/区域和多边关系中各国都会将其国家利益放在首位,但双边/区域谈判最大限度地发挥了实力较强的伙伴的杠杆作用,最终达成的协议在最终谈判的让步方面是不平衡的。同时,由于投资领域不存在一个能够为区域/双边投资安排提供纪律约束和规则的基础,一国或少数国家主导的区域/双边投资条约无法摆脱以实力为导向的特征,可能会借国际投资条约挤压他国的发展空间,在贸易领域,共建21世纪海上丝绸之路沿线国家可以其违反非歧视原则诉诸WTO,但在投资领域尚不具备一个可以对其进行约束和监督的多边机制。目前共建21世纪海上丝绸之路国际投资领域法律制度尚处于"丛林法则"的状态,无法成为体系性的法律制度,无法成为公平公正的国际投资秩序的基础,无法体现共建21世纪海上丝绸之路国际投资法治的可持续发展价值。

共建21世纪海上丝绸之路国际投资法治建设还面临多重障碍。第一,共建21世纪海上丝绸之路东道国对主权的坚守。外资管制权是国家经济主权的重要组成部分,无论是发达国家还是发展中国家都不愿意过多让渡,旨在促进国际投资自由化便利化的投资条约重视对外国投资和投资者的保护,会在一定程度上削弱共建21世纪海上丝绸之路沿线东道国的外资管辖权。晚近国际投资条约大多赋予了外国投资者直接提出国际投资仲裁的权利。投资仲裁数量的增加、投资仲裁的挤出效应的逐渐显现,造成对东道国政府公共治理行为和民主空间的挤压。现行的国际投资争端解决制度以商事仲裁中私人与私人争端解决方式为模型,存在公共治理职能与其作为一种私人争端解决机制的建立之间的紧张关系。投资所涉人权、环境保护、公共卫生等问题已经引发一系列引人注目的投资争端,这一以条约为基础的投资保护制度受到越来越多的审查。因此,共建21世纪海上丝绸之路国际投资法治是否能够始终有效关注并且权衡东道国的社会关切,包括所涉及的社会价值,这是发展中国家和发达国家都普遍担心和质疑的问题。第二,共建21世纪海上丝绸之路背景下外资与国家安全的冲突。外资流入固然会给共建21世纪海上丝绸之路沿线国国内经济注入活力,但其可能给东道国国家安全造成威胁。发展中国家经济蓬勃发展的初期,完全不受限制的国外直接投资可能会妨碍他们本身经济发展的策略和速度,导致对外国资本的过度依赖,从而丧失对国内经济的管控能力。许多经济学者质疑,国际资本流动的管制解除,对于一个新兴市场的经济发展可能并不是一个最好的模式。对于外资的进入,国家安全脆弱性的关键在于敏感产业、敏感技术、敏感设施、敏感信息、敏感地域等，这些敏感点易受攻击或者损害而难以防范或补救，从而严重危及国家安全。这类威胁类似特洛伊木马，外国投资者还可能凭借其经济实力和技术优势窃取东道国的国家秘密、监测东道国的活动，甚至干涉东道国内政，威胁到东道国政权的稳定。第三，共建21世纪海上丝绸之路沿线国家投资法治共识理念的缺失。任何一个国际条约的签订都意味着某种程度上主权的让渡，以此保障和实现由客观环境和主观认同形成的共同利益。但之前投资规则多边化的尝试中，缺乏理念共识是导致这些努力失败的重要原因。例如，在MAI谈判中，OECD刻意避开作为资本输入国的发展中国家，试图在立场相似的国家中达成一致。尽管发达国家对在发展中国家投资抱有极大兴趣，但发展中国家从未被视为谈判的伙伴，而只被视为遵守规则的国家。OECD拒绝发展中国家在谈判中发表意见，认为照顾发展中国家的利益和要求会导致多边投资协定无法达到预期效果。由于缺乏较高层次的政治支持，谈判各方在一些问题上遭遇诸多利益冲突，OECD投资规则多边化的几次尝试均以失败告终。理念共识的缺失，导致即使在MAI谈判中排除了利益分歧较大的发展中国家，发达国家之间也无法最终达成多边投资条约。共建21世纪海上丝绸之路背景下，沿线国家在共识层面相对统一，但是国际投资法治方面的共识尚需推动。由于不存在多边体制的制约，国际投资法治所面临的问题日益严重，现有的共建21世纪海上丝绸之路国际投资法治无法完全适应全球治理体系变革的需求，需要改革和完善。

四、共建21世纪海上丝绸之路国际投资法治的变革路径

在共建21世纪海上丝绸之路如火如荼进行当中，当今世界也在经历百年未有之大变局，全球治理体系深刻重塑，国际格局加速演变。共建21世纪海上丝绸之路的法治建设核心在于“变”，即通过补充、修改和变革措施，积极完善治理机制，变革目前国际秩序中不公正不合理的安排。与之贯通，共建21世纪海上丝绸之路以“双边/区域投资条约+多边投资争端解决机制”为主导的国际投资法治亟待变革，以积极回应共建21世纪海上丝绸之路的关切，推进更加公正合理的国际投资秩序的形成。

共建21世纪海上丝绸之路国际投资法治变革应体现共商共建共享。“共商共建共享”全球治理观为各国参与全球治理体系的变革提供了方法论，体现了在全球治理体系变革和建设中应遵循主权平等、协商民主和互利的基本原则，为解决国际社会面对的全球治理困境提供了中国智慧，为各国参与全球治理体系的变

革提供了共识和合作的基础和指南。“共商共建共享”为国际投资法治的变革提供了重要的理念支撑和思想共识。“共商”强调在国际投资法治的立法层面坚持民主和平等。面对日益显著的全球化趋势与单边主义之间的张力,国际投资法缺乏统一适用和有效践行的多边投资规则的缺陷日趋明显;与此同时,在晚近三大巨型区域协定的谈判中也看到一些国家对国际法“合则用,不和则弃”的实用主义态度,极大地减损了国际法的公信力。为实现国际投资法的价值,在制定多边投资规则时要坚持立法的民主性和科学性,充分考虑各国的利益,提升立法进程中发展中国家的代表性和参与度,包括提升设定和推动重大议题的能力。总而言之,各国应平等参与国际法的制定,全面、均衡、公平地体现不同国家的权利义务,兼顾各国利益和国际社会的共同利益。“共建”强调在国际法治的执法和守法层面通力合作、共同参与、共同治理。各国应当依法行使权力、善意履行义务和责任,善意解释和适用多边条约,维护国际投资法治的权威性和有效性。“共享”则是各国共同分享国际投资法治建设成果,在国际治理过程中实现互利共赢。

共建21世纪海上丝绸之路国际投资法治变革需要平台支撑。推进共建21世纪海上丝绸之路国际投资法治变革需要有平台依托。共建21世纪海上丝绸之路背景下的国际经济法实践中,多边层面的变革平台主要有WTO和世界银行,两者都具备作为国际投资变革载体的条件,但其内部机制仍需优化。在未来也不排除借助共建21世纪海上丝绸之路之机遇,另起炉灶推动建立专门处理国际投资问题的“世界投资组织”(World Investment Organization,WIO)。首先,关于WTO。就规则制定和争端解决实践来看,WTO在一定程度上具备承载国际投资法治变革的功能。WTO的优势在于,它是一个成熟和成功的组织,已经证明自己有能力组织复杂的谈判并管理由此产生的协定。它还具有运作良好的争端解决机制。共建21世纪海上丝绸之路国际投资法治的变革需要扩大WTO的管辖范围,纳入国际投资规则的实质性问题,当然,这种扩张会带来挑战和风险。若将国际投资法治变革的重任加诸WTO,一方面,需要充分考虑其承受能力和范围,避免急于求成;另一方面,需要对其机构和治理机制进行较大幅度的调整,确保今后的国际谈判和争端解决能够高效率地进行。此外,WTO本身也面临改革诉求,能否进一步承载新的议题和功能尚有不确定性。其次,关于世界银行。世界银行已经成功地建立起多边投资争端解决机制和多边投资担保机制。通过世界银行平台制定多边投资规则不仅有基础且具有内在一致性,能够发挥体系性作用。世界银行成员众多,包括许多共建21世纪海上丝绸之路沿线国家,具有广泛的代表性,在谈判过程中可以兼顾不同发展阶段国家的利益诉求,使谈判成果更具有可接受性。从

ICSID和MIGA的实践来看,其适用主体不限于世界银行的成员,具有一定的包容性,能够承载共建21世纪海上丝绸之路国际投资法治变革的重任。不过,世界银行的问题也是如何将相对独立的多边投资争端解决机制和多边投资担保机制整合到多边投资体制下,实现国际投资法治的变革需求。最后,关于WIO。鉴于共建21世纪海上丝绸之路国际投资法治现有的平台都存在不同的问题和偏见,推动建立一个新的平台对于共建21世纪海上丝绸之路国际投资法治的建设也是比较好的选择。现有平台已经有各自专注的领域,其理念不一定符合共建21世纪海上丝绸之路国际投资法治的建设目标。虽然在长期的实践中积累了丰富的经验,但也形成了一些思维定式。因此,趁机建设一个完全"干净的平台"非常重要,而这正是WIO所能提供的。作为一个专门处理投资问题的国际组织,WIO能够从一开始就针对国际投资法治的目标进行建设,能够有效回应对于共建21世纪海上丝绸之路国际投资法治的关切。WIO可以积极探索通过共建21世纪海上丝绸之路进程,提高发展中国家和最不发达国家的参与度、谈判达成兼顾各方利益的多边投资协定、建立一个专门的多边投资法庭、建立上诉制度和先例制度等,回应国际投资法治建设中的问题。

第二节　共建21世纪海上丝绸之路国别投资法治环境评估体系的构建

一、构建国别投资法治环境评估体系的必要性

共建21世纪海上丝绸之路倡议提出的最根本目的是实现区域内合作共赢,实现国与国之间的双向合作。然而,共建21世纪海上丝绸之路沿线大多数国家的投资能力是有限的,其响应共建21世纪海上丝绸之路倡议更多的考量是为了吸引外国投资,以促进国内经济的增长。当前,一些国家的投资法律环境对于海外投资而言不甚理想,充斥着各种风险。海外投资保护一直是国际投资法治的焦点,然则尽管已经存在各种投资规则,现实里许多海外投资者依旧难以预判东道国法治环境,规避法律风险,投资者利益时常无法得到充分、及时、有效的救济和保障。

(一)沿线国家投资法治环境复杂

从区域环境来看,目前国际投资法治尚未形成多边统一规定,共建21世纪海上丝绸之路倡议的推进也尚在初期,并未形成统一的区域性投资规则。各国参与

的双边投资协定、区域投资安排以及多边投资规则形成了复杂的体系。这必然会引起大量的法律冲突，导致投资后果的不确定。这些差异与不确定性必然会直接或间接地对投资者的投资行为、经营活动和投资利益产生影响。从国与国之间关系来看，由于共建21世纪海上丝绸之路沿线各国的法律体系具有不同的特点，投资规则也并非完全一致，投资者需要对沿线各国投资法律分别进行了解与查明。从各国国内法治来看，除极少数国家之外，共建21世纪海上丝绸之路沿线国家普遍法治建设不足，国内投资法治环境不佳，法治信用较差。不同于发达国家普遍对外资实行高度自由化、便利化的投资规则，共建21世纪海上丝绸之路沿线国家的投资规则多采用的是国内与国际双轨并行的模式。例如，尼泊尔制定了专门的法律《外国投资和技术转让法》调整外国投资，政府也有专门针对外国投资的政策——《外国投资政策》。从投资者享有的投资待遇、投资保护到投资救济，东道国国民与外国投资者之间存在或多或少的差异。而东道国对于外资的监管也多从本国利益出发，在安全审查的外衣之下实行投资保护主义。例如，投资市场存在准入范围限制与歧视性待遇、司法公正程度不高、在投资争端一方为东道国政府时投资者利用东道国国内救济途径维权困难重重等。此外，一国内部的投资规则亦涉及法律众多，条款繁复，这必然导致投资者需要消耗大量时间与成本进行投资前的法律尽职调查。加之共建21世纪海上丝绸之路沿线国家普遍法治程度不高，法治透明度低，外国投资者难以对复杂的法治投资环境作出准确判断，风险防控能力不足，因此，有必要针对共建21世纪海上丝绸之路沿线国家构建一个投资法治环境评估体系，对东道国投资法律环境进行全面的评估与直观的指引。

（二）沿线地缘政治环境复杂

一方面，共建21世纪海上丝绸之路沿线国家受到外部干预的因素较多。沿线各国历史文化与区域关系漫长而复杂，不仅存在多样的政治体系，还涉及相互牵扯的大国政治关系。这里不仅是地缘政治斗争极为尖锐的地区，也是大国角力的焦点。同时，由于沿线各国处于东西方文明的交界处，容易发生种族和宗教冲突。沿线一些国家虽然经济发展水平不高，但是拥有丰富的自然资源。这些国家长期依赖于自然禀赋，国内经济发展缺乏内生的动力，因而难以实现经济稳步健康的快速增长，反而速度极缓，存在激烈的社会冲突，甚至会形成地区性问题。共建21世纪海上丝绸之路的地缘政治、大国间博弈会导致投资进程受阻。中国与沿线一些国家的领土争议由来已久，而美欧等大国在亚太地区的影响力也使近年来共建21世纪海上丝绸之路沿线地缘政治更加复杂。构建21世纪海上丝绸之路国别投资法治环境评估体系，完善共建21世纪海上丝绸之路海外投资法律保障机制，不仅是对投资者投资权益的保护，更是维护发展中国家利益的有益尝试。中国作为世界第二大经济体，应当为全球发展与合作创新提出自己的方案。提升中国与发展中国家在全球经济治理中的话语权，打破传统发达国家的“垄断”，使全球治理秩序更加公平合理，能够促进全球贸易的平衡有序发展。

另一方面，共建21世纪海上丝绸之路沿线不少国家本身政局的不稳定也使得投资风险激增。沿线许多国家正处于转型阶段，较之其他国家更容易因国际市场波动而致使国内政策的稳定性遭到严重挑战。共建21世纪海上丝绸之路沿线国家的高腐败风险也是影响海外投资的重要因素。根据透明国际2020年腐败感知指数（Corruption PerceptionsIndex，CPI）发布的数据，传统共建21世纪海上丝绸之路沿线国家平均得分远低于数据所覆盖国家的平均分，是全球腐败程度极高的地区。腐败不仅会加重投资者的投资成本，更会扰乱市场公平竞争，使投资者面临项目停滞乃至承担刑事责任等不利后果。整体而言，共建21世纪海上丝绸之路沿线国家主权信用风险高。如果恰逢东道国经济局势动荡、金融环境恶化，汇率的波动将使投资受到严重损害。共建21世纪海上丝绸之路沿线宗教文化种类多，一个国家内部也会交杂不同的民族文化。复杂交织的民族文化和宗教信仰容易产生民族本位主义和宗教信仰冲突风险。战争、恐怖袭击将最直接、最严重地危害人身财产安全。综上所述，共建21世纪海上丝绸之路沿线国家的传统与非传统安全因素对中国海外投资影响巨大。因此，中国投资者“走出去”亟须构建能够协调传统与非传统安全的法律制度，使投资安全的法律保障落到实处。

（三）投资者对东道国法律认识不足、缺乏避险能力

总的来说，中国投资者对共建21世纪海上丝绸之路沿线国家投资的项目是成功的，但是也有不少投资失败的教训。例如，2015年3月，由于涉嫌违反东道国有关投资与环境保护的法律规定，中国交通建设集团与斯里兰卡共同开发的科伦坡港口城项目被叫停，并需要重新进行项目评估。尽管最后项目得以重启，但此次事件致使中国企业遭受巨大损失。其原因是多方面的，既有对东道国法律认识不足的问题，也有缺乏充分的事前评估的问题。另一典型案例是缅甸密松水电站开发项目停滞。2011年，时任缅甸总统吴登盛以环境原因单方面决定搁置该项目，中国企业遭受了巨大损失，包括前期投资的70亿元人民币和后续每年增加的3亿元人民币人员设备维护费用。该项目被搁置表面上看是基于环境和企业社会责任的要求，实则还牵涉国家角力、政治斗争等非商业因素。究其根本，中国投资

者对外投资失败的重要原因在于投资者对发展中国家东道国投资法治环境及其可能引发的风险认识不足。第一,以中国立场理解外国法律。对于相关投资条约、国际法以及国内的具体理解和适用,由于投资者和东道国的角色地位和利益诉求不同,面对相同的投资条约,中国和东道国存在不同的动态解读与适用,东道国对国际规则的国内化以及国际规则与国内法的效力、互动,与中国相关规定不尽一致,反映的和保障的利益诉求也有所不同,因而我们不能以中国立场理解东道国法律。第二,不熟悉东道国法律制度。由于东道国投资法律囊括了投资条约、习惯国际法以及国内法等众多法律规则,而相应协调和配套的立法制度不完善,加之东道国法律本身也存在缺陷,如果不熟悉东道国法律,难免不投资失败。第三,对法律文本背后的风险理解不足。对于中国投资者而言,东道国的投资法治环境是不熟悉的甚至是完全陌生,即使能够获取当地相关投资法律规范,也难以对其文本背后的利益因素准确把握,例如,执法和司法水平的问题、经济和政治体制变革发展的问题,将会对投资利益保障产生重要的影响。

了解共建21世纪海上丝绸之路沿线国家是否具有完备的投资法律体系以保障海外投资利益,是投资共建21世纪海上丝绸之路沿线国家的首要任务。此外,要实现对投资者权益的保障,还需要共建21世纪海上丝绸之路国际投资法律保障机制的法制安排能够保证投资者在遭遇投资风险时获取有效的法律救济。目前,企业投资共建21世纪海上丝绸之路沿线发展中国家的现有渠道并不能满足投资者充分收集东道国投资法律和获得有效法律指引的需求。即使在获取东道国投资法律充足的情况下,对法律是否足够确定稳定、执法机构是否公正公平以及执法情况等信息也难以获知。而面临法律风险或遭遇投资失败时,投资者能否得到有效的救济和保护亦缺乏相关信息。这就意味着,即使某一东道国的法律制度建设趋于完善,法律体系也相对完备,但由于不了解东道国与投资相关的法治实践,包括对外来投资的态度乃至历史、风俗等,依旧无法避免非正常风险的发生。共建21世纪海上丝绸之路沿线国家已逐渐成为中国对外投资的主要目的地,因此,亟须创建一个专门的投资法律评估体系为中国企业提供充分获取东道国投资法治环境的信息渠道,有助于准确识别和预判投资风险,权益及时获得救济,以最大限度保障海外投资的利益安全。

二、国别投资法治环境评估体系的指标设计

共建21世纪海上丝绸之路国别投资法治环境评估体系的构建涉及评估指标的确定以及指标之间的关系。共建21世纪海上丝绸之路沿线各国法治水平不一,

涉及法系、具体的法律制度以及主体纷繁复杂，共建21世纪海上丝绸之路国别投资法治环境评估体系需要注意到各国投资法治水平，力求覆盖投资法治环境涉及的各方面。首先，将影响投资法治环境的因素进行分类，对投资东道国或地区进行一般性的评价。其次，依据投资项目或地域的特点，结合投资目的，对法治环境作进一步的评估，对投资目的地的法治环境有进一步的了解。最后，根据投资活动的阶段——准入、经营、退出——所涉及的具体法治因素作具体、详尽、深入的分析。这就是投资法治环境评估体系指标设计的依据。一级指标是将投资目的地作为一个整体，宏观考量其投资法治环境。二级指标是在一级指标的基础上进一步细化，对具体的法治环境因素进行评估，将成为投资者决策的重要参考依据。三级指标是具体投资规则的评价，从微观层面分析投资者可能面临的投资法治环境，是具体的投资法律规则。三个层次的指标相互联系、层层深入，对投资东道国可能提供的法律资源进行梳理与评估，也避免了重复评价的可能。在此，可以将共建21世纪海上丝绸之路国别投资法治环境评估体系的评估指标分为投资环境、投资立法、投资司法3个一级指标。

（一）国别投资环境指标

国别投资法治环境评估体系的构建，第一个指标就是要考量外部投资环境的影响，主要分为3个二级指标——制度、风险以及法律体系（见表3－3）。

表3－3　投资环境指标

二级指标	三级指标
制度	外国投资管理体制
	市场法治机制
风险	政治局势
	恐怖活动
	国际关系
	生态环境
	基础设施
	宗教文化冲突
法律体系	国内投资法律体系
	国际投资规则签订情况
	法律的透明度与稳定性

首先,一国投资法治环境必然受到经济体制以及市场机制的影响。从宏观的角度来看,投资经营活动离不开国家监管与市场机制的相互作用。外国投资管理体制涉及投资东道国政府的多个领域的数个行政机构,数量庞大复杂。在共建21世纪海上丝绸之路倡议的背景下,中国对沿线国家的投资,无论在规模上还是数量上都是空前的。东道国国内管理体制的完备与否将直接关系到投资审批环节的效率和投资项目的具体落实。管理体制的不足会对中国投资共建21世纪海上丝绸之路产生不利影响,影响投资效率和项目的最终落实。市场具有自发性的特征,市场经济就是在自由的基础上去寻求利益最大化。而投资者的"非理性"和信息不对称都使投资者在参与投资行为时处于弱势,严重时因对市场的把握不足而导致投资失败。市场法治机制主要是指从制度层面上对市场的作用划定范围与限度,使经济主体既享有自由又不至于滥用自由导致权利受到损害。投资21世纪海上丝绸之路,面临沿线各国市场机制发展水平不同的复杂势态,各国对市场法治机制的规范也不一致。外国投资者在进行投资决策时必须充分考量东道国的市场法治机制,把握市场自由限度。

其次,投资风险是投资活动不可避免的,投资东道国存在的风险必然会对投资法治产生影响。投资者在投资前必须要对东道国当地存在的风险进行识别与评估,做好风险预警与防范。无论是自然资源、设施建设,还是政治局势与文化差异,都是导致投资风险的重要因素。投资项目所依赖的原材料、投资行为所涉及的活动主体以及社会环境都可能对投资产生巨大的影响。相较其他国家和地区,投资共建21世纪海上丝绸之路沿线国家所面临的风险更加复杂、更加严重。投资共建21世纪海上丝绸之路主要是基础设施建设,投入资金多、项目持续时间长使投资者在基础设施建设的过程中遭遇风险的概率增大。此外,正如前文所述,共建21世纪海上丝绸之路沿线国家还存在非传统安全所带来的风险。政局动荡、社会变迁、恐怖袭击、国际制裁、国际关系、地区安全、生态环境风险、工会组织、罢工、宗教文化冲突、非政府组织活动等都会影响投资法治环境的状况。在对共建21世纪海上丝绸之路沿线国家的投资法治环境进行评估时,对风险的评估必不可少。

最后,在对投资环境的考量中必然不能缺乏对法律体系的评估,此处主要是对东道国的投资法律体系进行整体的考量。跨国投资的法律规则涉及东道国国内和国际两个层面。在东道国国内角度主要是评价投资法律体系是否完备,是否存在法律设置的空白以及既有投资法律的层级与效力。在国际的角度主要考量的是东道国所参与的双边、区域以及多边投资条约的情况,以及投资条款实现的自由化和便利化的程度。当然,还要注意这些既有法律的稳定性和透明度。即使有完备的法律制度,但若经常受到外部影响而频繁修订,稳定性不佳,必然会影响投资法治保障的实现。

(二)国别投资立法指标

沿线国家的投资立法状况无疑是衡量各国投资法治的重要内容,因此投资立法指标是整个共建21世纪海上丝绸之路国别投资法治环境评估体系中最为重要的一级指标。笔者根据投资活动的推进过程与投资规则涉及的主要内容设计了投资立法指标下的二级指标,包括投资准入、投资待遇、投资监管、投资保护、投资争端解决(见表3-4)。

表3-4 投资立法指标

二级指标	三级指标
投资准入	投资范围与形式
	外资比例要求
	许可审批制度
投资待遇	最惠国待遇
	国民待遇
	公平与公正待遇
投资监管	国家安全审查
	反垄断审查
	税收立法
	劳工标准
	土地制度
	竞争政策
	社会责任
	外汇制度
投资保护	知识产权保护
	征收与国有化
	补偿标准
	投资自由转移

续表

二级指标	三级指标
投资保护	保护伞制度
	投资保险制度
投资争端解决	国内救济
	国际投资争端解决机制
	裁决的承认与执行

投资准入是所有投资活动的第一步。投资准入相关法律制度是衡量投资便利化、自由化程度的重要因素，是评价一国投资法治环境优良与否的重要关切。投资准入主要包括投资范围与投资形式、外资比例要求、许可审批制度等。外国投资在东道国能够进行投资的范围和形式直接体现了东道国的开放程度。一般而言，投资形式包括了成立全资公司或企业；具体到某一国家则要考虑其具体规定。外资比例要求体现在两个方面：一是当地对外国资本在企业中的股权有比例限制；二是当地对于认定企业的法律地位有一定的资本比例要求。在投资准入的制度中，更为重要的是东道国的许可审批制度。在选择投资东道国时，繁杂的许可审批制度会抑制投资者的积极性。尽管目前为实现自由化提出了"负面清单"模式，在清单之外的投资可以自由进入市场，但截至2021年全球也仅有77个国家采用了负面清单方式，更多的国家还是依靠国内的行政许可来实现投资准入。投资审批也是投资准入需要面临的重要环节。即使在采用了负面清单模式的国家，国际投资规则中也多赋予了东道国"适当"的审查权限。共建21世纪海上丝绸之路沿线国家目前并不存在统一的区域性投资规则，这些制度多为东道国国内法律所规定，因而外国投资者在选择投资目的地时必须要了解当地许可与审批制度。

投资待遇是投资东道国给予外国投资者的法律待遇标准，是外国投资者在东道国享有的权利与义务。非歧视性是投资待遇的重要基础，对共建21世纪海上丝绸之路沿线国家投资法治的评价离不开对投资待遇非歧视性的考量。最惠国待遇、国民待遇、公平与公正待遇是目前国际社会中普遍承认的投资待遇规定。国际投资规则基本都对投资待遇作出了规定。尽管如此，在投资待遇的适用范围上，各个投资规则的规定并非完全一致，甚至某些协定对投资待遇的规定相差甚远。这源自各国对投资待遇的不同态度。截至2021年，中国已与62个共建21世纪海上丝绸之路沿线国家签署了双边投资协定。这些双边投资协定都对投资待遇作出了规定，但是对于中国的投资者来说，最终指向的还是东道国国内法律。沿线各国投资法治规定不一,投资待遇也不尽一致,因此,沿线各国的投资待遇是共建21世纪海上丝绸之路国别投资法治环境评估体系的重要指标。

投资监管更多的是东道国针对外国投资的监管法律制度,涉及投资行为的各个方面。除与东道国国内投资相同的监管措施外,对于外国投资还需要关注国家安全审查。因此,设置投资监管立法指标首先需要对所涉及的东道国国内法律做一个基本的梳理,包括税收立法、劳工标准、土地制度、竞争政策、社会责任、外汇制度等领域的法律法规,在东道国的投资活动要尊重当地法律规定;其次重点关注东道国的外资国家审查制度,对于“可能影响国家安全”的投资规定有国家安全审查制度,重点关注对外国投资的技术、行业限制以及市场控制和环境影响。东道国对于启动国家审查制度的理由往往基于“本国认为”“可能影响国家安全”,国际实践也没有明确规定,因此,必须根据东道国国内投资规则的相关规定和既往的实例多作分析,避免投资遭遇政府阻力最终导致失败。

海外投资利益保护和投资安全保障是各个国家发起投资规则的最主要动因,投资者对东道国投资法治环境的信心很大程度上取决于其投资是否能够得到有效的保护。在国际投资实践中,主要包括东道国国内法律保障措施和国际投资条约所规定的投资保障措施。因此,共建21世纪海上丝绸之路国别投资法治环境评估体系中对于投资保护指标的设置,要从东道国国内投资法治的规定以及东道国所参与的国际条约两个层面对知识产权保护、征收与国有化、补偿标准、投资自由转移、保护伞制度、投资保险制度等相关规定进行梳理和评价。

最后是投资争端解决制度。在“一带一路”倡议中,投资合作涉及方方面面,不仅要求政府间的合作,还涉及沿线国家企业和个人与东道国之间的合作。一方面,需要协调政策法律;另一方面,也要规范企业与个人。如此,则不可避免存在投资争端。投资争端解决是保障投资者利益的最后环节,投资争端是否能够高效解决也体现了东道国投资法治环境的水平。投资争端解决主要考虑三个方面的内容,包括国内救济方式、国际投资争端解决方式以及仲裁裁决的承认与执行。国内救济是指在外国投资者遭遇投资损害、面临投资争端时,东道国国内是否设置有行政、司法救济途径,在提交国际投资争端解决机制之前是否需要用尽当地救济。对于国际投资争端解决机制,从分类上要考虑国与国、投资者与国家、投资者之间三种机制;从方式上要考量友好解决(调解、磋商、谈判等)、国际投资仲裁等解决方式;还需要考量法律适用的问题。对于解决投资争端到底采用何种途径,是主张东道国国内救济还是国际方式,是采用友好方式还是投资仲裁,是以国际投资规则为依据还是东道国国内法律为依据，沿线各国的态度并不尽一致。此外，仲裁裁决的承认与执行涉及国际裁决在一国是否能够得到司法支持的问题，是确保争端有效解决的重要制度内容。

上述指标仅仅是对投资立法的重要环节进行了分析，而共建21世纪海上丝绸之路沿线国家法律体系的复杂性决定了沿线国家国内投资法治具有特殊性，因此在对各不同国家投资法治的考量中，需要根据其国内投资法律体系的具体情况进行梳理，力求能对投资东道国国内的投资法律制度作出更为准确的评价。

（三）国别投资司法指标

司法是保障法律公正的最后一道关口，也是保障法律公正的最重要和最有实效的一种手段，对于社会的稳定和公平正义的实现具有重要意义。因此，东道国的投资司法公正合理与否，也是能否保障投资利益的重要因素（见表3－5）。

表3－5　投资司法指标

二级指标	三级指标
司法制度建设	司法职权行使
	司法透明度
	对司法行为监督
	司法能力建设
司法人员	选任程序
	资格规范
	行为规范
	奖惩机制
司法公正与高效	司法机关依法独立行使职权
	司法程序透明度
	外国投资者诉讼权利
	司法效率
外国法律适用问题	意思自治原则
	涉外民商事关系准据法之确定

续表

二级指标	三级指标
外国判决与仲裁裁决承认与执行	互惠关系
	法律效力确定
	管辖权适当性
	程序公正
	公共秩序

投资司法指标主要考量的是共建21世纪海上丝绸之路沿线国家投资司法公正性与司法效率的问题。因此，二级指标的设置主要有以下五个方面：

一是司法制度建设，考察司法体制是否完备，管理是否规范合理，包括职权行使、司法透明度、对司法行为的监督以及能力建设等方面。

二是司法人员的职业化与独立性，其中司法人员的选任与资格尤为重要。首先，要从司法人员的学历结构、工作时间、业绩考核等方面评价东道国司法人员的职业程度，判断其是否能够胜任。其次，要考虑对司法人员的管理制度，包括行为规范、学习制度、奖惩机制等。

三是司法公正与高效。要考察法官、检察官能否独立行使权力而不受到其他权力的影响，司法程序是否公开，外国投资者对享有的司法权利、诉讼权利的内容和期限以及行使方式是否能够便捷、完整地了解。这些都是对司法公正的考量因素。而司法的高效体现在东道国的审理期限、结案率以及执行期限和执行率。值得注意的是，这里不仅要考虑司法整体的公正与效率，还需要特别将涉及外国投资者的案例进行单独评价。

四是外国法律适用问题。共建21世纪海上丝绸之路沿线国家多为发展中国家，在司法活动中更加倾向适用东道国法律。当然，这并不意味着不能适用外国法律来进行判决和仲裁。不少国家对涉外经贸活动从法律制度上对适用的准据法作出了规定，根据冲突法的指引来确定到底是适用本国法律还是外国法律。当事人能否自由选择外国法律，东道国对于采用外国法、国际法和国际原则进行判决和裁决的接受程度，是需要我们关注的。共建21世纪海上丝绸之路沿线国家对于冲突法与准据法的相关规定不尽相同，不同冲突法导致适用的准据法不同；不同的准据法对当事人的权利义务规定也不同。对于诉讼而言，要考虑东道国涉外法律规范，确定准据法；对于仲裁而言，则要考虑所签订仲裁协定中的规定。

五是外国判决与仲裁裁决承认与执行。外国判决与仲裁裁决的承认与执行是国家之间司法合作的表现形式之一，通过国家间合作来实现私人利益保障，涉及对国家利益的尊重与保障。外国判决与仲裁裁决的承认与执行要从法律效力、管辖权的审查依据、程序公正、互惠关系、公共秩序问题等方面来考量。

三、国别投资法治环境评估体系的构建

构建21世纪海上丝绸之路国别投资法治环境评估体系的直接目标是使企业能够对投资沿线东道国的利益风险进行防控，预判投资法律风险，其宗旨在于保障投资者的知情权。通过对沿线国家的投资法律状况进行多层次、多角度的分析，为投资者充分了解共建21世纪海上丝绸之路沿线国家的投资法律制度和法治状况提供一个直观的法律信息指引。通过评估体系一系列的指标设计及对东道国投资立法、司法、执法等方面的分析，实现对东道国投资法治环境的准确识别与评价，为中国投资者乃至其他外国投资者在沿线国家的投资提供决策参考和建议。除此之外，构建21世纪海上丝绸之路国别投资法治环境评估体系有助于提升中国在共建21世纪海上丝绸之路中的软实力，对于法治不完善的国家，通过对其投资法治环境的进一步评估与分析，能够影响和助推其投资法治的完善，从而有利于推动整个区域投资法治的建设。共建21世纪海上丝绸之路国别投资法治环境评估体系的目标需要一个完整的评估机制来实现。完整的共建21世纪海上丝绸之路国别投资法治环境评估机制不仅是评估体系的构建问题，还涉及评估体系的运行原则、评估机构、评估标准、评估数据收集等问题，包括依靠机制的运行与调整手段完成评估各个程序与制度内容之间的相互协调、相辅相成的问题，如此方构成一个完整的评估系统。

(一)坚持公平合理、互利共赢的基本原则

构建21世纪海上丝绸之路国别投资法治环境评估机制，首先要坚持公平合理、互利共赢的基本原则。公平合理是国际经济法的基本原则，也是国际经济新秩序的构建原则。构建21世纪海上丝绸之路国别投资法治环境评估机制更是需要遵循这一基本原则。同时，构建21世纪海上丝绸之路国别投资法治环境评估机制也需要共建21世纪海上丝绸之路沿线各国的共同努力，开展全面合作以共谋发展。互利共赢不仅是国际经济法治中的重要原则，还是贯穿共建21世纪海上丝绸之路的指导原则。实现共建21世纪海上丝绸之路海外投资利益的法治保障，不仅是对投资者投资权益的保护，还是维护发展中国家利益的有益尝试。中国作为世界第二大经济体，应当为全球发展与合作创新提出自己的方案，使全球治理秩

序更加公平合理,促进全球贸易的平衡有序发展。合作共赢是平等、合理、开放的交流方式,在利用现有的各项协议的基础之上创新完善才能协调各国立场与诉求,达成共同规制。尊重各国主权以及各国资源基础的差异,充分考虑各国各地区不同的发展水平、文化传统,在充分发挥各国国内优势的基础上实现各国的协调进步,形成共同发展的共赢局面。不断推进共建21世纪海上丝绸之路是对合作共赢的现实回应,也是对国际合作新理念的积极探索。共建21世纪海上丝绸之路倡议坚持"共商、共享、共赢",构建人类命运共同体,实现沿线的繁荣发展与成果共享,是对中国对外合作机制的创新与发展,对未来区域关系乃至全球格局的走向都具有重要的建设性意义。中国应倡议与共建21世纪海上丝绸之路沿线国家协同共商,构建具有共建21世纪海上丝绸之路沿线特点的法律保障体系。这是对沿线每个国家的利益话语权的尊重,有利于发展中国家与发达国家实现实质上的平等。实现共建21世纪海上丝绸之路沿线各国的互利共赢,可以为投资保护提供了新的思路,并且有助于为新崛起国家的话语权提供友好环境,能够创造性地运用国际规则、国内规则和风俗习惯,形成良性的法治与规范的互动,促进国际经济秩序的和谐发展。

(二)打造国别投资法治环境评估专业机构

构建21世纪海上丝绸之路国别投资法治环境评估体系,目的是打造法律界的"标准普尔"。构建21世纪海上丝绸之路投资法治环境评估机制的目的,是为共建21世纪海上丝绸之路沿线海外投资提供投资风险识别与投资法治环境评估。对于投资者而言,构建一个服务于共建21世纪海上丝绸之路的投资法治评估指标体系,能够使其获得充分了解东道国投资法律制度的渠道,并判断能否以企业之力防范投资法律背后潜在的风险,为其投资决策提供依据。共建21世纪海上丝绸之路投资法治环境评估机制不仅能够进行法律风险识别,更能够在识别风险之后进行国别的投资法治评估。亦即,在风险识别后,根据投资的特点与行业规范,对风险作出评价,确定哪些风险需要重点防范应对、哪些由于出现概率极低或影响程度甚微而可以采取一般的应对措施。在这个过程中,涉及数据收集、法治环境评估、风险识别以及报告发布等多个程序,倘若缺少一个常设性机构,会引发诸多的问题,如评估程序的启动、指标与标准适用的合理性、评估结果的专业度与准确度等问题。因此,构建21世纪海上丝绸之路投资法治评估指示体系应在相关政府部门监管下设立专门的第三方评估机构,搭建有影响力的共建21世纪海上丝绸之路投资法治环境评估平台,组织实施并提供具有国际水平的投资法治环境评估服务。评估机构要结合收集到的相关东道国投资法治环境信息进行预估，对未来可能产生的法律风险及投资法治环境发展走向进行预测，形成共建21世纪海上丝绸之路国别投资法治环境的评估报告，每年定期向全球发布。共建21世纪海上丝绸之路国别投资法治环境评估报告对评估内容及结果进行公开，除了需要保密的内容，还要公开评估过程、评估方法以及评估人员，接受公众监督。因此，要实现共建21世纪海上丝绸之路投资法治环境评估机制的有效运行，应扶持设立一个具有“标准普尔”性质的第三方社会评估组织，提供专业、公正、独立、具有国际竞争力的投资法治环境评估服务。

(三)国别投资法治环境评估的标准设置

构建21世纪海上丝绸之路国别投资法治环境评估体系，需要合理设计评估指标和标准。要根据共建21世纪海上丝绸之路沿线发展中国家投资法治环境的特点，将东道国投资法律制度、司法和执法状况的标准化，对东道国关于外国投资自由化及便利化政策措施法治化的水平、对外国投资者权益保障法治化的能力进行多方位评估。自投资开始，便会伴随风险。投资法律风险只是一种遭遇不利后果的可能性，既有可能伴随投资项目始终但并不造成损害，也有可能突然爆发导致投资项目停滞甚至终止。因此，除对是否具有风险进行评估外，还要对风险进行评级，确定轻重缓急，为是否防范、如何防范提供决策依据。同时，要充分考虑到共建21世纪海上丝绸之路沿线国家投资法治环境的复杂性与多样性，评估指标应力求涵盖投资对象国的投资准入、待遇、保护、司法透明度、执法效率等各个方面，对沿线国家的投资法治环境进行等级评估，准确地掌握东道国投资法治环境的完善程度与发展走向，为保障海外利益提供切实的服务。在国际经济交往的实践中，传统发达国家一直凭借其经济实力上的绝对优势，与处于劣势的发展中国家进行不平等的交往。随着全球经济秩序的重构，已经出现的新型国际规则多带有“高标准、宽领域、广覆盖”的特点。对于经济实力与发展水平均有巨大差异的不同国家强制地适用统一标准，并没有充分考虑发展中国家的特殊要求，认为国家之间的经济往来应当遵循相同的贸易规则，以确保各个国家在开放的世界市场中获得无条件的平等和互惠待遇，而不应该考虑国家的发展水平。这势必不会被大多数发展中国家认同。共建21世纪海上丝绸之路沿线国家受制于国内发展水平，倘若贸然适用发达国家主导的“高标准、宽领域、广覆盖”投资规则，不仅难以承受高标准规则带来的负面影响，甚至难以享受到吸引外资所带来的利益。因此，共建21世纪海上丝绸之路投资法治环境评估的标准设置需要更多地考虑共建21世纪海上丝绸之路沿线国家的发展情况,应当具有包容性、灵活性,充分考虑沿线国家和地区的社会经济和法治发展水平,以评估促进投资法治的建设和发展。

(四)评估数据的客观性与公正性

要实现共建21世纪海上丝绸之路国别投资法治环境评估体系的目标,必须保证基础评估数据的客观性和公正性。首先,应建立评估专家库,充分吸纳投资法律相关领域的国内外专家学者包括律师的参与,以保障投资法治环境评估结果的专业性和权威性。其次,应建立交流机制,充分征求相关沿线国家法学组织的意见,获取支持和理解,共同推动投资法治环境的改善。此外,在信息收集与调查的过程中应充分发挥行业优势,提供更有针对性、更加翔实的投资法治环境评估数据。

实践中,企业并不缺乏对法律风险信息的判断能力,甚至在所属行业内对于特定的法律风险的理解与判断比其他人更为专业,目前承担企业法律风险识别的专业化律师更是对行业法律风险有所专攻,然而企业或律师囿于自身能力与视角的局限,并不能系统地、深入地发现问题,因而目前中国企业"走出去"依旧存在对法律风险识别能力不足、对东道国法律环境判断不准确的问题,使投资面临重重风险。投资"走出去"是一个漫长的过程,特别是共建21世纪海上丝绸之路沿线投资以基础设施建设为主,通常项目具有资金需求量大、持续时间和回报周期长的特点,必须要以长远的眼光系统地进行风险识别,否则,投资项目对于法律风险的防范将无法做到最优安排。要系统地对投资风险作出识别与评估,就需要吸纳各个领域的专家学者以及优秀律师个人的参与。个人或单一领域的专业知识是有限的,整合各领域、各专业的人才进行共建21世纪海上丝绸之路投资法律环境评估,才能够使最终的评估成果更专业、更权威。

要对参与到共建21世纪海上丝绸之路倡议合作中的国家进行国别投资法治环境评估,保障报告的专业性和权威性,还必须要注意信息收集的完整与真实。打造共建21世纪海上丝绸之路沿线合作区域网络,推动构建跨国跨区域合作平台的建设,充分调动沿线各国的参与积极性。谈到共建21世纪海上丝绸之路倡议,总绕不过范围广、涉及国家多的特殊性,共建21世纪海上丝绸之路沿线国家众多,在信息收集与调查过程中必须要协调各国法学专家、组织以及各国投资领域行业优势,共同推进21世纪海上丝绸之路投资法治环境评估建设。

第三节　共建21世纪海上丝绸之路的投资便利化问题

共建21世纪海上丝绸之路倡议促进沿线国家间的资本流动和投资往来，伴随倡议的进一步推动与各国的投资合作深化，投资便利化问题更加引起投资者和东道国的关注，乃至成为国际投资法律制度发展的焦点问题之一。[①] 投资便利化有狭义和广义之分，狭义的投资便利化指投资活动中程序或手续的简化、协调，为投资者提供更加便捷的投资环境，实现投资效率最大化；广义的投资便利化是在狭义的基础上，增添投资开放程度、基础设施水平，强调资本流动的便利。无论广义、狭义，管理制度的透明度、行政审批难度抑或东道国政府的效率、东道国投资环境等因素均指向投资便利化，指向投资者的利益和成本，即对投资者的吸引力。这显然是共建21世纪海上丝绸之路倡议推进的重点领域，解决投资便利化问题，营造良好的投资环境，进一步助推国际投资交往。

一、共建21世纪海上丝绸之路投资便利化的法律障碍

（一）可能形成“意大利面碗”

和世界上其他区域一样，共建21世纪海上丝绸之路各经济体也正在实践和印证“多米诺骨牌理论”。为寻求投资利益，当区域内某些国家形成或加入某一国际经济组织时，其他国家为防止被边缘化，也会竞相加入，而当该国政府加入了该组织后又会引发其他贸易投资伙伴的担心并成立新的合作组织或加入已有的组织，从而造成在该区域范围内各个经济体纷纷加入了很多不同层次、不同定位的经济合作组织，从而形成在该地区的“意大利面碗”现象。不同的贸易协定可能因各自规定不同而使同一国家承担不同义务，几乎每个国家都加入了不同的国际经济合作条约或者贸易协定，多边层面有WTO、欧盟，区域层面有中亚区域经济合作计划、中亚经济特别规划、经济合作组织、统一经济空间、中亚合作组织等，双边层面更是数量众多。这些不同层次、不同定位的经济合作交织在一起，形成一个迷局，虽然并不当然形成经济学意义上的“意大利面碗”现象，但多种规则的交织对区域内建立统一的贸易投资体制、实现投资便利化明显不利。如何破解此种局

---

① 参见朱明侠、左思明：《“一带一路”沿线国家投资便利化的评价体系研究》，载《广东社会科学》2019年第1期。

面,是共建21世纪海上丝绸之路需要解决的现实法律障碍。这些经济条约间关系的处理,最好的方法是实现合作,在合作的基础上,不排除这些组织合并成立更大的国际组织的可能性,但若彼此间合作不力,必将会损害缔约国的投资利益。值得庆幸的是,区域内某些合作组织已经开始积极应对此种迷局,如上海合作组织与欧亚经济共同体为避免激烈竞争,在经济领域已建立起了相应的对话、磋商和协作机制。

(二)区域法律环境复杂

共建21世纪海上丝绸之路沿线国家发展程度不同,法治化程度不同,法律环境良莠不齐。从发展程度上来看,既有发达国家,又有新兴崛起的大国,还有典型的发展中国家,如中亚国家,不同发展水平的国家利益诉求不同。在如此复杂的法律环境中,实现投资便利化,所遭遇的法律障碍不仅来自立法,也来自司法;不仅来自国际法律规则的创制,还来自国内法的配套与实施。例如,实现贸易投资便利化的首要步骤是统一和简化海关规则和原产地标准,现实的困难是处于不同发展阶段的各国规章制度难以协调,在法治化程度低的国家,甚至没有稳定的规章制度,以不透明、不稳定的政策代替法规的现象很普遍。在如此复杂的法律环境下建立贸易规则,不仅要进行国际规则的创制,还需对法治化程度低的国家提供法律技术支持。

(三)主导权及其选择问题

主导权至少包括两个问题:一是是否需要主导国;二是谁来担任主导国。就第一个问题而言,根据现有实践,缺乏主导国的区域合作通常会内部凝聚力不足,法纪松弛。在区域经济组织中,国家力量总有强有弱,强大的国家自然而然会利用自己的力量推进组织本身前进和发展,主导国为了实现自己的经济利益会实现制度供给,这种制度供给又会推动经济组织本身的发展,弱小国家完全可以"搭制度便车"来谋取经济利益。就第二个问题而言,共建21世纪海上丝绸之路各经济体,其中中国经济体量最大,在未来很有可能成为主导国。但是,有学者认为中国共建21世纪海上丝绸之路面临的四大难题之一即"大国威胁",而中国在处理地区事务时,一再强调不谋取地区事务的主导权,无论是国家战略还是学术研究,谈及共建21世纪海上丝绸之路时也强调国家间的平等、合作、包容、尊重,但并不意味着对主导权问题避而不谈。

(四)政治原因的滋扰和阻碍

21世纪海上丝绸之路部分国家不但是公认的"经济塌陷区",而且政治上并不稳定,政局一直飘摇不定,近年来表现尤为明显。此外,各国政府决策能力差异很大,政策不稳定倾向明显,在国际政治问题上立场摇摆飘忽。政局的稳定是经济发展的前提条件,是法律制度实施的保障,飘摇的政局无法保证法律的稳定性和政策的连贯性,无法实现对外政策的一致性,导致贸易和投资的政治风险和商业风险增加,使投资便利化推进困难重重。此外,可能存在地区安全因素的滋扰。目前对于三股势力的遏制是全球性的难题,破解尚需各国共同协作,共建21世纪海上丝绸之路中不可避免会遭遇这些安全隐患的滋扰,如何预警、降低破坏力以及善后是不可回避的、必须解决的难题。

二、共建21世纪海上丝绸之路投资便利化的国际法治保障

实现投资便利化离不开制度建构,缺乏规范与约束往往会导致凝聚力不足,阻力重重。从国际法层面看,推进投资便利化就是要打破各种投资壁垒,降低市场准入的门槛,实现投资环境优化。这主要涉及国际法机制构建原则与内容两方面问题。

(一)共建21世纪海上丝绸之路投资便利化机制构建的原则

共建21世纪海上丝绸之路要实现投资的便利化,创制一整套市场准入、税制、劳动力与货币规则等,需要遵守以下原则:

1. 循序渐进原则。在共建21世纪海上丝绸之路的概念提出时,就有学者指出"这是一个基本框架,中国不可能从一开始就提出面面俱到的合作规划"。共建21世纪海上丝绸之路一端连着东亚经济圈,一端连着欧洲经济圈,在该环境中要实现贸易与投资的便利化不可能一蹴而就,只能选择某一部门、行业或者某几个部门、行业进行合作,合作成功后再考虑推进至其他相关产业和部门,逐步取得互信,实现更深层次的目标。充分考虑到有关国家特殊的地缘政治状况、政治环境,切实理解相关国家的关注点,照顾各国的适应度。

2. 合作共赢原则。按照《联合国宪章》和《各国经济权利与义务宪章》的规定,国际合作以谋求发展是所有国家的一致目标和共同义务,是各国均应遵守的基本国际法规则。共建21世纪海上丝绸之路各经济体具有发展水平不同、文化传统不同、资源禀赋不同、社会制度不同的特点,要实现投资便利化必须进行有效合作,

而以共赢为目标才可以顺利实现有效合作;通过合作增加对话、增进互信,实现规则的创制,并保证规则的顺利实施和遵循;以共赢为目标,才能打消顾虑,增加凝聚力,将各经济体建成利益共同体和命运共同体,实现长期的发展目标。合作应主要体现在以下具体领域:第一,规则的制定。区域内既有大国又有小国,但根据国际法,国家无论大小主权一律平等,在规则的制定方面没有国家间合作就只能是零和博弈,既定目标不可能实现,规则创制不可能顺利推进。第二,清除法律障碍和现实障碍。共建21世纪海上丝绸之路的建设和发展面临一系列的法律障碍和现实障碍,这些障碍的清除和超越需要各国联手同心协力克服和清扫。第三,国际规则的遵循和实施。区域内法治化水平较高的国家应该对法治化水平较低的国家提供法律技术支持,以保证这些国家也可以顺利地遵从已经制定的国际规则。

3.可持续发展原则。共建21世纪海上丝绸之路很多国家自然条件恶劣、生态环境脆弱,这些地区"由于自然环境差导致的经济发展基础差……在短期内无法改变,成为影响共建'21世纪海上丝绸之路'发展的瓶颈之一"。在此条件下发展经济必然要考虑可持续发展,一方面,要在贸易与投资活动实施时考虑环境因素,不走先发展后治理的老路(事实上,该区域脆弱的环境已不能承受会对生态造成破坏的经济活动);另一方面,从当前多边贸易体制和国际投资规则发展的趋势看,随着市民社会的兴起,对于环境、人权等社会问题的关注成为新的国际经济规则发展的趋势。共建21世纪海上丝绸之路要实现数十亿人口的庞大市场的发展,必须坚持可持续发展,而可持续发展的核心内涵,包括环境、消除贫困和人权等,应成为相关法律构建时必须衡量和实现的价值。

(二)共建21世纪海上丝绸之路投资便利化机制构建的内容

WTO是一种典型的贸易规则导向,但在短期内共建21世纪海上丝绸之路不可能实现类似的以硬法调整为主的投资规则导向,以软法为主的合作导向是比较现实的做法。虽然软法在遵从和执行力上均无法和硬法相比较,但它采取迂回的方式参与到国际规则的创制中,实现了国际规则从无到有,在条件成熟时即可实现"软法硬化",实现将单边行动转变为集体约束的目的。在内容上,共建21世纪海上丝绸之路要实现投资畅通,至少包括以下几方面内容:

1.投资准入壁垒的减少与程序的简化

投资便利化的表述虽然有差异,但是基本上均定位于"简化和协调贸易程序,加速要素跨境的流通",这涉及"海关程序、国际运输、贸易保险和支付以及过境时必须履行的正式程序和手续”，简化和协调贸易程序在国际法律层面就是通过不断的谈判，以协议和条约的形式形成规则，不断地减少由于各国贸易政策和投资管理行为造成的投资壁垒，实现投资畅通。

从实现手段上看，以现实为基础，可以考虑首先通过对话及类似方式来达成共识，通过宣言及类似形式来表达共同意愿，进而从宏观着手，订立框架性协议，在某些方面做出努力，在条件成熟时签订实质性的、对各方都有约束力的贸易规则。但借鉴WTO多哈回合贸易便利化一波三折的艰难谈判经验，在多边层面上实现投资便利化阻力相当大，故而可以考虑比较灵活的方式，能“双边则双边、能多边者则多边，以双边促进多边、以多边带动双边，自愿参与、协同努力”。在内容上，至少应包括以下四个方面：一是行政法规内容的简化和协调，如海关制度的公开、透明与简化，原产地规则的建立、统一和实施，关税的协调，保险制度的协调等；二是行政执法程序的透明度，“阳光所到之处，阴霾不在”，行政执法程序的透明是贸易与投资便利化最终实现的保证；三是国内实施措施和区域监督机制的建立；四是建立长效的谈判机制，通过不断谈判降低壁垒、增强互信。

2. 金融合作机制的建立

金融合作既和投资畅通有关，又是货币畅通的主要内容。依据国际货币主权，每个国家都有权自主决定本国货币是否为可自由兑换货币，以及本国货币同他国货币的兑换率。但是各国金融市场发展水平迥异，因此在国际交往中，尤其是在投资交往中会形成一些有形或无形的壁垒，增加投资流转成本。目前中国与俄罗斯、中亚国家已经就扩大本币结算和本币互换开展合作，但存在的问题是中亚国家在对外经贸合作中存在不同程度的技术或信用问题，如银行结算方式不规范、诚信度低、换汇程序烦琐、效率低下、跨境本币兑换或结算技术不成熟等。从贸易畅通角度看，国际金融支持就是要建立和扩大金融合作，尤其是通过法律机制建立稳定合作关系，加强金融情报交流，实现金融信息网络化，共同抵御金融风险。此外，由于“蝴蝶效应”在金融领域比其他任何领域都要明显，因此，针对发展中国家银行业落后、金融体制脆弱的现状，应该建立金融技术支持机制。2014年10月亚洲基础设施投资银行的建立为21世纪海上丝绸之路的金融合作创造了平台，带来了契机，但相关国家的接受和区域金融规则的创制将是一个漫长的过程。

3. 国际司法协助机制的建立和完善

共建21世纪海上丝绸之路在国际司法方面，需要建立和完善民事司法协助和刑事司法协助机制。可借助国际司法协助的现有国际公约，如《承认及执行外国仲裁裁决的公约》《关于向国外送达民事或商事司法文书和司法外文书公约》

《关于外国调取民事或商事证据的公约》等,细化具体司法协助操作实务,建立起符合有关国家实际情况的司法协助制度。例如,在民事领域的司法协助,包括司法文书送达、调查取证、执行等,保证平等主体间贸易纠纷得以处理并落实;在刑事领域的司法协助则包括引渡、被判刑人的移送、刑事诉讼移转管辖、合作执行刑事判决等,保证滋扰共建21世纪海上丝绸之路的刑事犯罪得以惩处。

4. 争端解决的处理和法律构建

投资过程中存在各种不同主体之间的摩擦和争端:国家间投资纠纷或因条约的履行和解释而产生的争端;私主体间因投资合同而产生的纠纷;国家因投资管理而与私主体之间产生的纠纷。这些争端性质不同,解决方式也不相同。没有条约关系的国家间争端一般会通过磋商或者斡旋解决,有条约关系的除通过磋商和斡旋解决外,还可以按照条约约定,通过仲裁或者其他具有准司法性质的手段解决,当然,最好是在条约中建立有效的便于实现和落实的争端解决机制;私主体之间因合同而产生的纠纷有赖于国际私法手段解决;国家和私主体之间的争端由于主体地位不平等,投资争端比较复杂,可以引入国际投资仲裁方式予以处理。

在共建21世纪海上丝绸之路中,为实现投资便利化,最主要是能建立起解决国家与国家间的争端的有效机制,一方面,以其可预见性,预防争端的实际发生;另一方面,使争端解决制度化,提高争端解决的效率与透明度。当然,该机制的建立并不是即时通过制度供给就能实现,需要循序渐进,最初可能沿袭习惯性做法,在积累足够的经验后再进行法律创制。此外,WTO成员仍可以适用WTO的争端解决机制解决争端,有双边投资协定的国家可以适用双边投资协定中争端解决机制。简言之,就是要利用现有的争端解决机制,积累争端解决的经验,创制适合地域特点的争端解决机制。

5. 地区安全国际法机制的构建

国际恐怖主义早已不是一个国内或国际某一个方面的问题,而是国际社会综合症导致的需要全面根治的问题,这颗毒瘤的铲除必须通过国际合作机制来实现。2001年6月15日,上海合作组织签署了《打击恐怖主义、分裂主义和极端主义上海公约》,要求各方在预防、查明和惩治恐怖主义方面进行合作,要求各国保证恐怖分子能得到惩处,构建了区域内打击恐怖活动的基本框架。共建21世纪海上丝绸之路贸易与投资便利化的实现,需要在更广泛的范围内开展务实的合作,打击"三股势力",维护地区安全。

三、共建21世纪海上丝绸之路投资便利化的国内法治保障

对于实现共建21世纪海上丝绸之路投资便利化的国内法保障，本书无意于比较法研究，仅对中国国内法保障提出管见。丝绸之路经济带投资便利化在国内法层面需要由国家制定统一的、具有指导性的政策法规，提供宽松的政策环境和政策资源，为此，至少需要解决以下几个方面的问题。

（一）中央与各级地方主体的相互关系

共建21世纪海上丝绸之路给我国国内诸多省份，尤其是沿海省份等带来了新的发展契机与希望，沿海省份也纷纷出台了很多政策加以配合，试图抓住机遇来实现本省的大发展，但是在实践中存在某些不一致的认识。因此，要划分清楚中央和地方在共建21世纪海上丝绸之路中所具有的权力、将责任设定清楚，防止两种倾向：一是地方因地制宜的灵活性受到严重束缚，活力不足，积极性不高；二是盲目跟进，产生新的地方保护主义和盲目竞争。实现这种相互关系平衡的有效途径就是通过相关法律来确认各方权利义务，这也是依法治国方略的应有之义。

（二）共建21世纪海上丝绸之路法律内涵的阐释

从共建21世纪海上丝绸之路的概念提出至今，学者们对其进行了热烈的讨论，但是共建21世纪海上丝绸之路仍值得深入挖掘。其内涵是什么，法律地位如何，一直没有明确，这对其他国家了解和掌握共建21世纪海上丝绸之路的内涵不利，容易造成误解和理解偏差。因此，需要阐述清楚共建21世纪海上丝绸之路的内涵，确立其法律地位，在法律上予以确认，并通过法律的形式确定下来。事实上，受制于共建21世纪海上丝绸之路目前的经济合作现状，这种阐释在目前还不可能实现，一是需要根据共建21世纪海上丝绸之路经济建设的发展和推进来逐步明确；二是需要处理共建21世纪海上丝绸之路的法律地位与该地区现有的其他国际经济合作形式间的关系。虽然目前不能实现，但是不能不研究，共建21世纪海上丝绸之路是一种松散的类似于APEC的论坛性经济组织，还是将要建立紧密的关税同盟？是要以软法为基础来实现合作还是要以硬法为基础来实现？是要以规则为导向还是以谈判为导向？这均是我们需要研究的问题。

（三）私主体在共建21世纪海上丝绸之路中的法律地位及作用

当前中国民企已成对外投资主体。近年来，中国民营企业对外直接投资的比

重,已经接近中国对外投资总量的一半,从法律地位看,经济建设中数量最庞大的主体——民营企业是典型的私主体,但在市场准入、融资、税收和行政管理方面相对于国有企业和国有控股公司明显处于弱势,国内生存空间有限是不争的事实,很多企业转向海外市场。共建21世纪海上丝绸之路目前的重点是基础设施建设,需要大量的投入,单单依靠国有企业或国有控股企业是不科学的,应该降低私主体的进入门槛,确立民营企业参与共建21世纪海上丝绸之路经济活动的法律地位,促进民间资本参与21世纪海上丝绸之路基础建设,一是可以实现海丝路的腾飞,二是可以培育中国民营企业参与国际竞争的能力,在更全面的层次实现中国的境外投资战略。民营企业参与国际竞争最大的困难是融资问题,因此,应考虑建立为民营企业,尤其是为中小企业服务的金融机制,为其提供融资服务,解决其在国际化运作中出现的融资难题。

(四)风险防范机制的建立和完善

受暴力恐怖势力、民族分裂势力和宗教极端势力的影响,共建21世纪海上丝绸之路经济建设风险颇高,该区域的核心地带部分国家政局不稳,政府执政能力有限,抵御风险的能力堪忧,因此该地带属于政治风险高发区。此外,部分国家本身的法治化程度较低,加之中国对相关国家法律的研究不足,法律风险也将普遍存在。中国企业起步较晚,自身抗御风险的能力有限,有的企业没有风险防范意识,有的企业虽有风险意识却无风险预警和防范措施。事实上,企业本身功能有限,不可能建立起完备的风险预警和风险防范机制,风险预警和风险防范机制的建立责任主要在国家。在国家层面最重要的风险补救机制是海外投资保险制度,海外投资保险是一种政策性保险,由国家支持的保险公司为本国的海外私人直接投资提供政治风险的保证,在政治风险发生时,由该保险公司予以赔付,赔付之后该保险公司取得代位求偿权,可以依据东道国和母国间的双边投资保护协定(BITs)向引起政治风险发生的东道国政府求偿。中国目前的海外投资保险由中国信用出口保险公司(Sinosure)承担,但是该公司提供的仅仅是政治风险的担保,法律风险、商业风险和政府违约险不在承保范围内,且能为其提供依据的也仅是该公司的保险条例,无法律规范可以遵循。目前中国海外投资参保的比率较低,需要政府引导企业参与投保。此外,海外投资保险制度仅仅是一种事后补偿制度,几乎不涉及风险预警,因此,仍需要研究如何在国家层面建立风险预警机制。

(五)国内相关法律制度的配合

如民事诉讼法和刑事诉讼法中有关管辖权、司法协助和外国法院判决的承认和执行的相关法律制度的配合;刑法中对恐怖活动类犯罪和经济活动类犯罪的惩处;公司企业类法律中对外资的管理及对境外投资的相关法律规范的配合;外汇管理法和银行法等类似法律中的有关汇兑、企业融资、监管等金融法规的配合等。

(六)国内专门法律人才的培养和法律输出

由于语言限制,国内对中亚国家的法律、法治环境的研究还不够。相对于中国与"一带一路"沿线国家间频繁的经贸活动,国内法律研究稍显不足,对海丝路沿线各国法律进行研究的专门性学者寥寥无几,造成我们对海丝路各国法律所知甚少,相关法律信息严重匮乏,可以考虑在海丝路国家间建立专门的法律信息交换系统,开辟与"一带一路"沿线国家进行法律交流的通道,提供法律交流的平台,并鼓励研究者进行比较法研究。相较于部分沿线国家落后的法律体系,中国法治化程度较高,可以考虑通过共建21世纪海上丝绸之路的建设对这些法律较为落后的国家进行法律输出,以提高中国的影响力,提升中国法律在国际法律体系中的认同度。法律输出需要由一个专门的机构或部门来牵头,可通过多种途径实现,如对中亚等发展中国家提供法律人才留学机会,举办跨国学术交流会,国际学术机构协作和促进等。

第四节 共建21世纪海上丝绸之路双边投资协定的功能与范式

国际投资是建设21世纪海上丝绸之路的重要方式,中国与21世纪海上丝绸之路沿线国家签订的双边投资协定(Bilateral Investment Treaty,BIT)能够为中国在21世纪海上丝绸之路沿线地区投资提供保护,是中国投资者维护自身利益的重要工具。现有针对中国与21世纪海上丝绸之路沿线国家签订的BITs的研究,大多集中在中国与21世纪海上丝绸之路沿线国家签订BITs的整体不足、投资者与东道国之间争端解决存在缺陷两个方面。因此,从实证的角度全面分析中国与21世纪海上丝绸之路沿线国家签订BITs的现状和问题,同时结合中国"双向投资大国"的身份和定位,力图较全面地构建中国BIT范式,具有重大意义。

一、共建21世纪海上丝绸之路与双边投资协定

21世纪海上丝绸之路建设与中国经济的快速发展有极强的关联,2013年中

国对外直接投资流量首次突破1000亿美元大关,由此进入对外直接投资的深化期。中国首次将投资方向瞄准了国际资本不太看好的亚欧大陆腹地,在实现自我发展的同时,也将发展成果带给了共建21世纪海上丝绸之路沿线国家,为推动世界经济包容性增长作出了重要贡献。① 在中国与共建21世纪海上丝绸之路沿线国家进行合作的领域中,对外投资是一个关键和核心领域。② 中国提出共建21世纪海上丝绸之路倡议以来,对共建21世纪海上丝绸之路沿线国家的投资实现了长足的发展。除了较大的投资规模,中国对共建21世纪海上丝绸之路沿线国家的投资还存在区位分布集中的特点,主要集中在东南亚和中亚地区,并且对外投资企业大多是国有企业。③ 从投资领域来讲,中国企业在共建21世纪海上丝绸之路沿线国家的投资主要集中在传统领域,其中能源投资占相当大的比重。④ 此外,基础设施建设项目也是中国企业在共建21世纪海上丝绸之路沿线国家进行投资的重要领域之一。基础设施和能源行业的投资回报周期长,受东道国政治风险的影响大。并且,共建21世纪海上丝绸之路沿线国家大多属于发展中国家,发展程度不高,法治水平相对较低。

双边投资协定内容涵盖多方面,对共建21世纪海上丝绸之路国际投资发展产生积极作用。BIT是指资本输出国和资本输入国之间签订的旨在相互保护和鼓励双方私人投资活动的书面协定。⑤ BIT是外商投资规范方面的重要法律工具,旨在降低缔约一方投资者在另一缔约方境内直接投资所面临的非商业风险,为对外投资提供稳定的保护。⑥ 自1959年德国与巴基斯坦签订世界上第一个BIT以来,BITs得到了飞速的发展,至今双边和区域投资协定仍然是最主要的国际投资法律渊源。⑦ BIT诞生于第二次世界大战后的特殊时期,新独立的发展中国家实行大规模的国有化。发达国家为了保护本国投资者,选择与发展中国家签订BITs

① 参见牛华、毕汝月、蒋楚钰:《中国企业对外直接投资与"一带一路"沿线国家包容性增长》,载《经济学家》2020年第8期。

② 参见中华人民共和国商务部:《中国对外投资合作发展报告2020》,载中国政府网,http://www.gov.cn/xinwen/2021-02/03/5584540/files/924b9a95d0a048daaa8465d56051aca4.pdf [2021-06-29]。

③ 参见陈砺:《"一带一路"倡议下中国对沿线国家投资特点及政策建议》,载《对外经贸》2017年第10期。

④ 参见《2019年度中国对外直接投资统计公报》。

⑤ 参见杨丽艳:《涉外投资法律实务》,厦门大学出版社2017年版,第23~30页。

⑥ 参见王光、卢进勇:《中国双边投资协定:历史演进与发展趋势》,载《国际经济合作》2019年第2期。

⑦ Kenneth J. V., *A Brief History of International Investment Agreement*, U. C. Davis Journal of International Law and Policy, 12(1), p. 157-194 (2005).

来约束东道国的规制权。因此,BIT的基本功能是保护对外投资。随着BIT的实践发展,国际社会意识到东道国对外资的规制权具有重要意义,需要得到尊重。BIT中的具体条款,无论是传统的投资者定义条款、征收补偿条款、争端解决条款,还是目前在国际投资协定中出现的投资新议题,都致力于明确东道国和投资者的权利义务关系。[①] 清晰的BIT条款在平衡外国投资者和东道国利益的同时,也实现和促进了东道国的经济发展。目前国际投资协定的可持续发展型改革已经成为发达国家和发展中国家的共识,[②]出现了关注环境、健康和公共卫生的可持续发展条款。此外,目前的国际投资协定越来越多地涉及许多与国内法相关的实体条款和内容,它们强调透明度规则的建立、知识产权保护和公平的市场竞争环境等。这些条款对东道国国内营商环境的改善具有重要作用。

双边投资协定对共建21世纪海上丝绸之路的助推作用明显。中国对共建21世纪海上丝绸之路沿线国家在基础设施领域方面的投资,增加了需求并创造了劳动机会,从长期来看还提高了劳动生产率。[③] 但是,中国企业在共建21世纪海上丝绸之路沿线国家的投资,除了承担正常的商业风险以外,还需要承担东道国国内的政治风险,这是中国企业对共建21世纪海上丝绸之路沿线国家进行投资的主要障碍。BIT为中国在共建21世纪海上丝绸之路沿线国家的投资提供了保护,为受到侵害的海外投资企业提供了救济途径,并且能增加中国企业在共建21世纪海上丝绸之路沿线国家投资的信心,有利于助推共建21世纪海上丝绸之路倡议的整体建设,实现共建21世纪海上丝绸之路沿线国家经济的共同繁荣。BIT的功能并不仅仅是保护投资和投资者并平衡东道国和投资者之间的利益,还能承载许多与投资相关的发展目标和功能。可持续发展目标将有利于东道国经济和社会的协调发展,有关实体性条款能够助推东道国营造更好的营商环境。如果中国与共建21世纪海上丝绸之路沿线国家签订的BITs能够包含这些条款,那么将有利于共建21世纪海上丝绸之路沿线国家的国内法建设,实现经济、社会的整体发展。虽然BIT能够具备这些功能,但目前中国与共建21世纪海上丝绸之路沿线国家签订的BITs的主要功能仍然停留在保护投资者利益方面。

---

① 参见宗芳宇、路江涌、武长岐:《双边投资协定、制度环境和企业对外直接投资区位选择》,载《经济研究》2012年第5期。

② 参见张光:《论国际投资协定的可持续发展型改革》,载《法商研究》2017年第5期。

③ 参见盛斌、靳晨鑫:《"一带一路"倡议:引领全球包容性增长的新模式》,载《南开学报(哲学社会科学版)》2019年第6期。

二、共建21世纪海上丝绸之路双边投资协定的制度框架

20世纪八九十年代,中国处于对外开放的初期,在投资规则的构建方面缺乏经验。因此,总体而言,当时签订的BITs主要强调友好协作,缺乏规则意识。如今,随着中国经济实力不断增强,对外投资量也在不断增加,特别是近十年中国已经成为一个"双向投资大国"。2014年中国对外直接投资约1400亿美元,比中国利用外资规模高出200亿美元,中国在当年首次成了资本的净输出国。[①] 二三十年前签订的BITs存在诸多问题,已经无法适应中国在国际投资格局中的发展变化,无法满足共建21世纪海上丝绸之路的现实需要。

中国与共建21世纪海上丝绸之路沿线国家签订的BITs的主要内容包括投资和投资者定义条款、投资待遇条款、征收条款、汇回条款、缔约国之间争端解决条款以及缔约一方与缔约另一方投资者争端解决条款等。中国与不同国家签订的BITs在一些条款上存在细微的差异,主要体现在投资者定义条款、投资者待遇条款和投资者—国家争端解决(ISDS)条款上。

(一)投资者定义

中国与共建21世纪海上丝绸之路沿线国家签订的BITs中,绝大多数对投资者的性质没有作出明确的规定。一般来说,对于缔约国而言,具有该国国籍的自然人以及住所在其国内的经济组织都能够作为其签订的BIT项下的投资者。中国与共建21世纪海上丝绸之路沿线国家签订的BITs中,仅有3个明确了投资者的公有/私有性质。而且,中国与阿联酋和卡塔尔签订的BITs仅规定阿联酋和卡塔尔方面的投资者包括具有政府性质的组织。中国从事共建21世纪海上丝绸之路的企业中大多数是国有企业,而现行的BITs并没有对政府出资设立的国有企业能否受BITs保护作出明确规定。因此,国有企业的身份可能成为中国国有企业获得BITs保护的障碍。

(二)投资者待遇

投资待遇一般包括最惠国待遇(MFN)、国民待遇(NT)和公平公正待遇(FET)三个方面。中国与共建21世纪海上丝绸之路沿线国家签订的BITs一般都

---

① 参见王珂、于军:《我双向投资首次接近平衡》,载人民网,http://finance.people.com.cn/n/2015/0122/c1004-26427866.html。

规定了最惠国待遇和公平公正待遇,包含国民待遇的条款不多。如果外国投资企业能获得国民待遇,那么意味着外国企业能够在东道国获得较高水平的保护。但是目前已经规定了国民待遇的BITs也仅仅将国民待遇限制在准入后国民待遇的范围内,而没有将国民待遇扩大到外资准入前阶段。投资待遇的高低决定了BIT对投资的保护水平。因此,从投资待遇角度来看,中国与共建21世纪海上丝绸之路沿线国家签订的BITs的保护水平还有上升空间。

中国与共建21世纪海上丝绸之路沿线国家签订的双边投资协定具有特殊性。第一,中国与共建21世纪海上丝绸之路沿线国家签订的BITs的条款实际操作性不强。条款内容都比较简略,大部分条款都缺乏具体的规定。以投资和投资者定义为例,中国与共建21世纪海上丝绸之路沿线国家签订的大多数BITs仅明确符合东道国法律规定的财产能够获得保护,但是未规定哪些权益不是BITs项下的投资,也没有明确哪些主体不能成为BITs项下的合格投资者,也很少涉及国有企业身份问题。北京城建诉也门案件中,也门政府就针对北京城建的国有企业身份质疑其投资的性质。由于中国—也门BIT(1998年)①中的投资者定义并没有对国有企业的投资性质作出规定,最终经过国际投资争端解决中心(ICSID)仲裁庭的分析后,仲裁庭才承认了北京城建的投资是中国—也门BIT(1998年)项下的投资。第二,中国目前与共建21世纪海上丝绸之路沿线国家签订的BITs整体偏向于保护东道国的规制权,ISDS条款最能体现这一特点。首先,在争端解决方式上,绝大多数的BITs保留了东道国法院对于国际投资争端的审理权。其次,大多数BITs都将国际仲裁的适用范围限制在征收补偿款额上,其他争议事项无法通过国际投资仲裁解决,而是主要通过东道国国内争端解决程序予以解决,较大程度上保护了东道国的规制权。最后,从中国目前与共建21世纪海上丝绸之路沿线国家签订的BITs的投资待遇条款也能看出其偏向于保护东道国规制权。大多数的BITs都没有纳入国民待遇条款,这意味着BITs允许东道国针对外国投资企业制定差异性政策,东道国制定政策时享有较大的自主权,并不会受到BITs的约束。

三、共建21世纪海上丝绸之路双边投资协定的功能缺失

虽然中国与共建21世纪海上丝绸之路沿线国家基本上都签订了BITs,但是这些BITs都存在功能缺失的问题,主要体现在以下三个方面:保护投资的功能存在缺陷、可持续发展功能的缺位与改善东道国营商环境的功能缺失。

---

① 参见中国—也门BIT(1998年)第1条。

（一）保护投资的功能存在缺陷

一般来说，BIT的投资者定义条款规定了哪些主体的投资能成为BIT项下的合格投资。目前，中国与共建21世纪海上丝绸之路沿线国家签订的BITs中大多数将投资者定义表述为“住所在国内的经济组织”。这个定义非常模糊，没有明确国有企业能否成为BITs项下的合格投资者。中国—卡塔尔BIT（1994年）与中国—阿联酋BIT（1993年）仅规定了卡塔尔政府以及卡塔尔公共、半公共实体和阿联酋政府能够成为BITs项下的合格投资者，而未对中国的国有企业作出具体规定。[①] 如果BIT不明确国有企业能否成为合格投资者，那么一旦国有企业与东道国发生争端，仲裁庭就需要认定国有企业的投资者身份。在实践中，ICSID会采用Broches标准来判断一项投资是否为BIT项下的投资。Broches标准主要从两个方面进行考察：一是该企业是否有作为政府代理人的意图；二是该投资行为是否履行了政府职能。前者主要看政府是否对该企业实行了控制，后者主要看该企业行为是商业行为还是政府行为。[②] 如果政府实际控制相关实体，或者企业行为履行政府职能，那么仲裁庭就应否定国有企业作为投资者的资格。在涉及中国企业的北京城建诉也门案件中，仲裁庭就运用Broches标准对中国的国有企业北京城建的主体地位进行了认定。[③] 最终的结果认定，北京城建并不是国家的代理人，也未履行政府职能。所以，北京城建在也门的投资能够得到中国—也门BIT（1998年）的保护。如果中国—也门BIT（1998年）明确表示无论是私人或政府拥有的企业都能成为合格投资者，那么在操作层面上会减少败诉的风险。

中国对共建21世纪海上丝绸之路沿线国家投资的企业以国有企业为主，中国与共建21世纪海上丝绸之路沿线国家的BITs中国有企业条款比较模糊。因此，一旦发生争议，就需要检验国有企业的投资者身份，导致国有企业耗费大量精力提供材料以证明其合格投资者身份。同时，如果国有企业未能被认定为BITs项下的合格投资者，那么国有企业则无法通过BITs获得救济，或将直接面临巨额财产损失。因此，目前BITs中模糊的投资者定义条款严重影响了BITs在保护国有企业对外投资方面的功能。中国早期签订的BITs在投资待遇方面主要规定了公平公正待遇和最惠国待遇，但是较少涉及国民待遇。国民待遇条款是BIT的核心

① 参见中国—卡塔尔BIT（1994年）第2条、中国—阿联酋BIT（1993年）第1条第2款。

② 参见梁一新：《论国有企业在ICSID的仲裁申请资格》，载《法学杂志》2017年第10期。

③ *Beijing Urban Construction Group Co. Ltd. v. Republic of Yemen*, ICSID Case No. ARB/14/30, Decision on Jurisdiction.

条款,它要求东道国政府在相似的情况下给予外国投资者不低于本国投资者待遇。[①] 1986年中国—英国BIT开始加入了国民待遇条款,但是之后的BITs涉及国民待遇的条款较少,一直到2000年前后签订的BITs才又包含了国民待遇条款,之后的BITs基本上都包含了国民待遇条款。[②] 目前中国与共建21世纪海上丝绸之路沿线国家签订的BITs中,虽然部分BITs已经包含国民待遇条款,但是其国民待遇仅仅属于准入后国民待遇。《中华人民共和国外商投资法》于2020年1月1日生效,明确了外商投资的准入管理制度,随着逐案审批外商投资的准入管理旧模式逐渐退出历史舞台,准入前国民待遇加负面清单管理模式已正式确立。[③] 为了构建更加公平合理的营商环境,给外国投资提供更加充分的保护,同时为了实现BITs与《中华人民共和国外商投资法》的统一,中国有必要在BITs中落实准入前国民待遇。综上所述,投资者定义的模糊性和准入前国民待遇的缺位,是中国与共建"21世纪海上丝绸之路"沿线国家签订的BITs在保护投资功能方面存在缺陷的主要原因。

(二)可持续发展功能的缺位

2015年,联合国可持续发展峰会通过了17个可持续发展目标,其主要目的是实现社会、经济和环境的协调可持续发展。[④] BIT的可持续发展功能主要体现在实现缔约国双方的互利共赢和可持续发展,促进投资的同时不能牺牲劳工权益和环境利益等。同时,可持续发展也强调东道国和投资者利益的平衡,在保护投资者利益的同时,不能损害东道国的公共利益。可持续发展目标的内容是结合环境利益、劳工权益、人民健康、公共卫生与安全等一系列权利的集合体,最终目的是实现经济的包容性增长,并能够对社会和环境产生有利影响。[⑤] 联合国贸易和发展会议在投资方面也强调国际投资规则的签订需要符合可持续发展目标,明确BIT不能限制政府出于保护公共利益目的而实施监管的权力,同时鼓励企业承担

---

① 参见盛斌、段然:《TPP投资新规则与中美双边投资协定谈判》,载《国际经济评论》2016年第5期。

② 参见王鹏:《国际投资协定的权力结构分析》,法律出版社2019年版。

③ 参见陈咏梅、何圳申:《中国外商投资法的变革及其与国际协定的协调》,载《国际商务研究》2019年第6期。

④ *United Nations Department of Economic and Social Affairs*, "UN Sustainable Development Goals", https://sdgs.un.org/goals [2021-02-28].

⑤ 参见曾华群:《"可持续发展的投资政策框架"与我国的对策》,载《厦门大学学报(哲学社会科学版)》2013年第6期。

社会责任。

BIT所承载的功能不仅是保护和促进投资,还能促进缔约国双方可持续的经济社会协同发展。BIT虽然只是对与投资相关的活动作出安排,但是在环境保护、公共卫生与健康方面也可以发挥一定作用。在保护环境方面,纳入可持续发展条款可以促使环境问题成为企业投资的必要考虑因素,从而减少以牺牲环境为代价的盈利模式,还能在一定程度上推动投资者在环保方面的技术升级,实现可持续发展。在公共卫生与健康方面,纳入可持续发展条款能够促使东道国具备充分应对公共卫生事件的能力,以维护东道国国民的健康。在劳工保护方面,纳入可持续发展条款有助于东道国重视劳动者权益保护,也能让投资者承担更多的社会责任。①

目前,国际上的投资协定,已经逐步纳入了可持续发展条款。美国在2012年BIT范本中,就显著提高了环境和劳工标准,将之前范本中“尽最大努力去执行东道国环境和劳工标准”的表述转化为投资者的正式义务,并且重申了东道国环境和劳工政策对于可持续发展的意义。② 除了美国,欧盟在对外签订投资协定的过程中也十分强调可持续发展的意义。目前,中国与欧盟已经完成《中欧全面投资协定》(以下简称中欧CAI)的谈判,可持续发展议题是其中重要的内容。中国承诺在吸引外资过程中不降低劳工和环境保护标准,也不会使用劳工和环境标准来达到保护主义的目的。

综观中国与共建21世纪海上丝绸之路沿线国家签订的BITs,并不是所有的BITs都规定了可持续发展的目标。早期的BITs在序言部分大多没有明确“可持续发展”或者相关字眼,序言一般只强调保护和促进投资以及促进两国经济繁荣,例如中国—马来西亚BIT(1988年)、中国—泰国BIT(1985年)、中国—亚美尼亚BIT(1992年)等。只有在中国—新加坡BIT(1985年)中提及尊重东道国“为保护公众健康或为预防动、植物的病虫害”③而采取措施的权利。随着经济发展,中国逐渐重视BIT中的可持续发展条款,但中国与共建21世纪海上丝绸之路沿线国家签订的BITs中仅2011年重新签订的中国—乌兹别克斯坦BIT(2011年)的序言部分明确协定旨在促进两国经济可持续发展,并指出应当在平等互利的基础上促

---

① 参见陶立峰:《〈可持续发展投资政策框架〉述评及其对我国的借鉴》,载《国际贸易法论丛》2014年第5卷。

② 参见漆彤、余茜:《从新自由主义到嵌入式自由主义——论晚近国际投资法的范式转移》,载《国际关系与国际法学刊》2014年第4卷。

③ 中国—新加坡BIT(1985年)第11条。

进两国共同繁荣。[①] 可见，中国与共建21世纪海上丝绸之路沿线国家签订的BITs缺少可持续发展条款。这会导致BIT无法规制东道国为了吸引外资而采取的降低环境、劳工以及公共福利标准的行为，也无法激励投资者承担实现可持续发展的责任，东道国合理的以实现经济社会的可持续发展为目的的措施也会遭受抑制，不利于东道国经济与社会的可持续发展，也严重影响中国与共建21世纪海上丝绸之路沿线国家未来的整体发展。

（三）改善东道国营商环境的功能缺失

中国与共建21世纪海上丝绸之路沿线国家签订的BITs已经较长时间未被更新，但国际投资规则却随着国际投资环境的变化而有所改变。目前，发达国家主导的国际投资协定已经实现了升级，主要呈现在CPTPP以及美国2012年BIT范本等经贸协定中。这些经贸协定中的投资规则都呈现出高标准的特征：进一步强调透明度规则、强调投资规则对于知识产权的保护、强调竞争中立并设置国有企业条款等。这些条款主要针对东道国的国内政策，条款的实施有利于改善东道国的整体营商环境。

透明度规则在促进投资自由化方面发挥了重要作用，也在越来越多的经贸规则中得以体现。提高规则的透明度有利于保护投资者的权益，也能促使东道国的营商环境朝着更加公平合理的方向发展。美国2012年BIT范本进一步强调了公众参与立法对提高透明度的意义，突出了公众参与和提高透明度之间的联系。[②] 透明度规则不仅对东道国提出要求，还增加了投资者的义务，即投资者需要及时披露相关信息，东道国也有权收集投资者的相关信息。竞争中立是指市场参与者能够在市场中自由竞争，不会受到市场以外的其他因素的干扰。[③] 竞争中立条款被列入投资协定，主要是为了保证国有企业和非国有企业之间能够实现公平竞争。随着经济全球化的不断深入，知识产权问题不仅在国际贸易中受到重视，在国际投资中也日益受到关注。CPTPP中知识产权保护水平就远高于WTO项下《与贸易有关的知识产权协定》（TRIPs）对知识产权的保护，CPTPP中知识产权保护强化了在著作权、商标权和专利权等方面的要求，保护客体范围扩大，保护起点

---

① 参见中国—乌兹别克斯坦BIT（2011年）序言。

② 参见叶楠：《论美国投资条约中的透明度规则及其对我国的启示》，载《北京工商大学学报（社会科学版）》2013年第6期。

③ 参见刘笋、许皓：《竞争中立的规则及其引入》，载《政法论丛》2018年第5期。

也有所降低。[①] USMCA在知识产权保护方面有较高的要求：延长了生物制药的保护期限、扩大了生物制药的保护范围、扩大了可注册商标的客体，并且加强了地理标志保护，还规定了全面的商业秘密保护规则。[②]

BIT中透明度条款、竞争中立条款、知识产权条款等对东道国的国内法提出要求，使BIT具备了改善东道国营商环境的功能。对于投资者来说，透明度条款能够使投资者更加明晰东道国投资法律的变动，从而合理地调整自己的投资策略，减少因政策变动带来的投资损失。竞争中立条款要求东道国为投资者营造公平竞争的营商环境，国有企业不能因为其国有身份而获得优势的竞争地位。健全的知识产权条款能够使外国投资者的知识产权得到充分的保护。这些改善东道国营商环境的条款虽然在一定程度上限制了东道国的规制权，但有助于改善东道国整体的营商环境，促使东道国吸引更多的外国投资，最终形成双赢的局面。

如今，中国经济发展水平大幅上升，中国大量企业"走出去"，BITs缺乏改善营商环境的条款，不利于中国企业在东道国的生产经营。另外，中国不断深化改革开放，经济社会的发展也要求中国重视国内营商环境的改善。国有企业改革、知识产权保护以及透明度等诸多问题受到了高度重视。BITs中改善东道国营商环境的条款能够给国内政策的改革形成外部压力，打破国内体制改革的"瓶颈"。

四、共建21世纪海上丝绸之路双边投资协定的范式构建

（一）BIT范式的内在价值

美国哲学家托马斯·库恩（Thomas S. Kuhn）最早用"范式"一词表明科学家的共同信念。库恩界定了"范式"的两类用法：综合的用法和局部的用法。局部的用法指的就是各种类型的范例，而综合的用法将范式界定为科学共同体接受的科学实践，规定了共同体研究的问题。[③] 也就是说，范式包括两个组成部分：第一，某一学科共同体的所有成员在某一特定时期都能接受的一系列基本的理论假设；第二，上述理论假设解决了的并出现在相关学科教科书上的一系列"范例"或特定的

---

① 参见易继明、初萌：《后TRIPS时代知识产权国际保护的新发展及我国的应对》，载《知识产权》2020年第2期。

② 参见白洁、苏庆义：《〈美墨加协定〉：特征、影响及中国应对》，载《国际经济评论》2020年第6期。

③ 参见[美]托马斯·库恩：《科学革命的结构》，金吾伦、胡新和译，北京大学出版社2012年版，第94~98页。

科学命题。[①] 范式是抽象概念和具象概念的集合，既包括了能够不断被复制的价值内核，也能够作为参照样本。

从抽象概念来看，BIT 范式能为 BIT 的理论研究和实践确定选择问题的标准。范式为研究者们提供了认识和研究该领域内问题的理论模型，也为研究者们提供了基本的研究方法，研究者们在他们所承认的范式里对问题进行研究。当范式被该领域研究者视作理所应当时，这些问题就能被认为是有解的问题，但范式并不能给所有问题提供现成的答案，而是引导研究者们去解决问题并发现新的问题。[②] 换言之，BIT 范式的构建能够集聚相关问题，并根据现实需求寻找合适的答案，从而引导 BIT 研究的整体进步。同时，范式也在不断发展变化。在国际投资法领域，BIT 从 20 世纪八九十年代新自由主义主导的范式逐渐发展到"嵌入式自由主义"的范式。[③] 范式的发展变化促使 BIT 的主要目标从传统的促进投资自由化和保护外国投资者，转变为注重平衡投资者利益和东道国利益，并且尊重东道国的公共政策规制权。

从国别角度来看，基于不同国情，不同国家对外签订 BIT 时关注的问题有所不同，故有不同的范式构建。作为当今世界最大的对外投资国，美国 BIT 范式以保护美国私人对外投资为主要目的。[④] 美国 BIT 关注前沿问题，例如，透明度、环境和劳工问题、金融服务等，同时鉴于与中国在经济贸易上的竞争关系，美国也关注竞争中立和国有企业问题。[⑤] 欧盟 BIT 范式除了关注投资自由化和便利化以外，还关注公共健康、环境保护、劳工权利、文化多样性等问题。[⑥] 此外，欧盟还大力推进 ISDS 改革。发展中国家也有 BIT 范式，以巴西为例，为了平衡投资者和东道国之间的利益，巴西开创了投资合作与便利化协定模式。该模式关注的问题与美国、欧盟有所不同，并抛弃了传统的 ISDS 模式，通过设立联合委员会来监督协定的实施，防止争端并友好地解决可能存在的分歧。[⑦]

---

① 参见[英]萨米尔·奥卡莎：《科学哲学》，韩广忠译，南京译林出版社 2013 年版。

② 参见刘彬：《全球规则重构背景下中国自贸协定范式论纲——托马斯·库恩经典理论的视角借鉴》，载《国际关系与国际法学刊》2017 年第 7 卷。

③ 参见漆彤、余茜：《从新自由主义到嵌入式自由主义——论晚近国际投资法的范式转移》，载《国际关系与国际法学刊》2014 年第 4 卷。

④ 参见单文华、张生：《美国投资条约新范本及其可接受性问题研究》，载《现代法学》2013 年第 5 期。

⑤ 参见黄洁：《美国双边投资新规则及其对中国的启示》，载《环球法律评论》2013 年第 4 期。

⑥ 参见董静然：《欧盟国际投资规则的源与流》，载《上海对外经贸大学学报》2020 年第 2 期。

⑦ 参见王彦志、王菲：《后危机时代国际投资全球治理的变迁：趋势、影响与成因》，载《国际关系与国际法学刊》2015 年第 5 期。

从范式的具象概念上看,BIT范式与BIT范本在一定程度上重合。在国际投资法领域内BIT范本经常被提及。国际投资大国大多都有BIT范本:2012年美国更新了BIT范本,2015年印度建立了BIT范本,2010年中国曾出台BIT范本草案。“范本”是可以被作为模范进行临摹的样本,是一个具体的实物。而前文提到,范式除了抽象的综合的用法,也可指各种类型的范例的具象的用法。具象的BIT范式是能够被学习的BIT范例,与作为临摹样本的BIT范本在一定程度上重合。因此,后文中提到的中国BIT范式构建,既从抽象意义上归纳中国BIT所需要解决和回答的问题,也在一定程度上落脚到具体的条款设置上。

(二)共建21世纪海上丝绸之路与中国BIT范式构建

中国已经成为对外投资和吸引外资的“双向投资大国”。BIT对于完善中国的投资环境而言具有双重意义:一方面,作为对外投资的投资者母国;中国需要提高BIT条款标准来提升BIT保护中国企业海外投资的水平;另一方面,作为吸引外资的东道国,中国也需要更加规范地管理外资,以形成良好的营商环境。因此,中国应当改变20世纪八九十年代签订BIT时的保守态度,以更加积极的态度推进投资自由化。在具体制定BIT规则时,中国应当以利益平衡理念和可持续发展原则为指导,充分考虑“双向投资大国”的特殊身份,兼顾投资者利益和东道国利益的保护。2013年中国提出共建21世纪海上丝绸之路倡议后,进一步扩大了对外投资规模。基于共建21世纪海上丝绸之路,中国需要从投资大国的角度构建BIT范式。

中国构建BIT范式具有重要的战略意义。首先,构建BIT范式能够明确中国BIT的价值导向,即立足“双向投资大国”的实际,充分发挥BIT保护投资、实现可持续发展和改善东道国营商环境的功能,实现不同BITs内在价值导向的统一。其次,构建中国BIT范式能够助推共建21世纪海上丝绸之路法律体系建设。由于中国与共建21世纪海上丝绸之路沿线国家签订的BITs过于陈旧、无法适应如今投资实践需求,所以修改或者重新签订BIT乃大势所趋。构建BIT范式不仅能够降低谈判成本、提高效率,大大节省企业了解不同BIT规定的成本,还能促进在共建21世纪海上丝绸之路沿线范围内形成一致的投资规则,提高BIT的适用性和稳定性。再次,构建中国BIT范式能够实现中国投资法律体系的整体变革。BIT范式的构建能够促进中国对外签订的BIT纳入最新的投资法律条款,例如BIT范式可以纳入中欧CAI中已经达成的准入前国民待遇加负面清单的投资管理模式、可持续发展条款、透明度条款等。随后,再通过BIT范式扩展到未来中国修订和新谈判的BIT文本中,以推动中国投资法律体系的变革。最后,构建中国BIT范式能够为中国在国际投资规则体系中谋求话语权。中国构建BIT范式意味着中国投资规则体系更加完备,能够为国际投资规则体系的建设提供中国的实践经验,并对国际投资规则产生重要影响。

由于范式包含了抽象概念和具象概念两部分,所以,构建中国BIT范式也需要从抽象和具象两方面入手。一方面,需要构建抽象化的中国BIT范式,即厘清中国BIT的基本前提和价值导向。中国目前是一个对外投资和吸引外资体量都很庞大的"双向投资大国",因此,对BIT进行研究,或者国家签订或修改BIT都需要立足于这个基本点。中国BIT的价值导向应该从其功能发掘的角度入手,以充分发挥BIT在保护投资、实现东道国可持续发展和改善东道国营商环境方面的功能,从而使BIT不仅在保护投资者和尊重东道国规制权方面实现平衡,也在经济发展与环境保护、公民健康保护方面实现平衡,还在尊重东道国公共利益和改善东道国营商环境方面实现平衡。另一方面,需要构建具象化的中国BIT范式,即能够具体指导中国未来签订BIT的范例和样本。具体而言,可以通过构建中国BIT范本来达成构建中国BIT范式的目标,将抽象意义上中国BIT范式置于具象化的中国BIT范本中,成为中国与其他国家进行BIT谈判时的参照。在成型的中国BIT范本的基础上,可以再次抽象中国BIT范式中的新问题,由此实现中国BIT范式与BIT范本的相辅相成。

(三)中国BIT范式的核心内容

构建中国BIT范式,也就是对中国BIT相关问题进行规范意义上的建构和统一。从抽象意义上讲就是归纳中国BIT需要解决的问题,从具象意义上讲就是明确中国BIT范式需要重点改进的条款。具体关注以下几个条款。

1. 投资者定义条款

国有企业的合格投资者身份问题是中国BIT范式构建中不可回避的问题。目前,中国对外签订的绝大多数BITs没有在投资者定义条款中明确国有企业是否为BITs项下的合格投资者。由于国有企业在对外投资中占有较大比重,国有企业的身份可能影响其海外利益保护,所以,中国新近签订的BITs开始强调国有企业的合格投资者身份。《中日韩关于促进、便利及保护投资协定》(2012年)、中国—坦桑尼亚BIT(2013年)以及中国—乌兹别克斯坦BIT(2011年)中的投资者定义条款表述为“不论是否由私人或政府所拥有或控制”①,《区域全面经济伙伴关系协定》(2020年)中投资者定义为“无论属于私营或政府所有”②。虽然中国新近签订的BITs强调了投资者“无论属于私营或政府所有”都是合格投资者,但中国BIT范式中对于国有企业的合格投资者身份问题应从“行为”的角度出发,规范国有企业的投资行为。国有企业的国有身份不是重点,而是看国有企业在对外投资中是否有政府代理人的意图以及是否履行了政府职能。在中国BIT范式构建中应该明确只要国有企业没有履行政府职能的意图和行为,即符合Broches标准,那么BIT就应该承认国有企业的合格投资者身份。同时,中国国有企业在对外投资中也需要结合Broches标准进行改革,建立以市场为基础的现代公司法人治理机制,使国有企业的对外投资行为与政府行为脱钩。

2. 可持续发展条款

将可持续发展目标写入BIT范式的序言。序言作为条约的总纲,体现了条约的宗旨。在序言中明确可持续发展目标,强调缔约国双方在促进投资的同时需要实现经济、社会、环境的协调发展。例如,中国—坦桑尼亚BIT(2013年)明确目标之一为“促进经济健康稳定和可持续发展”,中国—加拿大BIT(2012年)指出“需要依据可持续发展原则促进投资”③。还可以在序言部分强调对外投资应当关注与可持续发展相关的目标,明确保护健康、环境以及劳工权益的目的。

在可持续发展的具体条款方面,主要有两种方式。第一种方式是中国—坦桑尼亚BIT(2013年)中的模式,即单列条款规定可持续发展事项。中国—坦桑尼亚BIT(2013年)第10条规定了缔约国不得贬损国内的健康、安全或者环境来鼓励投资,并且不能“以专断或不合理的方式采取有关措施”,也不能“构成对国际投资的变相限制”。④ 第二种方式是通过构建一般例外的方式来规定与国际投资相关的可持续发展事项。中国—加拿大BIT(2012年)第33条规定了国际投资的一般例外情况,明确只要不以武断或不合理之方式适用相关措施,或不构成对国际贸易或投资的变相限制,BIT中的规定不能阻止缔约方采取保护人类、动物或植物生命或健康所必要的措施。⑤

① 参见《中日韩关于促进、便利及保护投资协定》(2012年)第1条第4款,中国—坦桑尼亚BIT(2013年)第1条第2款第2项,中国—乌兹别克斯坦BIT(2011年)第1条第2款第2项。

② 参见《区域全面经济伙伴关系协定》(2020年)第十章第1条第6款。

③ 参见中国—坦桑尼亚BIT(2013年)序言、中国—加拿大BIT(2012年)序言。

④ 参见中国—坦桑尼亚BIT(2013年)第10条。

⑤ 参见中国—加拿大BIT(2012年)第33条第2款。

目前,尊重东道国基于公共利益和可持续发展目标对外资进行规范的权力已经是BIT发展的整体趋势,但同时需要对东道国的规制权作出合理的规范和限制。首先,需要明确可持续发展条款的实施以实现公共利益为目的,并且符合相关规定。其次,可持续发展条款的实施应当是非歧视的。最后,可持续发展条款不得被扩大解释或者滥用而损害投资者利益,更不能以可持续发展条款为名进行间接征收。

3. 改善东道国营商环境条款

中国不断推进改革开放需要BIT纳入改善东道国营商环境的条款。目前,完成谈判的中欧CAI已经纳入透明度、竞争中立等条款,为中国BIT范式的构建作了很好的示范。中国在中欧CAI中承诺为欧盟企业提供更加公平的竞争环境,规范国有企业行为,使其根据商业考虑采取行动,而不歧视购买和销售其他商品或者服务。而且,中欧CAI还进一步要求中国提高政策的透明度、可预测性和公平性。由此可见,中欧CAI已经在改善东道国营商环境的条款上作出了规定,中国BIT范式在构建过程中也需要纳入这些规定来实现中国整体投资规则体系的统一。具体而言,在改善东道国营商环境的条款设置上应该积极开拓,可以考虑鼓励在中国自贸港、自贸区先行先试投资新议题的相关规则,为投资规则的更新积累经验。但是,受到中国经济发展现实情况的限制,也不宜超出经济发展可以承受的范围。在知识产权领域,在履行TRIPs规则义务的基础上,不断完善知识产权保护规则体系并增强执行力度,为中外投资者营造便利、稳定、安全的投资环境。

4. 国民待遇条款

虽然我国在《中华人民共和国外商投资法》中已经确立了准入前国民待遇加负面清单管理模式,但是在对外签订的BITs中绝大多数却没有将投资待遇扩大到准入前阶段。因此,为了促使国际条约和国内投资法律制度的衔接,在制定中国BIT范式的过程中应该明确包含准入前国民待遇加负面清单的外资管理模式。中欧CAI已经完成谈判,中国明确在市场准入方面采取准入前国民待遇加负面清单模式。这标志中国在市场准入和国民待遇方面又向前迈了一大步,有足够的能力在更多的BITs中适用准入前国民待遇加负面清单模式。综上,无论基于《中华人民共和国外商投资法》的现实需要,还是中欧CAI已经确立的标准,中国在BIT范式的构建中都需要明确国民待遇标准并将其扩大到外资准入前阶段。一方面,可以实现BIT与《中华人民共和国外商投资法》的衔接,给予外资更加便利透明的投资环境;另一方面,中国对外投资的企业也能够根据BIT的准入前国民待遇条款享受更加便利的投资政策。

中国与共建21世纪海上丝绸之路沿线国家的BITs大多签订于20世纪八九十年代,呈现出实际操作性不强和倾向于保护东道国规制权的特点,在投资保护、促进可持续发展、改善东道国营商环境和投资者—国家争端解决等四个方面存在功能缺失的问题。随着中国经济的快速发展,中国已经成为"双向投资大国"。为解决现行BITs中存在的问题,也促使中国BITs适应中国"双向投资大国"的现实需要,需要尽快构建中国BIT范式,即明确中国BIT范式的基本前提和价值导向,并在具体条款中补充和完善其在投资保护、促进可持续发展、改善东道国营商环境和改进ISDS等方面的功能。综上,中国BIT范式构建能够加快共建21世纪海上丝绸之路沿线国家法治营商环境建设,为运用法治手段共建21世纪海上丝绸之路贡献智慧和力量。

第五节　共建21世纪海上丝绸之路国际投资法治的非政府性障碍

共建21世纪海上丝绸之路投资的非政府性障碍逐步显现。2014年11月,迫于国内压力,墨西哥总统培尼亚·涅托宣布取消由中国铁建公司牵头中标的墨西哥城至克雷塔罗的高速铁路项目(以下简称墨西哥高铁项目)。在该项目被取消前,墨西哥通讯与交通部部长埃斯帕扎公开强调该招标程序符合法律要求。该情形并非个例。2011年9月,根据当地民众的意愿,缅甸政府表示在本届政府任内搁置兴建伊洛瓦底江密松水电站项目(以下简称密松水电站项目)。根据中缅政府签署的《关于合作开辟缅甸水电资本的框架协定》,密松水电站由中国电力投资集团以BOT模式投资建立。自从密松水电站开工建设以来,当地民众、非政府组织的抗议活动持续不断,迫于压力,缅甸政府紧急叫停密松水电站建设。除此之外,还有多起事件发生,如柬埔寨暂停中国公司承建的西南部地区水坝工程,缅甸北部蒙育瓦镇当地人抗议中缅合资的莱比塘铜矿,厄瓜多尔当地民众抗议中资矿业公司的商业行为,以上事件的发生与发酵已然构成企业新型的海外投资障碍。上述类型的海外投资障碍可被归为"非政府性障碍"。

"非政府性障碍",是指除当地法律政策规定与政府管制外的其他投资障碍,主要是由于超越法律之上的原因,东道国公民或非政府组织排斥、反对外国企业投资与运营的现象。例如,中国电力投资集团受到缅甸政府的欢迎和邀请而投资密松水电站项目,但当地民众和非政府组织对投资企业、东道国投资事项等产生强烈的不安心理，进而通过抗议等方式迫使缅甸政府主动违约，以尊重国内的“民意”。与传统的贸易保护主义、民族企业利益诉求、国家安全等东道国政府对投资者施加的投资障碍不同，近期企业在发展中国家投资的障碍主要源于企业与当地民众及非政府组织之间的紧张和矛盾关系，这是典型的非政府因素。鉴于此，有必要以近期企业海外投资遭遇的非政府性障碍分析为出发点，探寻企业遭受非政府性障碍的主要成因，批判性地借鉴投资母国防范企业非政府性障碍风险的国际经验，最终提出保障海外投资者合法利益的应对之策。

一、海外投资非政府性障碍的表现形式

海外投资对21世纪海上丝绸之路沿线各国经济发展具有重要的支撑作用，自进入21世纪以来，企业积极主动地开展对外投资活动。2018年，我国对外直接投资额就高达1298.3亿美元，其中，绝大多数流向发展中国家。然而，在海外投资蓬勃发展的同时，企业遭遇当地民众抗议的情形不时发生。根据当前的客观实践，造成非政府性投资障碍的表现形式主要有以下五种：

（一）环境问题引发的非政府性障碍

环境保护的中心价值要求尽可能地减少使用自然资源，特别是不可再生资源。自然资源开发具有高收益、环境敏感和经济利益冲突等特点，甚至在一些非洲国家，自然资源还曾引发国内战争或武装冲突。自2010年7月起，中国已经成为全球最大的能源消耗国。相应地，中国经济对原材料需求旺盛，众多企业在世界范围内以获取资源为目的寻找合适的厂址，其所获资源多数直接服务于我国经济发展。中国投资者在发展中国家遭遇的抗议也集中反映在能源投资领域。具言之，遭抗议的投资领域主要分布在水利工程、采矿业、制造业和基础工程建设等行业。部分东道国民众认定企业开采资源的行为是为了转嫁污染和环境治理成本，并对当地的生态环境构成威胁。环境保护威胁是引发企业非政府性障碍的主要形式。

（二）劳工关系引发的非政府性障碍

由于劳工制度间存在差异，企业在海外投资中不擅长应对和解决海外投资中的劳工问题。因此，劳工关系在一定程度上加剧了企业与东道国当地民众间的矛盾。少数企业与当地劳动者之间的劳动争议时有发生，容易导致群体性行为，如罢工、游行等。在实践中，简单的劳工纠纷时常演变为具有巨大影响的抗议事件。

（三）文化冲突引发的非政府性障碍

文化差异向来被视为投资领域法律外障碍的重要因素。由于语言障碍，海外投资者鲜少能全面了解东道国的文化传统。

（四）当地“经济贡献”引发的非政府性障碍

由于投资活动的跨国性以及设立企业的形式各异，当地民众对他国投资者的认同感普遍较低。若投资企业未能有力地推动地方经济发展，促进当地居民的就业，在贸易保护主义思想的鼓动下，民众经常会认为外国投资者抢夺本国资源，外国人抢占本国人的工作岗位。外国投资者对发展中国家的投资多是从事能源开发和基础建设工程承包等项目，主要输出资本和技术，属于资源密集型和资本密集型产业。由于产业特性，当地民众的从业人员覆盖面较窄。同时，在海外投资中，企业多组成国内项目团，由多家国内企业共同控股，而较少与当地企业进行联合。

二、企业海外投资非政府性障碍的成因

近期企业所遭遇的投资困境主要表现为超越法律的非政府性障碍，虽然企业的投资事项符合东道国政府的实体性和程序性法律规定，但是海外投资者投资的企业时常忽略与东道国当地民众的交流和沟通，忽视当地民族文化以及民意诉求。然而，在错综复杂的政治冲突外，东道国的投资环境、投资母国的监管模式以及投资者的自利驱动也是非政府性障碍存在的原因，并成了东道国国内外政治势力阻碍企业投资的“正当”借口。

（一）东道国政府宽松的投资环境

共建21世纪海上丝绸之路对外投资主要流向地为拉丁美洲、非洲和东南亚等地区，其经济水平不高，且面临维护民族独立、发展经济的艰巨任务。由于面临多重压力，环境保护往往不是当地政府的首要任务，即使存在环境保护相关立法，也在执行和监管力度方面有待提高。因此，东道国投资环境趋于宽松，具体体现为环境标准较低、薪资水平不高、政府疏于监管等方面。在特定情况下，东道国政府还倾向于降低本国环境、劳工等标准以吸引外商投资。另外，东道国政府的行政权力却往往较大，政府能够对国内经济、行政事项进行直接干预，外商投资审批很少有公开听证、公众参与等正当行政程序要求。

为吸引外资,东道国规定的环境保护、劳工标准相对宽松,甚至还向外国投资者提供"超国民待遇",如企业税收减免等。然而,在国内民众抗议事件发生后,东道国政府却不能有效履约,甚至不能承担保护外国投资者和投资财产安全的国家责任。东道国政府的投资优惠与事后违约相辅相成,是非政府性障碍产生的直接动因。

(二)投资母国管制责任的缺位

投资母国对海外投资企业享有一定的管辖权。与管辖权相对应,投资母国对本国企业的域外行为负有国际法层面的母国管制责任。联合国贸易与发展委员会曾专门建议在双边投资条约中增加投资母国义务的规定。

在现有法律体系下,部分国家尚未承担起应有的母国监管责任。例如,虽然中国将企业社会责任写入新修订的《中华人民共和国公司法》,然而其无法规制对外投资的企业。截至目前,我国并没有一部系统的对外投资法,也没有完整的对外投资法律制度,监管海外投资企业的规定散见于零星的规范性文件和政策性文件中。以国务院国有资产监督管理委员会(以下简称国资委)的指导意见为例,2008年1月,国资委发布了《关于中央企业履行社会责任的指导意见》,该意见指出我国中央企业负有如下责任:坚持守法经营诚实守信;不断提高持续盈利能力;切实提高产品质量和服务水平;加强资源节约和环境保护;推进自主创新和技术进步;保障生产安全;维持职工合法权益;参与社会公益事业。该指导意见对中央企业对外投资也有指导意义,然而,该指导意见并没有法律效力,性质为倡导式的企业自愿宣言。

显然,由于投资者母国并未承担起对投资企业域外行为的监管责任,在东道国政府投资环境宽松的前提下,若投资母国不能对企业实施严格的要求,以利润最大化为目标的企业往往为降低运营成本,损害当地劳工关系、破坏生态环境,进而引发当地民众与企业的冲突。

(三)海外投资企业社会责任的缺失

近年来,随着跨国公司数量的增加,企业社会责任问题越发受到关注。通过将企业视为"公民",作为"拟制人"的企业应承担服务社会的功能。然而,在实践中,企业经营者对经济责任、法律责任的认同仍高于伦理责任和慈善责任,海外投资企业也未能全面参与到当地社会的发展进程中。大体而言,企业能够自觉以东道国的法制水平规范投资行为,但是,与当地企业相比,外商投资企业的社会责任感偏低,更何况企业习惯于“单打独斗”,甚至不了解东道国的风俗与习惯。由于文化差异、语言障碍和行业的特殊性,企业及其中国籍员工与东道国当地民众接触较少。例如,在非洲国家,当地居民指出,相比于西方国家企业的行为,企业社会责任并不是中国投资企业商业计划的内容之一;同时,企业鲜少参与社区事务或者当地社会活动,更没有公开或讨论环境保护和人权措施。

广义的企业社会责任包含企业透明度的要求。透明度原则的内涵要求利益攸关方能够获得与其利益相关的重要程序、计划和行为的信息,而不仅限于程序或计划的制定者和执行者。目前,国际人权保护组织积极推动跨国企业透明度建设。在我国对外投资中,企业的透明度问题比较突出。由于信息不对称,当地民众可能产生对企业环保标准、劳工标准的疑虑,进而迫使投资项目下马。当然,透明度要求不仅体现在企业运营过程中,在企业先期筹备阶段,而且对环境影响的分析、预测、评估和结果公布过程也应体现透明度。

近期企业海外投资屡遭当地民众和非政府组织的抗议,归根结底,成因主要体现在企业与当地民众的关系上。具而言之,企业的行为违背了当地民众的预期,企业与非政府组织、当地民众本为“荣辱与共”的关系才逐步恶化。

三、投资母国消除海外企业非政府性障碍风险的国际经验

企业面临的非政府性障碍或可直接归因于东道国政府的违约行为,然而,单独依靠东道国行政和司法救济无法消除企业面临的非政府性障碍的风险,更无法确保未来的企业不再面临相似的尴尬处境。从本质而言,处理企业海外投资的非政府性障碍不能仅依靠东道国政府,而是应该从投资母国的角度考察防范和化解企业非政府性障碍风险的方式。

(一)投资协定约束东道国管制责任

作为调整跨国投资行为的专门协议,双边投资协定(Bilateral Investment Treaty,BIT)或国际投资协定(International Investment Agreement,IIA)的关注点已从外商投资保护转向消除政府性投资障碍。发展至今,第三代投资协定则更强调国家管理社会或环境为目的约束企业行为的权利。申言之,第三代IIAs或BITs旨在实现投资者和当地民众的利益平衡,明确东道国政府的保护和管制责任,在投资决策中将当地民众的利益诉求纳入考量范围。具体有两种方式督促东道国政府履行对本国国民的责任:其一,在不构成投资障碍的情形下,明文规定东道国政府对环境措施的规制权,例如,《北美自由贸易区协定》第1106条允许政府采取

保护环境所必需的行为;其二,规定“标准不得降低”条款(“non-lowering of standards” clause),以避免东道国肆意降低环境措施或劳工标准以吸引外资。

在双边投资协定中,2012年《美国双边投资范本》第8.3(c)条和第12条分别规定了政府对环境的管制权和“标准不得降低”条款,第13条规定了劳工标准问题。将东道国政府的管制责任纳入IIAs或BITs,平衡了投资者权利、国家管制权和当地民众的利益诉求,有利于形成三方互利共赢的局面。更为重要的是,将东道国管制责任纳入双边或多边协定能够产生管理和执行的法定依据,并督促缔约方善意履行承诺,能够有效实现投资者和当地民众间的和谐关系。

(二)投资母国对海外投资企业的管理机制

1. 时兴的“共同管制”模式

投资母国对海外企业的管制主要存在三种模式:“国家管理”模式、“自愿规则”模式和“共同管制”(co-regulation)模式。投资母国管理海外企业极易损及东道国政府的主权,而放任自由的“自愿规则”模式则容易导致海外企业的社会责任危机。在全球治理的语境下,“共同管制”模式开始时兴,其含义是通过两个以上的利益相关者参与企业制定和执行社会责任标准的过程。通过利益攸关者与企业签订协定确保企业履行社会责任,与此同时,利益攸关者对海外企业进行监督。海外企业的利益攸关者包括投资母国政府、非政府组织和多边国际组织。

“共同管制”模式的创新之处在:其一,引入利益相关者参与企业社会责任标准的制定和执行过程;其二,通过签订协议等形式保证企业履行职责,从而将企业的自愿行动转化为受监督的有拘束力的合同事项。在实践中,通过国内政府部门或非政府组织与海外投资企业签署协议,超越法律的社会责任和道德责任将转化为合同义务,进而形成多方治理的“共同管制”局面。

2. 拓张的管辖权

传统上,东道国政府单方排他地监督和管理外商投资企业在该国的活动,但晚近以来,由于经济活动趋于交织化,基于“效果原则”(effects doctrine)的管辖权理论得到了一些国家的承认和重视。其主要观点在于赋予投资母国对投资特定事项的管辖权,进而克服地域管辖权的局限。

3. 广泛的国际知情权

增加海外投资企业透明度建设是帮助企业获得当地民众信任的有效方式。国际知情权(the international right to know)制度在推进美国跨国企业承担社会责任方面具有显著功效。根据国际知情权制度的要求,总部位于美国的公司或在美国金融市场筹集资本的公司及子公司、主要的承销商应披露在国外运营的信息，包括环境信息、人权和劳工权益相关的信息。与美国《紧急事故应急计划和社区知情权法案》中有害物质排放清单的信息披露相似，美国中心数据库存储跨国企业的数据，并要求企业提交电子数据，以降低透明度的公开成本。在美国，企业数据发布在国务院支持并维护的网站中。

诚然，国际知情权制度的成功或失败并不依靠诉讼行为，而凭借公众对网站上公布的信息的反应。除美国外，在法国、英国和挪威等其他发达国家，企业均有向股东和社会公众披露企业社会和环境表现的义务。

（三）海外投资企业的“公民”身份认知及行为规范

投资母国应该激励具有“公民”身份的企业主动承担起道义责任和公益责任。欧盟委员会认为：当前，越来越多的企业认识到通过实施市场导向的负责任的“公民”行为，而不是追求短期利润最大化，才能实现企业的持续发展和股价持续攀升的目标。

为协同投资利润和社会责任，部分跨国企业建立起自愿性行为准则来确定劳工、人权和环境标准。第一个全球性的企业行为准则为“苏利文原则”，其要求签约的公司遵守非歧视性的工作条件并增加“受压制的种族群体”的机会原则。如今，“苏利文原则”关注的重点转移至员工自由结社权、适当的健康和环境标准、可持续发展等领域。投资母国的主要作用在于建立起良善的外部条件以激励企业履行社会责任。例如，《挪威双边投资范本（草案）》曾规定：缔约方同意鼓励投资者的投资行为符合经济合作与发展组织的《跨国企业指南》，并积极参与联合国《全球契约》。

国外的企业间组织和跨行业的合作组织也是推动企业提高责任标准的外部力量。例如，在商业协会的协调下，特定行业能够产生统一的专有规则、标准和管理方式。行业间或跨行业统一的标准抑制了企业间的无序竞争，国内团体的管制也能协助企业建立最佳商业模式。除外，商业协会也时常充当企业集体行动的代表，在与政府或国际组织的沟通和协商中捍卫企业方权益。对那些可能遭受社会和环境问题抗议的企业而言，搭建与当地企业和非政府组织合作的平台能构建起与当地企业和民众间的利益攸关体形象，切实有效化解企业的生存危机。

四、中国防范海外投资非政府性障碍风险的法律策略

2013年7月至8月，云南大学缅甸研究中心组织开展了针对中国赴缅投资与

援助的调查问卷,其中,76.7%的受访者仍认为密松水电站不能重启。由此可见,非政府性障碍对企业海外投资的影响非常深远,若单纯依靠企业的自律,显然无法及时有效地破解和避免企业在发展中国家遭遇的困境。在共建21世纪海上丝绸之路倡议推动下,在中国牵头的亚洲基础设施投资银行未来的开发项目中,我国政府应有效防范和化解企业海外投资的非政府性障碍风险,实现我国海外投资又好又快发展的目标。

"统筹考虑和综合运用国际国内两类规则"是我国政府帮助企业克服东道国非政府性障碍的因循路径。在国际规则层面,我国应充分运用投资协定督促政府承担保护和管制责任,实现协定促进和保护投资的功能与效用;在国内规则层面,我国应制定投资母国对海外企业的监管责任规定,实现"国内法治"和"国际法治"的良性互动,进而提升企业的国际形象。

(一)投资协定中添加"政府管理标准"条款

截至2023年,中国已与100多个国家签订双边投资协定。以近期与尼日利亚、古巴等国签订或修订的IIAs和BITs为例,并未涉及投资东道国环境保护的专门条款;在我国与东盟各国签订的《中国与东盟全面经济合作框架协议投资协议》中,也并无相关规定。

由于未将环境、劳工标准纳入协定中,投资东道国政府可能迫于经济压力,选择降低劳工标准和牺牲国内环境,并放弃正当行政程序的理念,以吸引外国直接投资。一味降低投资标准,可能在短时间内吸引外资,却容易引发并加深投资企业与当地民众的矛盾,最终使民众对投资企业的合规运营活动产生反感,不利于企业在当地的长期投资,甚至还会影响投资国在东道国公众中的形象。

由此,在近期签订或修订的BITs或IIAs中,宜适时添加"政府管理标准不降低"条款,并在承诺不降低环境标准、劳工标准之外,加入管理外资的正当行政程序的规定,以保障东道国以公平合理的投资条件和程序吸引外资,避免"社会倾销",通过执行合理的标准和程序,减少当地民众对企业违规的疑虑,从而有效维护和谐的投资关系。

(二)建立完善的海外投资法律体系

我国对海外投资社会责任承担的规定散见在《境外投资管理办法》《上市公司治理准则》《对外承包工程管理条例》中。然而,现有对外投资管理框架的缺陷在于:第一,规范级别较低,如国资委和证监会的文件只是规范性文件;第二,可操作性不强，如《对外承包工程管理条例》仅仅规定对外承包工程应“尊重当地的风俗习惯，注重生态环境保护，促进当地经济社会发展”；第三，适用范围有限，上述规定仅对上市公司、中央企业和对外承包工程具有指导意义；第四，自愿性的标准居多，国资委规定本质上为指导意见。

我国对外投资社会责任监管采取以“自愿规则”为主的模式，但在海外投资中，作为负责任的国家，我国应承担起对海外投资企业的母国监管责任。具体而言，在立法中，我国应明文规定所有海外投资企业应遵守当地的风俗习惯，并强制性地要求企业遵守国际上最低限度的劳工和环境标准，激励企业使用“苏利文原则”“全球商业标准范本”等自治性国际性文件，避免当地民众对企业劳工标准和环境标准的质疑，在国际市场上树立起负责任的企业形象。同时，我国涉外立法可以参考基于效果原则的行政和司法管辖权，对企业域外腐败行为进行有效的监督和管理，从而树立起负责任的大国形象。

（三）强化企业海外信息披露机制

透明度是消除企业非政府性障碍的关键环节。然而，我国仅对上市公司披露企业社会责任或环境责任作出具体的要求，同时，透明度建设进程也较为缓慢，这也导致了国际透明组织（Transparency International）对企业评价不高。

提高企业社会责任意识的主要力量应是由政府保障利益攸关者和公众的国际知情权，其核心在于建设和运营公众参与性的透明度工程。良善的市场机制应建立在信息对称的基础之上，我国商务部可以政府投资的方式建设并运营企业透明度网站，鼓励企业在该透明度网站上及时发布履行社会责任的报告，相关的行业组织或商务部门可以定期发布行业透明度报告或企业透明度报告。我国政府部门应对企业信息披露的完整性、真实性、准确性和及时性进行监督。除此之外，企业还应加强在东道国国内的透明度建设，特别是用东道国官方语言宣传企业对当地经济的贡献和对公益事业的参与程度，在本地营造公开透明、正直友善的企业“公民”形象。

（四）提高企业本土合作的溢出效应

实现企业合作的溢出效应包括两种路径：其一，提升行业协会的自治功能；其二，与东道国企业和民众建立起“利益共同体”的关系。国外存在众多的非政府组织监督企业的行为，基于我国的国情，短期内培育非政府组织对企业提供服务并进行监督的想法不切实际。我国应着眼于发挥行业协会的功能，行业协会对企业社会责任的作用主要表现在制定行业的社会责任标准,通过"共同管制"模式参与并监督企业的社会责任建设,进而维护企业的合法权益。

针对企业面临的文化冲突和当地"经济贡献"不足的难题,除向当地民众公开信息外,我国政府应该激励企业构建与当地企业、民众、非政府组织间"休戚与共"的利益共同体。针对潜在的非政府性障碍风险,企业可以展开与当地企业进行合资、合营等合作方式。在技术密集型行业中,企业宜积极融入本地产业链,构建完整的上下游关联企业链条。与当地企业的合作不仅能够发挥本地优势和智力资源,还提供了与东道国公众直接交流和沟通的平台,能够有效化解信息不畅而导致的误解,也履行了企业在东道国的"经济贡献"等社会责任,进而将企业风险降至最低,产生企业合作的正外部性。

(五)发挥司法机制的事后救济功能

在消除非政府性障碍方面,根据税收对价的理论,东道国政府应承担第一性的责任。非政府性障碍在本质上是超越法律的投资障碍。出于道义责任,企业应自觉维护良好和谐的投资关系,但企业面临的非政府性障碍还可能包括国际政治势力的介入和东道国国内反动派的利益主张,该障碍实难通过投资母国监管有效根除。此类型的非政府性障碍本质上为不合法的投资障碍,扰乱了公平正义的投资环境。面对不公正的政治诉求,企业应积极利用事后救济的有效途径,统筹运用东道国国内救济措施和国际规则维护自身合法权益。

针对东道国国内救济措施,企业应坚定立场,以东道国投资者的身份要求东道国政府机构承担保护责任,并履行约定。在未能按约履行并承担保护责任的情况下,企业应主动要求东道国政府承担违约责任。在国际规则层面,在本地救济途径未能解决争议时,我国可通过 BITs 或 IIAs 提请 ICSID 投资仲裁,也可根据合同主张临时仲裁或者第三方仲裁等。去政治化的国际司法机制是消除非政府性障碍的强有力后盾。

第六节　共建21世纪海上丝绸之路的投资保险机制

海外投资保险制度,又称海外投资保证制度,是指资本输出国政府对本国海外投资者在海外投资可能遇到的政治风险提供保证或保险,投资者向本国投资保险机构申请保险后,若承保的政治风险发生,致使投资者遭受损失,则由国内保险机构补偿器损失的制度。海外投资保险制度具有由政府机构或公营公司承保,不以营利为目的,而以保护投资为目的;针对符合特定条件的海外私人投资;保险范围限于国有化或征收、外汇险、战争险等政治性风险;不只是事后补偿,有事前防范作用等一系列特点。①

2013年10月,中国国家主席习近平在出访东南亚国家期间,提出共建"一带一路"的重大倡议。共建21世纪海上丝绸之路倡议推动贸易投资便利化,加快法律制度安排的进程,有利于促进沿线各国经济繁荣与区域经济合作。共建21世纪海上丝绸之路倡议的实施需要大量的国际投资,但沿线国家大多分布东南亚、南亚、中亚、西亚、北非、中东欧等地区,大多属于发展中国家。一方面存在非商业风险较大的情况,另一方面法治发展水平较低。这使共建21世纪海上丝绸之路区域外国投资面临较突出的非商业性风险问题。因此,构建适合本区域特点的非商业风险的投资保险机制,就显得十分必要。

一、共建21世纪海上丝绸之路倡议与投资保险机制的关系

共建21世纪海上丝绸之路倡议旨在促进经济要素有序自由流动、资源高效配置和市场深度融合,推动沿线各国实现经济政策协调,开展更大范围、更高水平、更深层次的区域合作,共同打造开放、包容、均衡、普惠的区域经济合作架构,同时改善国际发展环境。发展需要良好外部制度环境,国际金融机构要加快治理改革,多边开发机构要增加发展资源。共建21世纪海上丝绸之路倡议在推进沿线国投资自由化、便利化的同时,不可忽视投资安全性。

投资安全是外国投资者的最基本要求,也是共建21世纪海上丝绸之路沿线国吸引外资的先决条件。投资安全的保证可以通过国内法和国际制度两条途径。沿线不少国家或因军方干政,或因国内动乱,或因国家间冲突,导致政局动荡,非商业风险系数极高,加之国内法不完善,法治落后,无法有效地保障外国投资安全。因此,通过国际投资保险机制这一国际法治的安排来保障投资安全,有助于推进区域投资自由化和便利化。

共建21世纪海上丝绸之路倡议是投资保险机制的服务对象和设计目标,投资保险机制是共建21世纪海上丝绸之路倡议的"助力器"和"保险箱"。共建21世纪海上丝绸之路倡议为投资保险机制提供用武之地,投资保险机制也能促进共建21世纪海上丝绸之路倡议的推行。

投资保险机制的制度价值主要体现在以下几个方面:

---

① 参见王传丽主编:《国际经济法》,法律出版社2016年版,第252页。

(一)保障共建 21 世纪海上丝绸之路沿线国内的外国投资者利益

共建 21 世纪海上丝绸之路区域沿线国由于历史传统、经济发展和社会文化差异,分别形成了独特的政治模式,而政权稳定度也各有不同。共建 21 世纪海上丝绸之路沿线国家政体复杂多样,共有“总统制”“议会共和制”“君主制”“君主立宪制”“人民代表大会制”“主席团制”六种政体。外国投资者在这些沿线国除了可能遭遇常规的商业风险外,还可能遭受货币兑换、征用、政府违约、战争和内乱等非商业风险。这些非商业风险范围广、影响深且难以预料,对外国投资者损害很大。投资保险机制正是针对投资者可能遭受的非商业风险应运而生的。外国投资者在遭遇由于共建 21 世纪海上丝绸之路沿线国非商业风险造成的经济损失后,可以求助于投资保险机制,通过承保机构获得经济补偿,从而提升外国投资者的抵抗风险能力和生存竞争能力。投资保险机制对外国投资者利益的保护,可以弥补共建 21 世纪海上丝绸之路沿线国政治风险大的缺陷。

(二)改善共建 21 世纪海上丝绸之路沿线国的投资环境

共建 21 世纪海上丝绸之路某些沿线国由于政局不稳,并缺乏有效的法律机制保障,导致其国内投资环境不佳。泰国、埃及和缅甸长期面临军方干政,政权稳定度低,其中泰国更是十年九换总理。在沿线国家中,近十年至少出现过一次大规模政治冲突或动乱的国家多达 22 个。黎巴嫩从 2014 年至今一直没有选出国家总统。在政局不稳的情况下,如何改善投资环境,充分发挥共建 21 世纪海上丝绸之路倡议的作用,投资保险机制提供了解决之策。投资保险机制为外国投资者提供法律保障,对非商业风险造成的损失接手,保证投资者从根本上并未受损,形成良性环境。具体而言,在共建 21 世纪海上丝绸之路某些沿线国不佳的投资环境中,外国投资者一旦遭受非商业风险,可以获得保险机构的补偿,弥补受到的损失。另外,通过国际担保机构与东道国的交涉,遏制可能冲击投资的政府行为,达到风险管控的目的。投资保险机制改善共建 21 世纪海上丝绸之路沿线国的投资环境,可以提升外国投资者的信心和积极性,有助于投资者扩大共建 21 世纪海上丝绸之路投资规模。

(三)避免容易引起冲突的直接外交保护

和平与发展相辅相成。各国要共同维护国际和平,以和平促进发展,以发展巩固和平。共建 21 世纪海上丝绸之路沿线国中国家间的冲突可能由来已久,但是共建21世纪海上丝绸之路的宗旨是共同发展,相互投资又是经济发展的必备手段,此时,投资保险机制避免了因投资者利益保护而引起国家冲突。共建21世纪海上丝绸之路沿线国境内外国投资者可能遭受非商业风险,若是通过投资者母国外交保护,极易将经济争端演化为政治纠纷,甚至引起战乱。这与共建21世纪海上丝绸之路的宗旨截然相反,因此通过投资保险机制,使投资者在遭受非商业风险时向保险机构求偿,避免国家间的交锋,对共建21世纪海上丝绸之路沿线国政治氛围、经济环境的稳定有重大作用。

(四)促进共建21世纪海上丝绸之路沿线国经济发展

共建21世纪海上丝绸之路沿线国大多数是发展中国家,发展是这些国家的迫切需求,沿线国家大多处于比较早期发展阶段,在今后相当长的时间里,主题是扩展国内市场,把资本"请进来"。许多国家的投资者都清楚地认识到共建21世纪海上丝绸之路沿线的发展中国家有着很好的投资机会,进行国际投资既符合共建21世纪海上丝绸之路沿线国的需求,又满足投资者的利益。但是,与其他商业活动相比,国际直接投资活动更容易受到东道国政治风险的影响。由于投资安全性不足,外国投资者在发展中国家进行的海外投资屡屡遭遇战争、内乱、征收国有化、外汇禁兑、政府违约等政治风险。对不稳定投资环境的顾虑和非商业风险的恐惧,阻碍了许多流向共建21世纪海上丝绸之路沿线国的投资,对沿线国的经济发展极为不利。投资保险机制通过对非商业风险的承保,有利于保证外国投资者在共建21世纪海上丝绸之路沿线国的利益,保障投资安全,增强投资者信心。随着投资的增加和发展,有助于带动共建21世纪海上丝绸之路沿线国经济的腾飞。

二、共建21世纪海上丝绸之路现有的投资保险机制

(一)单边投资保险机制

共建21世纪海上丝绸之路区域单边投资保险机制主要是沿线国国内的保险机制。国内出口信用保险机制是保险公司承保国内出口商在经营出口业务过程中因进口商方面的商业风险或进口国或进口地区方面的政治风险而遭受的损失,是各国通行的支持本国企业开展出口贸易、海外投资和对外承包工程的重要金融工具。国内出口信用保险机制不需要投资者母国与东道国签订双边投资保护协定。共建21世纪海上丝绸之路沿线国的国内出口信用保险机制发展相对落后,共

建 21 世纪海上丝绸之路区域沿线国仅有十数个国家拥有出口信用保险公司。沿线国对国内出口信用保险机制有现实需求,若是经过长时间发展完善,可以有效为对外投资提供保险。以中国为例,2001 年正式揭牌运营的中国出口信用保险公司,是中国内地唯一承办出口信用保险业务的政策性保险公司。不过,中国是共建 21 世纪海上丝绸之路沿线发展水平较高的国家,国内出口信用保险机制尚有弊端,更遑论其他沿线国(见表 3 - 6)。

表 3 - 6　部分共建 21 世纪海上丝绸之路国家单边投资保险机制

国家	出口信用保险公司名称
印度尼西亚	PT. Asuransi Asei Indonesia (Asuransi Asei)
新加坡	ECICS Limited
捷克	Export Guarantee & Insurance Corporation
匈牙利	Hungarian Export-Import Bank Plc. Hungarian Export Credit Insurance Plc.
斯洛伐克	Export-Import Bank of the Slovak Republic
斯洛文尼亚	SID Inc. , Ljubljana
波兰	Export Credit Insurance Corporation Joint Stock Company
马来西亚	Export-Import Bank of Malaysia Berhad
中国	China Export & Credit Insurance Corporation
斯里兰卡	Sri Lanka Export Credit Insurance Corporation
泰国	Export-Import Bank of Thailand
土耳其	Export Credit Bank of Turkey

资料来源:Berne Union。

(二)双边投资保险机制

双边投资保险机制主要是共建 21 世纪海上丝绸之路沿线国签订的包含保险机制的双边投资保护协定。双边投资保护协定是一国为促进和保护缔约国间相互投资活动而与另一国家签订的书面双边协定或条约。共建 21 世纪海上丝绸之路沿线国相互之间签订的双边投资保护协定,其中涉及投资保险机制的条款主要有 3 个:(1)“国有化或征收”条款:“一、缔约任何一方不应对缔约另一方的投资者在其领土内的投资采取征收、国有化或其他类似措施(以下称‘征收’),除非符合下列条件:(一)为了公共利益;(二)依照国内法律程序;(三)非歧视性的;(四)给予补偿。二、本条第一款(四)所述的补偿,应等于宣布征收前一刻被征收的投资财产的价值,并包括直至付款之日的适当利息,应是可以兑换的和自由转移的,补偿的支付不应无故迟延”。(2)“损失的补偿”条款:“缔约一方的投资者在缔约另一方领土内的投资,如果由于战争、全国紧急状态、暴乱、骚乱或其他类似事件而遭受损失,若缔约另一方采取补偿等有关措施,其给予该投资者的待遇不应低于给予第三国投资者的待遇”。(3)“代位”条款:“如果缔约一方或其代表机构对其投资者在缔约另一方领土内的某项投资做了担保,并据此向投资者作了支付,缔约另一方应承认该投资者的权利或请求权转让给了缔约一方或其代表机构,并承认缔约一方或其代表机构对上述权利或请求权的代位。代位的权利或请求权不得超过原投资者的原有权利或请求权。”

共建21世纪海上丝绸之路沿线数十国,倘若完全依靠双边投资保护协定来构建投资保险机制,则需要成百上千个双边投资保护协定进行覆盖。但实际上共建21世纪海上丝绸之路沿线国相互间双边投资保护协定数量不足。即便签订的双边投资保护协定存在投资保险制度,但是每个协定关于征收、损害赔偿、代位等内容常常有特殊规定,并不统一。例如,泰国—中国双边投资保护协定对征收国有化的补偿,要求不得无故迟延,并无利息方面的规定;但埃及—中国双边投资保护协定对征收国有化的补偿,要求计算至付款之日的适当利息,有利息规定但不明确;而俄罗斯—中国双边投资保护协定对征收国有化的补偿,除要求计算利息外,还明确规定利息“按6月期美元借贷的伦敦同业借贷利率计算”。各个双边投资保护协定的特殊规定可见一斑。另外,双边投资保护协定在沿线国实施过程中,由于政治风险大,作用发挥不理想。

(三)多边投资担保机构

多边投资担保机构(Multilateral Investment Guarantee Agency,MIGA)于1988年依据《多边投资担保机构公约》(《汉城公约》)成立,是世界银行集团成立时间最短的机构。多边投资担保机构向外国私人投资者提供政治风险担保,包括征收风险、货币汇兑、违约、战争和内乱风险担保,并向成员国政府提供投资促进服务,加强成员国吸引外资的能力,推动外国直接投资流入发展中国家。多边投资担保机构目的是促进发展中国家的外国直接投资,以支持经济增长、减少贫困和改善人民生活。多边投资担保机构通过向投资者和贷款方提供政治风险担保履行其使命。共建21世纪海上丝绸之路沿线国并非全部属于多边投资担保机构的成员国,文莱、缅甸等国便没有参与。

2013年,多边投资担保机构在发展中成员国签发了55亿美元的担保,动员对世界最贫困国家和受冲突影响国家进行投资,推动复杂项目,并支持可持续全球化的南南投资。共建21世纪海上丝绸之路沿线国多为发展中国家,较贫困,许多国家政局不稳,受冲突影响严重,正是需要类似多边投资担保机构这样的担保机构鼓励对其投资,推动经济发展。但是,由于多边投资担保机构担保地区多范围广,从伊拉克的制造工厂,到利比里亚的农加工企业,从印度尼西亚的采矿业务,到14个国家中小企业的银行业务,都需要多边投资担保机构,而机构自身承保能力有限,缺乏针对性,故多边投资担保机构不能及时、全面地为共建21世纪海上丝绸之路沿线国境内的外国投资提供保证。

(四)现有机制实际效果评价

单边投资保险机制依靠共建21世纪海上丝绸之路沿线国国内出口信用保险机制,但现实是沿线国的出口信用保险机制往往资本受限、透明度不足、缺少审核和有效监督,甚至许多沿线国家缺乏信用保险的专项立法,没有一流的出口信用保险公司。立法缺失和糟糕的实践,抑制了投资者参保的积极性和可能性。另外,国内保险机制的承保机构是本国公司,“对手”却是东道国,依据国内法去找东道国索赔,操作十分困难,而且国内法是沿线国单方制定,适用方面有局限性。总之,共建21世纪海上丝绸之路区域单边投资保险机制存在固有缺陷,其资本受限、机构缺乏、局限性明显、操作困难。

双边投资保险机制以双边投资保护协定作为表现形式,共建21世纪海上丝绸之路沿线实际双边投资保护协定数量不足,覆盖面不够广,无法形成投资保险网。数量问题并非最主要的缺陷,最致命的是沿线国普遍缺乏法治意识,对内“不修”国内法,对外双边协定推进不积极,导致双边投资保护协定谈判漫长、进展迟缓,根本看不到全面形成双边投资保险机制的可能性。此外,现存为数不多的双边投资保护协定对投资保险的规定也不统一,常常出现特殊规定。在实践中,由于共建21世纪海上丝绸之路部分沿线国政局不稳,政治风险大,政治信用低,使得协定作用发挥不理想。真正出现外国投资者遭受东道国非商业风险时,东道国常常并不严格遵守双边投资保护协定,不能及时给予投资者补偿,造成外国投资者的实质损失无处弥补。总之,共建21世纪海上丝绸之路区域双边投资保险机制全面覆盖无望,现存协定对投资安全保障不力。

多边投资担保机构虽然包含了共建21世纪海上丝绸之路沿线的多数国家,但是文莱、缅甸等并非其成员国。多边投资担保机构覆盖面虽够广,但“心有余而力不足”。多边投资担保机构自身并不创造投资，通过承保促进外国投资者在东道国举办投资项目或对投资项目进行融资，因为本身是自负盈亏的国际投资保险机构，因而不可避免会考虑风险和收益，并且其国际性要求从全球范围内考虑承保的最优方案，这样政治信用差、政局不稳定的共建21世纪海上丝绸之路沿线国往往不是最佳选择，同时大大制约了投资者在共建21世纪海上丝绸之路沿线国扩大市场份额，扩大投资规模。实践中，由于多边投资担保机构缺乏针对性、担保容量有限、对投资项目的质量要求过高、手续烦琐以及保险费不菲，导致共建21世纪海上丝绸之路沿线国的业务量较低。截至2015年，柬埔寨的业务数为0，白俄罗斯的业务数为2，泰国的业务数为2，马来西亚业务数为2，埃及的业务数为5，阿富汗的业务数为7。总之，多边投资担保机构因为承保能力有限，投保条件高，保险费用贵，导致共建21世纪海上丝绸之路区域无法有效依靠其实现投资保险。

单边投资保险机制、双边投资保险机制和多边投资担保机构各有弊端，无法全面实现共建21世纪海上丝绸之路区域的投资保险，不能很好地服务共建21世纪海上丝绸之路沿线国，无法保障共建21世纪海上丝绸之路区域投资安全，不利于共建21世纪海上丝绸之路倡议实施。

三、“一带一路”区域投资保险机制的构建

单边投资保险机制、双边投资保险机制和多边投资担保机构无法在共建21世纪海上丝绸之路区域充分发挥投资保险机制的作用。单边投资保险机制资本受限、机构缺乏、操作困难等弊端和双边投资保险机制覆盖不足、规定不统一、谈判缓慢等弊端，以及多边投资担保机构投保条件高，承保能力有限，保险费用高等弊端在短时间内根本无法完全改正。于是，只有构建有针对性的区域投资保险机构，即在亚洲基础设施投资银行筹建的国际背景下，构建涵盖“一带一路”区域的“一带一路”区域投资担保机构（RIGA），才有助于解决共建21世纪海上丝绸之路沿线国投资安全的问题，促进共建21世纪海上丝绸之路倡议实施。

（一）构建RIGA的重要性

1.共建21世纪海上丝绸之路沿线国投资发展和法制健全的要求

共建21世纪海上丝绸之路沿线国家的市场机制不成熟、政治和社会不稳定、劳动力成本较高或劳动力素质较低，导致沿线国经济发展不佳。但沿线国遍及东南亚、南亚、中亚、西亚、北非、中东欧等地区，市场广阔，特别是基础设施建设，对外国投资者十分具有吸引力。在单边投资保险机制落后、双边投资保护协定失

灵、多边投资担保机构无力顾及的情况下，构建“一带一路”区域投资担保机构，可以很好地承保沿线国的非商业风险。同时，RIGA的构建可以健全共建21世纪海上丝绸之路区域法律制度，为沿线国的外国投资提供国际法律依据和法律保障，有助于促进投资发展。

2. 外国投资者的要求

外国投资者对共建21世纪海上丝绸之路沿线国的投资担忧之处即政治环境不稳定造成的非商业风险。非商业风险主要受东道国的政治、经济等因素的影响，使外国投资者难以通过正常的市场规律和商业经验来规避，同时外国投资者地位处于弱势，往往无法通过正常的司法诉讼程序来请求补偿，切实维护自身合法财产权益。因此，构建“一带一路”区域投资担保机构，依靠RIGA雄厚经济实力和各国的承诺为后盾，尽力保证外国投资者的权益，解决投资者的后顾之忧才是良策。

3. 国际实践的客观要求

国际实践中，共建21世纪海上丝绸之路沿线国的单边投资保险机制发展落后，特别是机构的缺失导致无法发挥机制作用。双边投资保护协定无法全面覆盖共建21世纪海上丝绸之路区域，已经存在的投资保险条款在实践中也常常失灵；多边投资担保机构缺乏针对性、担保容量有限、收费高昂，实践中往往惠及不到共建21世纪海上丝绸之路沿线国，无法承担投资保险的重任。如此严峻的国际实践，以及实践中共建21世纪海上丝绸之路沿线国对投资保险的迫切需求，都要求RIGA承担起保护外国投资的重任，与现存的投资保护机制形成合力，为共建21世纪海上丝绸之路沿线国外国投资提供担保。

(二)构建RIGA的可能性

1. 合适的国际环境

2015年6月29日，《亚洲基础设施投资银行协定》签署仪式在北京举行，经合法数量的国家批准后，该协定即告生效，亚洲基础设施投资银行(以下简称亚投行)亚投行即正式成立。亚投行筹建的宗旨是通过在基础设施及其他生产性领域的投资，促进亚洲经济可持续发展、创造财富并改善基础设施互联互通。基础设施投资正是共建21世纪海上丝绸之路沿线国的最大吸资点，在基础设施投资蓬勃发展的国际环境中，正是“一带一路”区域投资担保机构构建的大好时机。借助国际环境构建RIGA，反过来通过RIGA为投资提供保证，促进外国投资者的投资，实现投资和投资保险的共同发展，营造更好的国际环境。

2. 沿线国的支持

共建21世纪海上丝绸之路沿线国在迫切希望投资保险机制发挥作用，弥补国内政治风险高的缺陷时，经历了单边投资保险机制落后、双边投资保险机制失灵、多边投资担保机构无力顾及的国际实践，亟须一个只针对沿线国、承保能力强的投资担保机构来发挥投资保险的作用。因此，构建“一带一路”区域投资担保机构，将会得到共建21世纪海上丝绸之路沿线国的大力支持，在促进沿线国投资发展的同时，也推动了共建21世纪海上丝绸之路倡议发展。

3. 国际制度的借鉴

RIGA是在亚洲基础设施投资银行推动下构建的，这与世界银行下的成员机构——多边投资担保机构有相似之处。除了机构设置，在公约的草拟方面，构建RIGA的公约也可以借鉴MIGA公约的亮点。当然，RIGA公约在“目标和宗旨”“合格的东道国”等内容方面肯定有自身的特殊规定。这既能吸取相似机构的优势，又能体现自身的特点，“一带一路”区域投资担保机构具有现实可行性。

（三）RIGA的定位及构建

借助国际大环境，通过亚投行的平台，依据“一带一路”区域投资担保机构公约（RIGA公约），在亚投行下设立RIGA。RIGA是国际组织，具有国际法人资格，拥有完全的法人地位，有权缔结合同、取得与处理不动产和动产、进行法律诉讼。为了充分利用共建21世纪海上丝绸之路区域投资担保机构的有限资源，RIGA专门针对“一带一路”沿线发展中国家内的外国投资者提供投资保险。此外，“一带一路”区域投资担保机构的构建是“多边的体系下创造区域的机构”思想之体现。RIGA是“一带一路”区域的机构，并不与多边投资担保机构相冲突。相反，有针对性的区域机构RIGA可以弥补多边机构MIGA的不足，如RIGA的中小型投资保险项目，相比MIGA的中小型投资保险项目可以更方便地为沿线国中小投资者提供保险服务。在MIGA无暇顾及的地域、主体、规模，RIGA是MIGA等保险机制的有益补充，相互促进投资保险机制在共建21世纪海上丝绸之路沿线的功能发挥，共同打造共建21世纪海上丝绸之路多元化投资保险机制。

（四）RIGA公约的重点内容

1. 目标和宗旨

机构的目标应该是鼓励在其会员国之间、尤其是向“一带一路”区域发展中国家会员国融通生产性投资，以促进亚洲基础设施投资银行的活动，推进21世纪海上丝绸之路区域经济增长和社会发展。机构的宗旨在于:(1)通过促进"一带一路"区域基础设施及其他生产性领域的投资,促进"一带一路"区域经济可持续发展、创造财富并改善互联互通,推动区域一体化;(2)与其他多边和双边保险机构紧密合作,推进区域合作和伙伴关系,应对发展挑战。

2. 会员国资格

机构会员国资格应向全世界所有国家开放。(1)创始会员指在规定的日期当日或之前签署本公约并在规定的最终日期前已满足所有会员条件的成员。(2)国家如未能依照规定加入机构,可经理事会特别多数投票同意后,遵照机构决定的加入条件成为机构会员。

3. 资本

机构法定股本为壹佰亿美元。资本分为壹佰万股,每股票面价值为壹万美元,只供会员国认缴。初始法定股本分为实缴股本和待缴股本。实缴股本的票面总价值为贰拾亿美元,待缴股本的票面总价值为捌拾亿美元。在适当时间按适当条件,经理事会特别多数投票同意后,增加机构的法定股本。(本协定美元均指美利坚合众国的法定支付货币。)

4. 股本认缴和支付

每个会员国均须认缴银行的股本。认缴初始法定股本时,实缴股本与待缴股本之间的比例应为2:8。会员国初始认缴股本中实缴股本分五次缴清,每次缴纳20%。第一次缴付应在本协定生效后30天内完成,或在本协定批准书、接受书或核准书递交之日或之前缴付,以后发生者为准。第二次缴付在本协定生效期满1年内完成。其余三次将相继在上一次到期1年内完成。被认定为欠发达国家的会员国在缴付上述股本时可选择以下任一方式:(1)可全部使用美元或其他可兑换货币,最多分十次缴付,每次缴付金额相当于总额的10%,第一次和第二次缴付的到期日参照上述规定,第三次至第十次的缴付应在本协定生效2年内及之后每满一年内相继完成;(2)每次缴付中,成员可在部分使用美元或其他可兑换货币的同时,使用本币完成其中不超过50%的缴付,并按照上述规定的时间完成每次缴付。

5. 合格的东道国

机构只对在"一带一路"区域发展中国家会员国境内所作的投资予以担保。不论是东道国以外会员国国民的投资,还是东道国以外会员国注册并设有主要业务点的法人,以及多数资本为东道国以外会员国或这些会员国国民所有的法人的投资,只要是投向"一带一路"区域发展中国家会员国境内,均有资格取得机构的担保。

6. 中小型投资项目

针对会员国的中小投资者，在满足以下条件时，机构提供中小型投资项目担保：(1)员工数不超过300名；(2)总资产不超过1500万美元；(3)年销售额不超过1500万美元。中小投资者在金融、制造业、服务业、农业等领域有资格申请该项目，且项目担保金额不超过1000万美元。

第七节　共建21世纪海上丝绸之路国际投资法治的中国方案

面对共建21世纪海上丝绸之路投资法治的发展，除了具体法治问题的应对，中国还需积极改变和完善国内外投资环境与政策，构建国际投资法律规则体系，以保障共建21世纪海上丝绸之路的进一步推进和国际投资在中国或中国投资在沿线国建设的顺利进行。

我国一直将双边投资协定作为外资立法的重要组成部分。根据商务部条约法律司的统计，自20世纪80年代以来中国积极参与商签双边投资条约，已经与104个国家签订了BIT。[①] 目前也正在积极与美国、欧盟进行双边投资协定的谈判。但综观国际投资规则的发展趋势，双边投资协定对我国投资规则的发展起到的作用十分有限。由于长期以来的“引进来”政策，我国所签订的双边投资协定多定位于投资东道国，力求减少东道国的义务，更多地强调了对东道国权益的维护，而随着中国企业对外投资的迅速增加，这些规则对于国内企业“走出去”的保护力度很弱，无法能够适应现实的需要。在共建21世纪海上丝绸之路倡议的背景之下，中国企业“走出去”将会成为常态，因此，必须要积极推动投资规则制定和完善，转变身份和态度，为国内企业走出去提供制度保障，在区域投资中展现大国责任的姿态。

当前，国际投资体系尚没有形成像多边贸易体系那样完整的普遍接受的规则体系。尽管国际社会一直期望在这一领域取得进展，但是在国际投资领域不寻找相对健全、稳定和全面的全球化法律体系的情况下，呈现出碎片化和地域化的特

---

① 商务部数据，http://tfs.mofcom.gov.cn/article/Nocategory/201111/20111107819474.shtml。

点。[1] 可以说，国际投资体系处于一个非常不成熟而又动荡的时期。中国不断深化经济体制改革，在吸引外资的同时，加大对外投资力度，逐步实现投资的自由化发展。

坚持改革开放的中国，其改革和发展注定离不开全球化，这也意味着中国对投资规则的改革和发展必须与国际接轨。对于中国来说，如果在投资规则方面不实现与国际接轨，会使中国未来在国际市场上处于被动的地位；只有积极面对目前的不足，才能在国际经济舞台上愈加接近舞台中心，才能实现经济的发展。2001 年中国加入 WTO，标志着中国积极加入国际经济的大环境中，已经开始融入全球化之中。因此，对中国来说，最重要的问题就是如何在逐步实现全球化的同时，不断扩大自己的利益，尽量规避全球化所带来的风险。不难看出，中国在几十年的改革开放中取得了不俗的成绩。在国内市场不断开放的基础上，促进对外投资，实现中国真正的市场开放。2019 年，《中华人民共和国外商投资法》的通过表明了中国进一步扩大对外国投资开放的决心。该法是对现有外资法律体系的全面重构，结束了内外资双轨制的时代，提出了新的外资管理措施，作出了许多重大改革。

在这样的背景之下，中国需要调整自身在国际投资规则中的立场和态度，必须要尽快主动参与到国际投资协定的谈判之中，甚至制定自己的投资规则范本，以提高在国际投资规则体系中的话语权，实现“突围”，避免被国际投资规则边缘化。在扩大吸引投资的同时，我国也要为本国的对外投资提供保障。因此，在共建 21 世纪海上丝绸之路的进程中，我国要推动投资规则制定，构建一个更加公正合理的投资法治体系，为带动区域投资发展提供制度保障。

一、多层次、多元化的投资法制建设

越来越多的发展中国家和新兴经济体参与到了国际投资规则的制定之中，国际投资规则的制定权不再仅仅掌握在少数发达国家手中。同时，尽管双边投资规则在数量上仍然具有优势地位，但区域性投资规则已经成为了目前国际投资规则的主要形式。21 世纪海上丝绸之路沿线国家众多，各国参与的双边投资协定、区域投资安排以及多边投资规则形成了复杂的体系。

全球治理不能脱离世界各国的共同努力，要实现国际投资规则的普遍适用与

---

① 参见沈伟：《国际经济秩序是如何形成的——法律、市场和全球化》，法律出版社 2014 年版，第 73 页。

发展,也离不开所有国家的共同发展。同样,在21世纪海上丝绸之路的投资法治建设中,也离不开沿线国家的共同努力。中国要推动构建的区域投资规则,应当要考虑到各国经济水平的差异。正如国际社会正在进行的努力,国际投资规则需要形成一个类似多边贸易体制那样的多边法律体系。这个多边投资法律体系,不应当如MAI只有发达国家主导,也不应该适用较低的规则标准。国际多边投资法制体系不能是一个"一刀切"的规则。它需要考虑全球各国的经济发展水平和市场完善程度,在不断推动投资规则发展的同时,为发展水平较低的国家提供一个缓冲的时间与空间。多边投资规则体系应当是21世纪海上丝绸之路区域投资法治建设的最终追求。

但在达成多边投资规则之前,双边投资协定和区域投资规则仍然将是21世纪海上丝绸之路区域中规范跨国投资行为的主要规范。有学者认为,国际投资规则呈现出碎片化的特征,这将使具体规则之间存在矛盾和冲突,①缺乏有机联系和统一性。这样的碎片化会导致法律规制适用上的困难,使投资行为的可预见性被削弱。同时,碎片化会阻碍国际投资规则的向前推进。实际上,国际投资规则的碎片化结构是其自然发展的必然结果,这不仅是一个客观的体系结构,更有其正当性,具有内在的一致性。② 即是说,这些看似分离的投资规则,实际上存在一定的联系,各协定之间的利益相互冲突、碰撞、交织,为跨国投资行为提供了灵活的规制路径。

因此,在21世纪海上丝绸之路投资法治建设中,应该坚持在国际投资领域实行多元化的治理模式。在各项双边投资规则和区域投资安排相互促进、相互补充的同时,要探索适应全球共同发展的规则体系。尽管这只是一个不断尝试、不断试错的努力,中国也应当担起经济大国的责任,不应当游离于国际投资规则的制定之外,而应该主动参与到国际投资规则的制定当中去。

二、完善区域投资法治,对接高水平新规则

我国的对外投资迅速增长,已经成为了全球投资大国。不断扩大对外投资,保护我国企业"走出去"的利益,不仅是提升中国企业国际竞争力的重要方式,更对中国的经济发展具有重要意义。中国在国际投资格局中的身份转变,使其不能

---

① 参见车路遥:《论区域经济一体化对多边贸易体制的碎片化作用》,载《武大国际法评论》2013年第2期。

② 参见郑蕴、徐崇利:《论国际投资法体系的碎片化结构与性质》,载《现代法学》2015年第1期。

再继续以东道国的身份自持,而需要正视自己东道国和投资母国的双重地位。因此,我国需要在投资规则制定的实践中实现态度的转变,从制度上对接目前国际投资体制的新标准和新规则。

21世纪海上丝绸之路的投资法治建设,是中国重要的规制制定实践。共建21世纪海上丝绸之路倡议旨在推动沿线国家的共同繁荣发展。那么,规则的发展也应当成为各国的发展目标。国际投资规则的新特点之一是投资议题的不断深入和范围的持续扩大,这也是目前新出现或正在谈判的区域投资规则中的基本特点。这要求规则不再仅限于传统的投资议题,而对环境、劳工、竞争政策等新议题进行了回应,也对边境后措施进行了规定。扩大投资规则的议题范围不仅有助于平衡跨国公司与东道国之间的权利和义务,促使在华外资企业承担必要的社会义务,还能够促进中国企业对外投资的健康发展。另外,对于边境后措施的规定,一方面,要减少因国内政策随意性而导致的投资风险,增强投资环境的稳定性和可预测性;另一方面,通过例外条款等方式实现投资监管空间的扩大,以加强对外资的监管,确保投资环境的健康与稳定。

上海自贸试验区作为我国目前最为开放的地区,已经率先进行了对外投资的放宽管制,对"准入前国民待遇＋负面清单"模式进行了试验。然而,上海自贸区的开放程度依旧不够,尚未达到与新投资规则的开放标准。因此,在自贸试验区中,亟须根据准入前国民待遇原则和负面清单原则制定相应的政策和改革路径,在试验中不断完善国民待遇,修改并减少负面清单,试行更高更广的投资开放,从内部推动中国投资规则向高标准的国际投资新规则靠近,积累经验为对接国际投资新规则做准备。具体而言,要继续在"准入前国民待遇＋负面清单"模式的基础上进行政策和规则的制定与修改;顺应全球价值链的发展,推动中国经济体制改革,扩大对外开放;推动金融体制改革,完善投融资规则。

共建21世纪海上丝绸之路倡议中投资规则的制定是中国进行投资保护待遇标准改革的重要实现路径。目前,中国加入TTIP或者TISA谈判是不现实的。在这样的情况下,共建21世纪海上丝绸之路倡议将是中国进行区域安排以及参与国际规则制定的重要实践,其沿线国家也将成为中国扩大对外投资的重要目的地。作为共建21世纪海上丝绸之路倡议的重要组成部分,共建21世纪海上丝绸之路中投资规则制定也具有重大意义。中国有必要利用自身的地缘优势和主体经济地位完成区域经济合作的战略布局,结合共建21世纪海上丝绸之路沿线国家的具体情况,将上海自贸区的试行经验运用到区域安排中来,在争取区域投资规则的权益同时,为对接高标准新规则积累经验和创造条件。值得注意的是,对比其他地区,共建21世纪海上丝绸之路沿线国家存在着政治风险高、法治环境差、市场机制不够成熟等问题,中国对外投资将会面临很大的风险。因此,一味地实行高标准投资规则,在沿线国家是不可取的。此时,中国需要探讨与发展中国家、新型经济体之间的投资规则标准。正如前文所述,采用"一刀切"的投资标准和规则,并不可取,区域投资规则应当考虑区域内各个国家的经济发展水平和市场完善程度,在不断推动投资规则发展的同时,为发展水平较低的国家提供一个缓冲的时间与空间。因此,在共建21世纪海上丝绸之路投资规则的制定中,中国与沿线国家需要在区域内既有的投资规则之上,实现规制的协调与融合,进行多领域、多层次的国际合作。在此基础上,在通过区域内各国的合作努力,实现对投资规则的发展与统一,不断实现区域投资规则标准的提高以及议题的广覆盖,进而使区域投资规则与高标准的国际投资规则接轨。总之,投资法治完善和投资规则水平的逐步提高是一个渐进的过程。

三、完善国内投资监管机制,维护中国经济稳定

共建21世纪海上丝绸之路倡议的推进,实现与国际投资新规则的对接,给中国经济带来新的发展机遇。新的《外商投资法(草案)》在准入阶段就给予外国投资者国民待遇是对我国现有外资管理体制的重大突破,但是,这并不意味着丧失对外资的监管。在给予外资准入前国民待遇时,也允许东道国对这种待遇提出保留;而保留的形式有一般例外、临时保障措施和以负面清单形式保留的不符措施,其中最重要的是不符措施。从国际经验来看,不符措施可以涵盖的内容非常宽泛,只要双方协定,一国可以将其认为不能或者暂时不能开放的部门和领域,甚至是目前暂不存在的部门和领域,以及特殊的投资体制都纳入负面清单进行保留。对负面清单以外的产业,如果外资要在我国设立企业,只需要在工商管理部门办理相应的企业设立登记程序,而无须其他审批程序。列入负面清单的产业则不享受准入前国民待遇,并且由相关行业主管部门根据清单上的具体措施予以监管。[①] 因此,为了维护中国经济的安全以及市场的稳定,必须改革现有的监管模式,加强事中事后的监管。

合理分配监管职能,提高监管机构的监管能力。目前我国监管机构呈现监管效率低下,部分监管机构存在职能交叉的特点。因此,要提高监管的有效性,首先需要对监管机构进行能力建设和职能分配,减少监管交叉的情形出现。另外,需

---

① 参见张娟:《美国双边投资框架协议(2012)研究》,载《科学发展》2013年第12期。

要完善市场的信息披露机制，增加透明度。党的十八届四中全会再次强调了依法治国，要求强化对行政权力的监督和制约，以公开为原则、不公开为例外，同时拓宽公众参与法制建设途径，确保程序的公正和透明。① 在国际经济领域，透明度原则一直为各个国家所推崇，也是市场监管的一项重要法律制度。《中华人民共和国外商投资法》中规定了信息报告制度，要求外国市场主体在投资实施前或投资实施完成后30日内提交报告，同时草案也规定了对未履行信息报告义务或隐瞒真实情况、提供误导性或者削减信息等违法行为的法律责任。信息报告制度，并非是审批或者备案，只是一种事后报告制度，在一定程度上放宽了对外资的限制。但是，该草案中的信息报告制度还有着不少缺陷：一方面，需要报告的范围广泛，有些涉及敏感信息的报告事项会影响外国投资者的商业决策；另一方面，信息报告制度与工商登记制度有重合，变相加重了外国投资者进行信息披露或报告的负担。因此，我国应当加强对信息披露机制和投资活动透明度的研究和完善，以法律的形式进一步明确规定有关金融活动信息披露相关原则和标准。最后，目前我国仍然必须要在负面清单的谈判中明确敏感领域的市场准入坚持审慎监管的原则。例如，在金融投资进入我国市场的时候，对外资进行金融投资严格审查，对可能损害我国金融安全的外资，进入我国市场必须采用高标准的审批制度。

① 党的十八届四中全会公告。

第四章　共建21世纪海上丝绸之路的投资争端解决问题研究

随着经济全球化的发展,世界各国都在吸引外国投资。在外国投资不断扩大的过程中,投资者与东道国之间的争端已成为国际投资争端中最为主要的类型。同时,由于涉及主体和争端的复杂性,各国都在探索最佳的解决途径和建立有效的投资争端解决机制,以增强投资者信心。

广义的国际投资争端解决包括任何涉及两个或两个以上国籍的自然人、法人或外国政府、外国公司机构之间因国际直接投资或国际接投资而引起的投资争端。狭义的国际投资争端仅涉及因私人直接投资活动而引起的各种争端。①

随着共建21世纪海上丝绸之路倡议的推进,能否通过便利、高效的途径解决投资争端,决定了共建21世纪海上丝绸之路区域发展的持续性和活跃度。现有的争端解决机制无法切实地适应共建21世纪海上丝绸之路倡议自身的特殊性以及各沿线国的客观情况,存在着难以克服的问题,迫切要求人们对共建21世纪海上丝绸之路现有的争端解决机制进行反思。对贸易争端解决而言,能否通过非政治途径便利、高效的解决,直接决定了共建21世纪海

① 参见史晓丽、祁欢:《国际投资法》,中国政法大学出版社2009年版,第244页。

上丝绸之路区域发展的持续性和活跃度。目前,共建 21 世纪海上丝绸之路沿线国家的贸易争端解决机制包括双边投资条约中及区域贸易协定中的争端解决机制、国际投资争端解决中心(以下简称 ICSID)以及 WTO 争端解决机制。以上的争端解决机制是否能在共建 21 世纪海上丝绸之路沿线国家得到很好地适用?应当如何基于共建 21 世纪海上丝绸之路沿线国家利益,更好地解决域内的投资争端?本部分拟对此进行尝试性探讨。

第一节　共建 21 世纪海上丝绸之路与多元化争端解决机制

共建 21 世纪海上丝绸之路倡议具有新的时代内涵,其创造性地提出了多元化经贸合作机制,以适应多元化法律制度和文化传统的冲突。在此背景下,要积极发挥多元化争端解决机制的功能,重视友好协商机制和仲裁解决机制对经贸纠纷的化解能力,强化司法合作以实现经贸争端的去政治化目标,唯有如此,才能持续有效地护航政治互信、开放包容、互利共赢的区域经贸环境。

一、共建 21 世纪海上丝绸之路实施多元化争端解决机制的必要性

在经济全球化和区域一体化的宏观背景下,共建 21 世纪海上丝绸之路倡议适时提出了打造开放包容性的多元化经贸合作机制。但是,多元化经贸合作机制需要由多元化争端解决机制所支撑。

其一,多元化争端解决机制提供多方主动选择的权利。共建 21 世纪海上丝绸之路不仅涉及众多沿线国家,还包括其他国家、国际或区域性组织等,其涉及诸多利益攸关方。多元化争端解决机制提供多方参与的多元救济形式,特别是针对基础设施建设工程纠纷、投融资纠纷,强化对双边磋商、仲裁、ICSID 仲裁、司法机制等多元化争端解决机制的选择权,将大力增强投资者的投资意愿和投资信心。

其二,多元化争端解决机制能实现国际法与国内法、硬法与软法的互动和砥砺。多元化纠纷包括因条约适用和解释的争端,也包括因合同事项产生的纠纷。多种形式的经贸合作机制内在的需求、多种类型的社会规范共同发挥治理的作用。多元化争端解决机制能够创造性地运用国际规则、国内规则和风俗习惯,形成法治间与规范间的良性互动。

其三,多元化争端解决机制能包容多元化的法律文化,最大化实现个案的公平正义。通过构建相互“竞争的”争端解决机制,能够在发挥效率和实现正溢出效

应的基础上，反映不同文化习俗，实现各个纠纷的公平的、合理的和有效率的个案正义。

二、共建21世纪海上丝绸之路多元化争端解决机制的实践

共建21世纪海上丝绸之路是在多方参与、多种形式、多元领域下打造的经贸合作新范本。为应对多元经贸纠纷产生的可能性，各沿线国家需要多元化争端解决机制提供保障。除国际争端的公法救济机制外，多元化争端解决机制还包括协商、仲裁、司法等救济机制。多元化争端解决机制在21世纪海上丝绸之路沿线已经取得一定成果。

(一)友好协商机制

共建21世纪海上丝绸之路沿线国家，大多数的经贸纠纷通过友好对话、自行协商等方式解决。友好协商机制符合沿线国家和谐包容的文化传统。例如，中国"以和为贵"的传统、东盟国家的"东盟方式"等。友好协商机制能够在充分的意思表达基础上，形成双赢的方案。

(二)仲裁解决机制

仲裁被称为"同伴间的正义"。在实践中，有将近90%的跨国合同订立了仲裁条款。共建21世纪海上丝绸之路沿线国家主要是由发展中国家构成，对该机制使用频率相对较低。针对其他经贸纠纷而言，商事仲裁受到当事方的推崇，不少21世纪海上丝绸之路沿线国家为1958年《纽约公约》缔约国。共建21世纪海上丝绸之路区域内存在一些知名仲裁机构，如中国国际经济贸易仲裁委员会、新加坡国际仲裁中心等。然而，区域内经贸纠纷最终较少运用区域内仲裁机构仲裁，主要原因在于各沿线国存在不同的法制和法治水平，争端双方难以对外国仲裁产生制度信任。同时，涉外仲裁的发展依赖于各国司法协助，共建21世纪海上丝绸之路沿线国家的司法合作程度相对较低，由此产生了高昂的仲裁费用。

(三)司法合作机制

司法合作机制主要是以互惠原则和国际条约等形式开展。我国与共建21世纪海上丝绸之路各沿线国家的司法合作密切程度存在差异。例如，我国与新加坡、泰国、越南、土耳其等国签订了司法协助条约。不同的司法协助协定对送达文书、调查取证、承认与执行外国法院判决和仲裁裁决、提供法律情报等领域有不同

规定。例如，中国与波斯尼亚和黑塞哥维纳关于民事和商事司法协助的条约包括了交换法律资料的合作，而之前中国与保加利亚等国签署的协定则不包括此方面的合作。

三、中国与沿线国家双边投资协定的内容与不足

（一）投资者——东道国争端解决条款的主要内容

ISDS条款是BIT解决实际投资问题的关键，中国与21世纪海上丝绸之路沿线国家签订的BITs的ISDS条款也各不相同，在具体的争端解决方式、ISDS中投资仲裁的前置程序和投资仲裁的范围方面都有不少差异。

首先，争端解决方式存在差异。并非所有的BITs中都有ISDS条款，中国—泰国BIT（1985）中没有ISDS条款。

其次，中国与21世纪海上丝绸之路沿线国家签订的BITs中的ISDS条款以东道国法院或者国际投资仲裁为主，只有少数BITs仅选择以国际投资仲裁作为投资争端解决方式。对于外国投资者而言，将国际投资仲裁作为投资者与东道国之间争端的唯一解决方式更有利于保护投资利益。相较于东道国法院审理投资者与东道国之间的投资争端，国际投资仲裁将站在更加中立的立场保护投资者。而且，部分21世纪海上丝绸之路沿线国家法治不完善，存在司法部门受到政府影响导致裁决不公的情况。即使在法治完善的国家，东道国法院也可能倾向于保护本国的利益，导致外国投资者利益得不到有效保护。

再次，在ISDS前置程序方面，大多数国家要求进行6个月的协商，协商不成才能进入ISDS程序。为了保护投资者的利益，部分BITs选择在ISDS程序前不设置前置程序。除了这两种模式以外，还有部分BITs要求用尽当地救济，或者在进行国际投资仲裁之前需要进行申诉等国内行政程序。大多数中国与21世纪海上丝绸之路沿线国家签订的BITs都选择了将友好协商作为提起投资仲裁的前置程序。友好协商本是解决投资争端的优先方式，在节省争端解决成本的同时，也能够让投资者和东道国维持良好的关系，便于投资活动的继续开展。但投资者作为投资争端解决的弱势一方，一般难以通过友好协商的方式解决争端，反而可能因为协商而耽误了获得救济的时间，导致更大的损失。中国与21世纪海上丝绸之路沿线国家签订的部分BITs没有设置投资仲裁前置程序，这种模式对投资者的保护程度最高。投资者能够随时将争端提交国际投资仲裁，而不会受到东道国政府的干涉和限制，但也可能导致投资者滥诉的情况发生。还有中国与21世纪海上丝

绸之路沿线国家签订的少数BITs选择将国内申诉或用尽当地救济作为仲裁前置程序。申诉机制能够给投资者和东道国提供一个友好解决投资争端的机会，而不必提交国际投资仲裁。相比没有规则的友好协商，申诉机制通过一系列的制度性安排能够防止争议扩大，尽早解决争端，也能够在一定程度上维持投资者与东道国的关系，促使投资可以继续进行。用尽当地救济对投资者的要求最高。前文提到部分21世纪海上丝绸之路沿线国家存在司法不公的情况，而且在争端发生时，投资者和东道国之间已经出现了信任危机，再要求投资者用尽当地救济很有可能使投资者耽误获得救济的时间，不利于投资保护。

最后，在国际投资仲裁的范围上，大多数国家将国际投资仲裁的范围限制在关于征收补偿款额的争议上，可仲裁的范围较窄。部分BITs倾向于保护投资者利益，在仲裁范围上没有限制，可以将投资者与东道国之间的任何争议提交国际投资仲裁。部分BITs选择了折中的规定，不需要双方同意可将涉及征收补偿款额的争议提交国际投资仲裁，而需要双方同意才能提交其他事项。ISDS条款的功能主要是当投资者和东道国发生争议时提供救济的途径。ISDS中国际投资仲裁的适用范围、“用尽当地救济”条款等在具体操作中会对投资者能否获得救济造成决定性的影响。

（二）ISDS条款无法充分发挥救济功能

中国与21世纪海上丝绸之路沿线国家签订的BITs中的ISDS条款在前置性程序和可仲裁事项方面的问题，导致ISDS条款无法充分发挥救济功能。在ISDS前置性程序方面，“友好协商”是中国签订的BITs的ISDS条款的必要程序，无论最终是否采用国际投资仲裁，大多数BITs都规定了协商6个月的前置程序。但是，目前中国与21世纪海上丝绸之路沿线国家签订的BITs仅对“友好协商”作出了原则性的规定，关于协商方式、协商地点、协商内容等都缺乏清晰的界定，过于抽象的规定则导致东道国和投资者之间的协商效率较低。而且，虽然协商前置的程序设置是为了妥善解决投资争端，但协商6个月的规定并不能真正促进争端的解决，反而客观上拖延了投资者获得救济的时间。

在国际投资仲裁的适用范围上，现行中国与21世纪海上丝绸之路沿线国家签订的BITs中，虽然大多数都有ISDS条款，但是可以仲裁的事项却不完全相同。约有60%的BITs将国际投资仲裁的适用范围严格限制在征收补偿问题上。① 事

① 参见石静霞、董暖：《“一带一路”倡议下投资争端解决机制的构建》，载《武大国际法评论》2018年第2期。

实上，投资争端复杂多样，投资者和东道国之间的争端不仅仅涉及征收补偿相关问题。现行BITs的相关规定使投资者与东道国之间的部分争端无法通过国际投资仲裁予以解决。随着中国开放程度不断提高，虽然中国在2000年以后签订的BITs已经扩大了投资者可以诉诸国际投资仲裁的事项范围，但是，综观中国与21世纪海上丝绸之路沿线国家签订的BITs，大部分仍是老旧版本，在适用国际投资仲裁方面仍然受到限制，如规定了与征收补偿问题相关的争端才能采用国际投资仲裁的方式。

ISDS条款是实现BIT功能的最后一道防火墙，能够影响BIT功能和价值的实现。如果投资者认为其利益受到了东道国的侵害，BIT中的ISDS条款是其维护自身利益的主要依据。但是，上述前置性程序、国际投资仲裁适用范围两个方面的问题使ISDS条款不能充分实现救济投资者的目的，影响了BIT功能的发挥。

四、构建21世纪海上丝绸之路多元化争端解决机制的若干建议

21世纪海上丝绸之路多元化争端解决机制构建过程中，对具有域外性的经贸纠纷应推广并完善多元化争端解决机制。具体而言，通过鼓励争端双方综合利用友好协商、仲裁和司法等争端解决方式，发挥调解中心、仲裁机构和法院等不同争端解决机构的能动性，在遵循共同的国际法规则和一般法律原则的基础上，完善双边投资协定中ISDS条款，加强司法合作协调，妥善处理多元类型的经贸纠纷，进而有力保障区域内各类主体的利益。在构建多元化争端解决机制过程中，以下几点建议可资参考。

（一）推动去政治化争端解决机制

在应对多元化经贸纠纷类型时，宜推崇友好协商先行、平等对话和有效沟通，实现定分止争的目的。协商过程中，还可引入第三方、东道国政府或母国政府等进行调解，以期形成公正、合理和公平的争端解决方案。基于21世纪海上丝绸之路沿线国家间多种法系、多种体制和多种文化共存的特点，各国商务部门和司法部门可以为纠纷各方提供友好协商机制的信息和服务，诸如外国法律咨询、协商程序建议、救济风险评估等。即使在纠纷各方存在意见分歧之处，宜鼓励纠纷主体选择去政治化的仲裁或国内司法等救济方式，避免上升为政治争端。

（二）理顺司法与其他争端解决机制的关系

为实现多元化争端解决机制的良性运作，各国司法机构应加强相互之间程序法的协调，并且主动地理顺司法与其他争端解决机制的衔接和互动。在完善司法

功能配置过程中,立法部门可逐步拓宽经贸纠纷主体自主选择争端解决方式的范围,进一步强化当事人意思自治。

(三)强化沿线国家司法协助

司法机制贯穿多元化争端解决机制的始终。具有域外性的争端解决机制应该以司法合作为中心。我国已经与部分 21 世纪海上丝绸之路沿线国家签订了双边民事司法协助协定。然而,现有的司法合作形式多为联合宣言或双边性的司法协助协定,可执行性不足。有鉴于此,在共建 21 世纪海上丝绸之路过程中,可适时推出新型司法协助范本,总结与周边国家的司法合作经验,强化与各国在文书送达、调查取证、法院判决承认与执行、法律资料合作等多领域合作。同时,亦应密切留意多边或其他区域条约的签署或进程,借鉴并探索具有区域特色、反映区域需求的司法合作机制,减少司法合作成本,为开放合作、和谐包容、互利共赢的经贸合作机制保驾护航。

(四)完善 ISDS 条款和机制

根据中国企业在对外投资中遇到的各种问题,以及中国与 21 世纪海上丝绸之路沿线国家签订的 BIT 条约文本,在构建中国 BIT 范式时,可以从前置性程序和管辖权两个方面更新 ISDS 机制,还可以考虑采用更加多元灵活的方式处理 ISDS 相关问题。

在前置性程序上,中国与 21 世纪海上丝绸之路沿线国家签订的 BITs 中绝大多数明确进入正式的 ISDS 程序之前需要经过 6 个月的协商,仅少数 BITs 规定了向有关部门申诉是前置程序。向东道国有关部门申诉能够有效缓解投资者和东道国之间的矛盾,避免投资者和东道国走向相互对抗的国际投资仲裁阶段,可为投资者节约大量资金。目前中国国内法已有相应规定,《外商投资企业投诉工作办法》已于 2020 年 10 月 1 日开始实施,为投资者的申诉提供了制度安排。① 在国际条约方面,《区域全面经济伙伴关系协定》也规定了东道国需要建立有关机构接收投资者投诉的制度。② 因此,在中国 BIT 范式构建的过程中,可以明确将国内申诉机制作为前置程序,而不是仅以协商 6 个月作为启动 ISDS 机制的前置程序。

---

① 参见中华人民共和国商务部令 2020 年第 3 号:《外商投资企业投诉工作办法》,载商务部网,http://www.mofcom.gov.cn/article/b/f/202008/20200802996409.shtml。

② 参见《区域全面经济伙伴关系协定》(2020 年)第 17 条第 2 款第 1 项。

在管辖权问题上，大多数BITs将国际投资仲裁的管辖范围限制在与征收补偿款额相关的争议上。但是，在实施21世纪海上丝绸之路倡议的过程中，中国主要是资本输出国，且随着投资范围和数量不断扩大，相关规定不利于保护中国海外投资。因此，在BIT范式中需要适度扩大可仲裁的争端范围，明确可以将所有由投资引发的争端提交仲裁。其中，涉及征收及补偿引发的争端，投资者可以直接提起仲裁，而其他与投资有关的争端则须经过双方一致同意后方可提交仲裁。一方面，可以展现中国保护海外投资的态度；另一方面，赋予相关规定一定程度上的灵活性，从而实现投资者和东道国之间的利益平衡。

此外，在中国BIT范式中还可以引入投资争端调解制度等灵活的ISDS程序。作为"东方瑰宝"的调解制度能够在充分理解投资者和东道国利益诉求的基础上，维护双方的合作关系。相较于程序烦琐、耗时较长的国际投资仲裁，引入调解制度有利于以高效、和平的方式解决争端。而多元、灵活的投资争端调解程序一方面能够减少争端双方对于国际投资仲裁的适用，另一方面也会敦促东道国审慎行使监管措施，并且合理调整外资政策。

第二节　共建21世纪海上丝绸之路投资争端解决机制的不足与对策

一、21世纪海上丝绸之路当前投资争端解决机制存在的不足

考量投资争端解决中心是否应该创立，应该考察其必要性与可行性。具体来说，应该包括设定投资争端解决中心的区域现有争端解决机制是否充分考虑区域的特点以及拟设立的投资争端解决中心是否有特殊的期待。构建"一带一路"区域投资争端解决中心的可研论证，本质上就是研究在21世纪海上丝绸之路区域内已经存在许多投资争端解决机制的情况下，为什么需要建立"一带一路"区域投资争端解决中心的问题。

1. 双边投资条约和区域贸易协定存在的问题

尽管现有的双边投资条约以及区域贸易协定在解决共建21世纪海上丝绸之路区域内的争端发挥了重要作用，但是仍然存在一些不足之处。

第一，并非所有的双边投资条约以及区域贸易协定中都有争瑞解决程序的规定。有的双边协定中虽然有争端解决程序的设置，但是存在一些不足。例如，《CAFTA争端解决协议》尽管规定了仲裁庭裁决这种法律手段，但其设计却并不完善。协议中对仲裁员的选择没有设定条件，也没有提供仲裁员的选择名

单,这就使仲裁庭的独立性、公正性受到质疑,无法高效地解决缔约国之间的争端。

第二,现有的双边投资条约以及区域贸易协定涵盖的范围比较小。在共建21世纪海上丝绸之路倡议沿线国中,有半数以上的国家游离于任何区域贸易协定之外,对于中国与超过半数的共建21世纪海上丝绸之路倡议沿线国而言,在现实中首先便不存在某一双方或者各方均为成员方的区域贸易协定下的争端解决机制,可供解决发生在其之间的贸易争端。共建21世纪海上丝绸之路沿线共有65个国家,通过签订更多双边以及区域投资投资协定来实现对于投资的保护,将增加共建21世纪海上丝绸之路各个国家的缔约成本。[①]

第三,签订更多的双边以及区域投资协定,将进一步加剧国际投资法体系的碎片化。目前,世界共签订了几千个双边以及区域投资协定投资协议,内部散落了不同的临时仲裁机制,使得国际投资法体系产生了包括争端解决的条款标准不一致、条约解释模糊不清、投资仲裁的前后不一、仲裁裁决不可预见等困难。[②] 而共建21世纪海上丝绸之路沿线各国的法律体系、经济发展水平都有较大差异,为了适应不同国家的需求,所签订的双边以及区域投资协定的投资保护标准不同,将导致仲裁机制的分散和重叠。共建21世纪海上丝绸之路沿线国家之间每签订一个投资条约,就向潜在的投资者进行一次义务承诺,共建21世纪海上丝绸之路沿线国家的投资法体系将形成一个混杂的"意大利面条碗"。若其缔结的投资条约标准不一,同一管理政策可能会引致不同责任结果,并增加主权国家的负担。

2. 多边条约存在的问题

(1)ICSID

根据上文的数据,可知ICSID机制在共建21世纪海上丝绸之路沿线国家使用频率较低,主要基于以下原因:

第一,ICSID对共建21世纪海上丝绸之路沿线国家发展权的负面影响。[③] 国际投资法中的发展权是指投资自由化不应当以牺牲东道国政府经济、社会、文化

---

① 参见高乐咏、李瑞琴:《区域经济一体化对多边自由贸易体制的影响——一个简单的制度经济学解释》,载《经济问题》2007年第4期。

② 参见郑蕴、徐崇利:《论国际投资法体系的碎片化结构与性质》,载《现代法学》2015年第1期。

③ 阿尔及利亚正义与和平委员会1969年发表的《不发达国家发展权利》报告中首次使用了"发展权"的概念。1986年8月召开的国际法协会第62届大会一致通过的《有关新的国际经济秩序的国际公法原则的逐渐发展宣言》将发展权作为有关国际经济新秩序的国际法原则之一。(参见季烨:《双边投资条约对发展权的负面影响及对策》,载《武大国际法评论》2009年第1期。)

和政治的全面发展为代价，投资关系的利益相关方均对东道国国民及东道国的政治与经济秩序的良好发展负有责任，东道国有权根据本国国情决定其对外资的开放程度及管理程度，确保发展目标的实现。ICSID是隶属于世界银行的争端解决中心，其由发达国家主导建立，因此，其设立的目的侧重于维护发达国家利益。所以，从根本上来说，由发达国家所创立的争端解决中心在发展中国家的适用容易出现水土不服的情况，与发展中国家的利益存在天然的鸿沟。共建21世纪海上丝绸之路沿线国家希望建立国际经济新秩序，获得独立的国家经济主权，体现在外国投资领域，表现为享有充分的对外国投资的管理控制权。此外，共建21世纪海上丝绸之路沿线国家经济发展水平普遍较低，基于其国情，各国对发展权有强烈要求，希望国家政策能有一定的空间。但是，ICSID对于投资者的过分保护，使广大发展中国家感受到了ICSID机制对其主权的侵蚀。例如，投资者频频对东道国政府基于环境保护、公共健康、经济调整等采取的措施提出间接征收指控，严重损害了发展中国家的发展权。①

第二，当前ICSID争端解决机制的架构势必导致共建21世纪海上丝绸之路沿线多数的发展中国家和中小型企业在利用争端解决机制时会遇到障碍，但一带一路”沿线许多国家的跨国公司、法治程度、相对经济实力都使其无法承受ICSID这种高制度化水平的争端解决机制。首先，ICSID适用的法律规则忽视了共建21世纪海上丝绸之路发展国家的实际情况。例如，ICSID要求发展中国家对征收作出“充分、即时和有效”的补偿的投资法原则，裁决赔偿金额过高，超过了许多共建21世纪海上丝绸之路沿线发展中国家对外国投资者进行补偿的能力。其次，ICSID机制中，仲裁员多数来自发达国家，其通常偏向保护投资者利益，对于发展中成员存在偏见的情况，对东道国公共利益采取漠视态度。最后，ICSID仲裁费用过高，ICSID平均每个案件的仲裁费用约为50万美元，使共建21世纪海上丝绸之路沿线低收入国家难以负担。② 其听证会通常在华盛顿、伦敦、巴黎等高消费城市举行，这些位置方便了富有的投资者，但不利于共建21世纪海上丝绸之路沿线的发展中国家。

上述分析表明，ICSID机制在处理共建21世纪海上丝绸之路沿线国家的争议

---

① 参见邓瑞平、周亚光：《博弈与协调——构建多边投资规则的中国方略》，载《现代法学》2015年第5期。

② CHARITY L. GOODMAN, *Uncharted Waters: Financial Crisis and Enforcement of ICSID Awards in Argentina*, University of Pennsylvania Journal of International Economic Law, Vol. 28, p. 452 (2007).

时,严重损害了共建21世纪海上丝绸之路沿线发展中国家的发展权,并且共建21世纪海上丝绸之路沿线国家的跨国公司、法治程度、相对经济实力相对不高,使其无法承受ICSID这种高制度化水平的争端解决机制。国际投资制度的正当性在很大程度上不仅取决于能否反映所有利害关系方的需求和利益,还在于保证所有受到该体系影响的当事方都能受益于此。为此,问题的关键就在于,无论是受到损害作出申诉还是作为被申诉方应诉,各当事方应有平等的机会利用争端解决机制。在ICSID实践中,却不能完全做到这点,而更多是那些富裕的国家和相对大型的企业能实际上有效地利用ICSID争端解决机制,那么国际投资体系的正当性就沦为空谈。因此,有必要建立能够更好地适应共建21世纪海上丝绸之路沿线国家区域特点的投资争端解决中心。

(2)诉诸WTO争端解决机制存在的问题

根据上文的数据,WTO机制在共建21世纪海上丝绸之路沿线国家使用频率较低,主要基于以下原因:

第一,WTO争端解决机制只适用于《世界贸易组织协定》生效后世界贸易组织成员之间因适用国际法律文件所发生的争端。共建21世纪海上丝绸之路倡议的数十个沿线国中,非WTO成员方国家的数量高达10个,所以WTO争端解决机制无法对共建21世纪海上丝绸之路倡议的非WTO成员国适用。此外,WTO争端解决机制只受理缔约方政府间的争端,即私人投资者不能通过DSB来解决与东道国间的投资争议,意味着私人与东道国的争议不得不上升为国家之间的争议。

第二,共建21世纪海上丝绸之路沿线国家的大部分为发展中国家成员,不管作为申诉方还是被诉方,都普遍缺乏运用WTO争端解决机制解决争端的能力。WTO诉讼成本较高,如果雇用可以胜任WTO业务的私人法律事务所,要价在每小时250美元到1000美元之间,雇用律师的费用在100000美元到超过1000000美元之间,使许多发展中国家望而却步。① 根据WTO规则的规定,其申诉方必须为政府,而大多数的共建21世纪海上丝绸之路发展中成员国内缺乏国内程序性申诉制度,即没有为私人产业请求政府发起WTO争端解决程序提供畅通的机制,使争端解决的效率大大降低。

第三,WTO制度为了保障裁决的有效执行,规定了“交叉报复”制度,带有浓

---

① 参见陈咏梅:《发展中成员利用WTO争端解决机制的困境及能力建设》,载《现代法学》2010年第5期。

重的强权色彩,这与共建21世纪海上丝绸之路主张的促进共同发展、实现共同繁荣的目标相冲突,不易于其他国家接受。

上述分析表明,WTO争端解决机制无法切实地适应共建21世纪海上丝绸之路倡议自身的特殊性以及各沿线国的客观情况,因此,直接诉诸既有的WTO争端解决机制,之于共建21世纪海上丝绸之路背景下投资争端的解决,存在难以克服的问题。

二、"一带一路"区域投资争端解决中心的构建可行性

1. 保障发展权的要求使制定投资规则的立场趋同

共建21世纪海上丝绸之路沿线国家从总体上看经济发展水平较低,GDP总量约占世界的1/3,人均GDP只有世界平均水平的一半左右,除俄罗斯、日本、韩国、新加坡等,多为发展中国家。晚近以来,卡尔沃主义出现不同程度的回归或再生趋势,主要表现为一些发展中国家为应对国际投资仲裁程序,单方面修改宪法、法律和合同,限制或放弃国际投资协定中的投资者—国家争端解决条款,甚至终止双边投资条约和退出《解决国家与他国国民间投资争端公约》等现象。卡尔沃主义的回归由最初"强国"和"弱国"之间"南北矛盾"的对立转向了主权国家基于本国公共利益而对外资进行管制的"公私冲突"。[①] 回归后的卡尔沃主义以保证发展中国家可持续发展权与政策空间的立法理念被再造。[②] 共建21世纪海上丝绸之路沿线国家多为发展中国家,也存在保留规制权的现实要求,当前共建21世纪海上丝绸之路沿线发展中国家间投资规模逐渐扩大,对可持续发展权的愿望更加强烈,制定投资规则的立场逐步趋同,为共建21世纪海上丝绸之路沿线国家构建符合共建21世纪海上丝绸之路沿线国家利益的多边投资争端解决规则提供了可行性。

2. 相似的发展状况易于达成利益平衡点

争端解决机制的模式、程序设计等方面的选择和运用,是由成员方的经济发展水平、成员间政治关系、双方贸易依赖程度以及文化和历史传统等因素决定的,有地缘关系的区域组织内,共建21世纪海上丝绸之路沿线发展中国家的经济发展水平和市场开放程度大致相当。同时,在区域内构建投资争端解决中心,各个

---

① See Wenhua Shan, *From North-South Divide to Private-Public Debate: Revival of the Calvo Doctrine and the Changing Landscape in Investment Law*, *Northwestern Journal of international law & Business*, 3, p. 664(2007).

② 参见单文华:《卡尔沃主义死了吗?》,载《国际经济法学刊》2008年第15期。

国家更容易寻找相互的利益平衡点,达成统一的协定。另外,区域投资争端解决中心的构建有助于结合区域中各国的投资法律和司法实践,形成更加符合区域国家经济发展状况和法律文化的争端解决路径。在公平性、透明度等方面,区域投资争也有其较ICSID更明显的优势。在这种仲裁机制运作之中,其仲裁裁决更具有认可度,便于执行。以往的争端解决机制,更多的是体现发达国家的利益,以及发达国家与发展中国家的妥协,而在区域内发展投资争端解决中心,发展中国家将有机会参与关系到自身利益的规则的制定。

3. 区域投资争端解决机制的实践提供了丰富经验

在现有的投资争端解决体系中,双边协议和区域投资协定是富有实践经验且较成熟的国际投资法渊源,在此基础上构建区域性的投资争端解决机制是可行的。拉丁美洲国家对于建立UNASUR①投资仲裁中心进行了探索。根据厄瓜多尔公布的部分草案内容,仲裁中心受理范围不仅包括投资争议,还包括任何需要中心帮助的纠纷,中心设置前置磋商和调解程序、仲裁裁决创设法理或司法判例,并认为中心的仲裁并不排斥主权国家所主张的公共政策原则等。② UNASUR投资仲裁中心是一个既促进区域一体化和合作,又解决区域投资争端实际问题的模式,能够为"一带一路"投资仲裁中心的构建提供有益的经验。

4. 改变发达国家垄断话语权的有益尝试

共建21世纪海上丝绸之路投资争端解决中心的构建,无论被定义为对资本主义司法霸权的反击,还是对现行投资争端解决机制的不满,都是维护发展中国家司法利益和国家利益的有益尝试。③ 现有的投资争端解决机制主要是由发达国家所主导的,而建立区域的投资争端解决中心,发展出专门的理念、规则与技术,更有效地解决共建21世纪海上丝绸之路沿线国家的争端问题,是对每个利益集体话语权的尊重,是一种对垄断话语权的反对,有利于发展中国家与发达国家实现实质上的平等。建立"一带一路"投资争端解决中心为投资保护提供了新的思路,并且有助于为新崛起国家的话语权提供友好环境,能够创造性地运用国际规则、国内规则和风俗习惯,为未来建立统一多边投资争端解决机制做好铺垫

---

① 南美洲国家联盟(Union of South American Nations)是根据《库斯科宣言》于2004年12月8日成立的主权国家联盟,目前共有成员国12个,观察员国2个。

② [阿根廷]菲佐尼:《论拉美国家对ICSID的挑战》,载《国际经济法学刊》2011年第3期。

③ 参见杨玉琼:《试论国际投资争端解决机制之完善——以UNASUR为视角》,载《企业改革与管理》2016年第3期。

和积累实践经验，进而形成经济合作者所提出的MAI① 的统一的全球性投资仲裁争端解决中心，形成良性的法治间与规范间的互动，促进国际经济秩序的和谐发展。

三、"一带一路"投资争端解决中心的构建路径

现有的双边投资条约以及区域贸易协定涵盖的范围较小，且并非所有的双边投资条约以及区域贸易协定中都有争瑞解决程序的规定。ICSID机制处理共建21世纪海上丝绸之路沿线国家的争议时，造成了共建21世纪海上丝绸之路沿线发展中国家的发展权与投资者利益的明显失衡，并且共建21世纪海上丝绸之路沿线国家的跨国公司、法治程度、相对经济实力都无法使其承受ICSID这种高制度化水平的争端解决机制。WTO争端解决机制无法切实地适应共建21世纪海上丝绸之路倡议自身的特殊性以及各沿线国的客观情况，因此，上述争端解决机制之于共建21世纪海上丝绸之路背景下投资争端的解决，存在一些难以克服的问题，迫切要求人们对共建21世纪海上丝绸之路现有的多边争端解决机制进行反思。笔者认为，共建21世纪海上丝绸之路沿线发展中国家应认清现有的争端解决机制存在的问题，增强主动参与意识，实现投资争端解决与共建21世纪海上丝绸之路沿线发展中国家国情和利益的连结，合理借鉴现有国际经验，在平衡区域利益、寻求区域利益共同点的基础上，构建"一带一路"区域投资争端解决中心，从而确保共建21世纪海上丝绸之路倡议的稳定运行。在设立投资争端解决中心的过程中，各参与方需要考虑发展中国家的偏好和要求，依据共建21世纪海上丝绸之路沿线国家经济发展水平、经济实力对比、外资法律保护环境、确保国家安全需要等具体情况，利用目前已存在的支持框架，保证建立"一带一路"投资争端解决中心的努力能够填补发展中国家和发达国家间的分歧。

具体而言，"一带一路"投资争端解决中心构建的措施包括：

《共建"一带一路"投资争端解决公约》可在亚投行②的主持下制定和完成，确定具体的争端解决规则和程序，与亚投行成员国协商进行修改，经亚投行成员国批准后，进行生效。这是"一带一路"投资争端解决中心成立的法律基础。根据公约的规定，成立解决投资争议的"一带一路"投资争端解决中心，作为管理仲裁与

---

① OECD在1995年到1998年进行了一次缔结综合性多边投资条约的最新尝试。各成员方最终未能达成一致，仅仅起草了一份MAI草案。

② 2015年6月29日，《亚洲基础设施投资银行协定》由亚投行57个创始成员国签署，2015年12月25日，亚洲基础设施投资银行正式成立。

调解事务的机构。公约和中心的主要任务是:解决以东道国为一方和另一缔约国的国民为另一方的投资争议。

1. 争端解决的范围

"一带一路"区域投资争端解决中心可仲裁《共建"一带一路"投资争端解决公约》下的一缔约国与另一缔约国国民因投资产生的争议。ICSID机制在东道国与投资者之间存在"权责不对称"的问题,对东道国的经济主权造成了一定的挑战,甚至有可能挑战投资东道国为公共利益进行行政管理的正当权力。因此,"一带一路"投资争端解决中心需在给投资者提供保护的同时,为发展中国家保留足够的政策空间。东道国有权基于公共利益考虑对外国直接投资进行管制。[①]《共建"一带一路"投资争端解决公约》应规定,对投资的保护不能凌驾于缔约国本国其他重大公共政策目标之上。具体的形式可以是通过例外条款规定不适用于投资保护的具体事项,明确规定国家为公共健康、环保、国家安全等制定的措施损害投资者权益的不适用"一带一路"投资争端解决中心,对政府采购、金融审慎、税收措施、补贴等方面予以一定的回避。[②]

2. 设立常设机构秘书处

《共建"一带一路"投资争端解决公约》可规定,设立"一带一路"投资争端解决中心秘书处,秘书处具体的职能可包括以下方面:对管辖权进行初步确定,秘书处有权排除其认为显然不在投资争端解决中心管辖范围内的案件,节省当事人花费不必要的时间和费用,防止当事人对"中心"机制的不当利用;管理调解、仲裁事务;协助仲裁裁决执行,受理撤销裁决请求;管理《共建"一带一路"投资争端解决公约》。《共建"一带一路"投资争端解决公约》是投资争端解决中心最本质的法律依据。随着国际投资形势的发展,越来越多的新成员加入,需要对其进行日常管理,包括新成员的加入以及公约文本的修改。[③] 可考虑将秘书处的总部设在北京,由于亚投行总部的选址为北京,"一带一路"区域投资争端解决中心是在亚投行的主持下设立的,将"中心"的总部选址北京,可以实现和亚投行总部更好的连接。此外,ICSID中心的仲裁地点位于华盛顿、伦敦、巴黎等城市,距离较远,费用过高。而北京是"一带一路"中线和北线B的起始点,在北线B端北京连接俄罗

---

① 参见张庆麟:《公共利益视野下的国际投资协定新发展》,中国社会科学出版社2014年版,第3页。

② 参见黄世席:《欧盟投资协定中的投资者国家争端解决机制——兼论中欧双边投资协定中的相关问题》,载《环球法律评论》2015年第5期。

③ 参见冯元元:《WTO秘书处研究》,厦门大学2008年硕士学位论文,第47~48页。

斯、德国、北欧国家。在中线北京连接阿富汗、哈萨克斯坦、匈牙利、巴黎，是连接欧亚大陆的重要节点，恰好是“一带一路”交通网络中的辐射核心，距离较近，地理位置优越，有效地降低了共建21世纪海上丝绸之路沿线低收入国家的仲裁成本。

3. 仲裁员的任命和行为准则

仲裁员独立性和公正性是程序正义的内在要求，是仲裁的重要程序问题。仲裁庭应由3名成员组成，争端各方可任命一名仲裁员，另一名仲裁员应由双方协议产生，在选择仲裁员期间，任何一方得提出质疑之权利。要改变过去ICSID机制的仲裁员来自少数发达国家的特点，更多地选用发展中国家的仲裁员，使仲裁员的组成人员多样化，更有利于实现域内各国之间的公平。此外，应制定仲裁员和调解员的行为准则。此外，申请人如果表明对仲裁员的公正性和独立性有合理的质疑，就可以否定仲裁员。仲裁员必须公开任何利益、关系，可能影响独立或者公正的事项或者可能产生不诚实或者不公平行为的合理现象。

4. 仲裁规则的选定

“一带一路”区域投资争端解决中心的仲裁规则应充分考虑共建21世纪海上丝绸之路沿线国家的法治水平，允许争端双方选择准据法，以东道国国内法为断案依据之一。以东道国国内法作为准据法之一是公平的，因为东道国和投资者的行为均要服从国内法律，而且对双方都具有可预见性。

5. 赋予各成员“保留权”

“一带一路”区域投资争端解决中心应恰当地为共建21世纪海上丝绸之路沿线发展中国家的经济主权保留一定的空间，实现外资保护与主权权益必要的平衡。具体而言，“一带一路”区域投资争端解决中心可考虑重启用尽当地救济，加强协定签署方在争端解决中的地位，如允许出具解释性声明。此外，同意政府在是否启动争端解决程序时起到把关的作用，例如，在争端解决开始前通知，开启公共利益审查，就诉诸投资者—国家间争端解决设置准入门槛，争端发生时要首先寻求协定签署方间的解决。

6. 仲裁的排他管辖权

正确处理“一带一路”争端解决机制与ICSID、WTO争端解决机制的关系。对于身兼ICSID、WTO争端解决机制的成员国，在争端解决领域，将面对一个问题，即当共建“一带一路”投资争端解决公约的一个成员与另一个成员发生贸易纠纷后，该纠纷是适用ICSID、WTO争端解决机制，抑或是适用“一带一路”投资争端解决？笔者认为，有必要在《共建“一带一路”投资争端解决公约》中澄清其与其他争端解决机制的关系，规定采用何种争端解决机制解决争议尊重成员方的意思自治,但一旦成员方决定将争议提交"一带一路"投资争端解决中心解决,就意味着其放弃将相同争议提交其他争端解决机制解决的权利,即"一带一路"投资争端解决中心具有排他管辖权。

7. 增加仲裁透明度

在"一带一路"投资争端解决中心进行仲裁的过程中,透明度和公众参与是十分重要的问题。与一般私人间的商事仲裁不同,投资条约仲裁的一方是投资东道国,争端事项通常涉及东道国为了国家安全或公共利益采取的管理措施。对国家一方来说,如果裁决不公,受影响的不单是政府,还可能涉及公共利益或者社会其他人群。① 因此,增强投资条约仲裁程序的透明度并允许公众和非争端缔约方参与,既可以让仲裁庭对所涉案件的信息有较全面的了解,对仲裁庭正确解释和适用法律也有帮助。② 具体来说,可以从以下三个方面增加仲裁的透明度:(1)公开审理。共建21世纪海上丝绸之路沿线国家的公众均可以跟踪了解诉讼程序,每个争端的书面陈述须向公众提供;除非争端方一致不同意公开,否则听证会均向公众公开。(2)规范非争端当事方法庭之友提交书面意见的程序。在争端解决程序中,如争端方境内的非政府组织就特定案件向专家组请求提交书面意见,专家组应予以考虑。(3)裁决有条件公开。仲裁庭作出的最终报告向公众提供。

第三节 共建21世纪海上丝绸之路沿线国家的投资争端解决机制研究——以缅甸为例

随着经济全球化的发展,世界各国都在吸引外国投资。在外国投资不断扩大的过程中,投资者与东道国之间的争端已成为国际投资争端中最为主要的类型,也由于涉及主体和争端的复杂性,各国都在探索最佳的解决途径和建立有效的投资争端解决机制,以增强投资者信心。

缅甸是中国的重要邻国,也是共建21世纪海上丝绸之路倡议的重要合作伙伴之一。目前,中国是缅甸第一大投资输入国。中国投资者为缅甸国内带来了大量工作岗位,提高了就业率,为缅甸经济发展作出了贡献。随着共建21世纪海上丝绸之路倡议的不断推进,中缅两国在投资领域的合作规模也在不断扩大。本书

---

① 参见梁丹妮:《国际投资争端仲裁程序透明度研究——从〈ICSID仲裁规则〉(2006)和〈UNCITRAL仲裁规则(修订草案)〉谈起》,载《国际经济法学刊》2010年第1期。

② 参见余劲松:《国际投资条约仲裁中投资者与东道国权益保护平衡问题研究》,载《中国法学》2011年第2期。

通过对缅甸外国投资者与政府争端解决机制的系统研究，从缅甸国内立法和国际法治两个层面对缅甸现行外国投资者与政府争端解决机制进行梳理，分析缅甸外国投资者与政府争端解决机制存在的问题并提出解决思路，以为中缅双方投资合作保持长期稳定提供机制保障。

一、缅甸外国投资者与东道国争端解决机制的国内机制

缅甸的投资法律制度经历了多次修订。2016年以前，缅甸投资法律对于国内投资者和国外投资者的规定并不一致，国内公民适用缅甸《公民投资法》，外国投资者则适用缅甸《外国投资法》。缅甸《公民投资法》与缅甸《外国投资法》都经历了两次修改。① 但投资法仍双轨并行，投资审批制度与市场准入制度繁复使缅甸投资法律体系混乱。为了改变这一混乱的局面，创造更加方便稳定的投资法治环境以吸引外国投资、促进国内投资，2016年10月，缅甸总统签署并颁布了最新的《投资法》，该法于2017年3月30生效。至此，缅甸结束了国内投资法与外国投资法分别立法的模式，将缅甸《公民投资法》与缅甸《外国投资法》二者合一，对国内公民投资与外国投资进行了统一的规定。尽管最终缅甸《投资法》给予外国投资者的待遇与缅甸公民的投资待遇依旧存在差别，自由化程度并不高，但这是缅甸践行公平合理的投资规则走出的重要一步。

在新的缅甸《投资法》颁布之前，仅2012年缅甸《外国投资法》对投资争端解决机制进行了规定，但该法没有将国家间、私人间以及外国投资者与东道国的投资争端区分开来，只是作了笼统的规定。在2016年以前，除了2012年的缅甸《外国投资法》外，其他投资法律并没有对投资争端解决机制作出规定；尽管2012年缅甸《外国投资法》规定了争端解决机制，也只是将所有争端笼统结合，并没有明确提及仲裁或诉讼机制。为了更好地吸引外国投资，2016年颁布的缅甸《投资法》明确规定了外国投资者与东道国之间的争端解决。

目前，缅甸外国投资者与政府争端解决机制的国内机制主要由2016年颁布、2017年生效的缅甸《投资法》规定。新的缅甸《投资法》合并了以前的缅甸《公民投资法》与缅甸《外国投资法》，适用于所有在缅甸投资的投资者，包括本国国民与外国投资者。而适用的对象则是缅甸《投资法》生效后，缅甸联邦共和国（以下简称联邦）现有或新增的投资，不适用与已经产生的投资争端或在缅甸《投资法》施

① 分别为：1994年缅甸《公民投资法》、2013年缅甸《公民投资法》、1988年缅甸《外国投资法》与2012年缅甸《外国投资法》。

行前就终止的投资；除了例外情况与安全豁免之外，政府的相关措施也适用2016年缅甸《投资法》[①]。值得注意的是，2016年缅甸《投资法》不仅适用于投资者与联邦之间的争端，还适用于投资者之间的争端。在此仅讨论投资者与东道国之间的争端。此外，缅甸管理外国投资另一个重要的法律渊源是2017年3月30日由规划和财政部颁布的缅甸《投资条例》以及缅甸投资委员会发布的公告。缅甸《投资条例》并没有对投资者之间的争端作进一步解释，只是重点对外国投资者与东道国之间的投资争端作出了规定。

（一）前置程序

缅甸《投资法》规定了争端解决的前置程序，要求建立申诉机制，在投资的相关问题尚未成为法律争端之前可解决问题、预防纠纷以及进行相关调查，防止争端发生。[②] 而在投资者与联邦或投资者之间的任何投资争端提交法院或仲裁庭之前，争端各方应妥善解决争端，为友好解决争端而努力。如果投资争端不能友好解决：其一，在有关协议中没有规定争端解决机制的，应按照适用法律在法院或仲裁庭进行调解或解决。其二，在有关协议中有规定的，应按照争端解决机制予以遵守和解决。如上所述，缅甸投资委员会对解决投资争端起着重要作用，该委员会可以通过建立和管理申诉机制来查询和解决问题，以防止发生争端。

在争端解决机制方面，法律不仅规定了外国投资者与东道国之间的纠纷，还规定了投资者之间的纠纷，其规定争议应以友好方式解决。如果争议不仅通过友好方式解决，还可以通过诉讼或仲裁来解决。2017年缅甸《投资条例》也有类似规定，并且进一步规定了外国投资者和国家争端解决机制的前置必要程序，并指出了只有在寻求友好手段解决无效之后，才可以就争端提起诉讼或仲裁。[③] 总之，缅甸《投资法》和缅甸《投资条例》都规定，对于外国投资者和国家争端解决，首先应当寻求友好的解决方式，只有当争端不能和平解决时，才能够通过仲裁和诉讼来解决。

（二）诉讼

诉讼是解决争端重要的方式。缅甸《投资法》第84条规定，如果投资争议不

---

① *Section* 4, 5 *of the Myanmar Investment Law*, 2016.

② *Section* 83 *of the Myanmar Investment Law*, 2016.

③ *Section* 7 *of the Myanmar Investment Rules*, 2017.

能得到友好解决，应根据适用法律诉至法院或仲裁庭解决。[①] 尽管缅甸投资争端解决规定了仲裁方式，但缅甸的仲裁制度并不完善，使用仲裁方式处理争端也少有发生。在缅甸与各国所签订的投资协定中，也将诉讼作为投资争端解决的主要方式。[②] 由此可见，诉讼是缅甸投资争端解决机制中重要的解决方式。缅甸的法院体系包括缅甸法院制度、法院类型、法院管辖权和法官管辖权等内容。缅甸的法律制度是一个独特的体系，源于普通法法律体系，在发展过程中，结合民法法系的特点，最终形成了普通法法系和民法法系的独特结合。普通法的原则被植入了成文法的载体中，并由缅甸联邦的立法机构和地方法院颁布；而法律的效力源于法律的制定。因此，尽管缅甸属于普通法系，但是其国内法律可以说是普通法和大陆法系的组合。[③]

对于投资者而言，明确了解东道国的投资案件管辖权尤为重要。2010 年 10 月 28 日，缅甸根据 2008 年《缅甸联邦共和国宪法》（以下简称缅甸《宪法》），颁布了《联邦司法法》。缅甸现行的司法制度便基于该法。缅甸的法院组成如下：（1）联邦最高法院、省高等法院、邦高等法院、民族自治区法院、自治县法院、县法院、镇区法院和其他法院组成的法院；（2）军事法庭；（3）联邦宪法法庭。[④] 根据诉讼请求的种类以及涉及的价值、当事方所在地或行为点，诉至不同层级的法院。

1. 联邦最高法院的管辖权。联邦最高法院是根据缅甸《宪法》而成立的，是缅甸最高级别的司法机构，位于缅甸新首都内比都。作为缅甸最高级别的司法机构，联邦最高法院是最终上诉法院，由联邦首席大法官组成的联邦最高法院的判决在所有案件中都是最终判决，并且无权对其提起上诉。2010 年《联邦司法法》第 11 条至第 14 条规定了联邦最高法院的管辖权。第一，联邦最高法院对以下事项拥有初审管辖权：（1）由联邦缔结的双边条约引起的事项；（2）联邦政府与该省或邦政府之间的其他争议，但与宪法相关的事项除外；（3）各省之间、各邦之间、省与邦之间、联邦属地与省或邦之间的其他争议，但与宪法相关的事项除外；（4）海盗，在国际水域或空域的犯罪，违反国际法在地面或国际水域或空域的犯罪；（5）根据任何法律规定应由联邦最高法院管辖的案件。第二，根据缅甸《宪法》或任何其他

---

① Alec Christie, *The Rule of Law and Commercial Litigation in Myanmar*, Pac. Rim L. & Pol'y J., 2000(10).

② 例如，缅甸与中国双边协定第 9 条第 2 款规定："如争议自协商解决之日六个月内，未能通过协商友好解决，缔约一方的投资者可以将争议提交缔约另一方有管辖权的法院解决。"

③ Tun Shin, *Why Invest in Myanmar? And other Notable Legal Articles*, Wisdom House Publishing, 2013:76.

④ Section 293 of Constitution of the Republic of the Union of Myanmar.

法律的规定，联邦最高法院对以下事项具有管辖权：(1)对最高法院的初审案件、省高等法院或邦法院和其他法院的判决、裁定和命令提出的上诉；(2)依法修改法院判决或裁定，确认死刑和死刑的上诉；(3)对移送至联邦最高法院的案件有管辖权，并有权将案件移交给任何其他法院。在任何情况下，联邦最高法院的判决都是终局的和决定性的，因此无权上诉。但是，对联邦最高法院在行使其初审管辖权时作出的判决、法令或命令，有权上诉，并不丧失与缅甸《宪法》第19条(c)款相一致的上诉权。此外，联邦最高法院在初审、上诉或重审时作出的判决、裁定和命令的程序，除特别上诉法院或合议庭裁决的案件外，如果联邦法院首席大法官认为联邦最高法院审理的案件中出现影响公共利益保障的问题，可以提请特别上诉法院或合议庭重新审理和判决此类问题，联邦最高法院可以行使其管辖权，由一名法官或由联邦首席大法官规定的一名以上法官裁决。

2. 省或邦高等法院的管辖权。2010年《联邦司法法》第38条规定了缅甸省或邦高等法院的管辖权，包括：初审判决；上诉案件；重申案件；其他任何法律规定的情况。省或邦高等法院对民族自治区法院、自治县法院、县法院作出的判决、裁定和命令以及依法重申的判决或命令具有管辖权。此外，省或邦高等法院对以下案件也具有管辖权：(1)对其在本省或国家管辖范围内由其自己的决定转交给它的案件作出裁决；(2)裁决将案件从任何法院移交给本区域或国家管辖范围内的任何其他法院。

3. 民族自治区法院、自治县法院、县法院的管辖权。根据2010年《联邦司法法》第53条至第55条，民族自治区法院、自治县法院、县法院依法对刑事案件、民事案件以及根据其他法律享有初审管辖权，对乡镇法院和其他法院的判决、裁定或命令以及重申后的判决、裁定等依法享有上诉管辖权。此外，民族自治区法院、自治县法院、县法院还具有以下案件的管辖权：(1)对自治区法院、自治县法院、县法院的管辖范围内的自主决定向其移交的案件作出裁决。(2)对从任何法院移交给自治区法院、自治县法院、县法院的管辖范围内的任何其他法院的案件作出裁决。根据民事诉讼法，这些法院还享有了民事案件的初审、上诉、重审管辖权。作为初审法院，还享有审理和认定刑事案件和民事案件严重性的权力。

4. 乡镇法院和其他法院的管辖权。乡镇法院对刑事案件、民事案件和任何法律规定的初审案件均有管辖权。依法设立的其他法院根据相关法律规定的案件享有管辖权。

(三)仲裁

如上所述，缅甸外国投资者与东道国之间的投资争端可以通过诉讼加以解决。此外,缅甸外国投资者和国家争端解决机制也涉及仲裁法的相关规定,可以适用仲裁程序解决外国投资者与缅甸政府间的投资争端。2016 年,缅甸颁布了新的《仲裁法》。缅甸《仲裁法》的结构主要借鉴了 1996 年印度《仲裁与调解法》的相关规定,同时参考了联合国国际贸易法委员会(United Nations Commission on International Trade Law,UNCITRAL)有关国际商事仲裁的示范法。2016 年缅甸《仲裁法》的绝大多数规定实质是由上述两部法律的相关条款翻译而来。[①] 2016 年缅甸《仲裁法》第 2 条规定了适用这部法律的范围:"(a)除(b)款另有规定外,不论仲裁协议是否在本国签订,若仲裁地点在国内即可适用本法;(b)若仲裁地点在本国以外的任何国家,或者仲裁地点未被指定或决定,则应适用本法第 10、11、30、31 条和第 10 章;(c)若根据本国其他现行法律规定不能适用仲裁程序解决争端,依上述法律相关规定,本法不得损害上述法律规定的权益。"

根据缅甸 2016 年《仲裁法》对适用范围的规定,无论仲裁协议是否在缅甸国内签署,任何国内仲裁或外国仲裁均可适用缅甸《仲裁法》;如果其他现行法律不限制采用仲裁机制解决争端,则其他争议也可以适用缅甸《仲裁法》。由于 2016 年缅甸《投资法》并没有包含任何限制适用缅甸《仲裁法》的条款,加之 2016 年缅甸《投资法》本身已经规定了若无法通过友好方式解决投资争端,则可以采用诉讼或仲裁程序来解决投资争端,由此可知,可以适用 2016 年缅甸《仲裁法》解决投资争端。

缅甸《仲裁法》的宗旨是公平有效地解决国内和国际商事争端,承认和执行国际仲裁裁决,并鼓励通过仲裁解决争端。如上所述,缅甸《仲裁法》吸纳了 UNCITRAL 示范法大量条款,这意味着缅甸国际商事仲裁制度受示范法影响较大。当然,示范法需要经过变通,更好地适应缅甸国情。

2016 年缅甸《仲裁法》与 UNCITRAL 示范法最大的区别在于国内仲裁与国际仲裁的差异。缅甸国内仲裁与国际仲裁是两种相互独立的仲裁形式。关于国际仲裁,与 UNCITRAL 示范法类似,缅甸《仲裁法》规定以下情况可以被定义为国际仲裁:(1)至少一方的营业地在缅甸境外;(2)仲裁地点与当事人的营业地点不同;(3)与商业关系或争议联系最紧密的地方与当事人的营业地点不同;(4)双方明确同意仲裁协议的标的物与一个以上国家有关。而任何不属于国际仲裁的情况,都是国内仲裁,由缅甸法律来规定。

在法律适用方面,国际仲裁应根据双方同意的法律来决定。如果当事人没有

---

① See UKyaw Aye, *An introduction to the Law and Judicial System of Myanmar*, No. 001. Myanmar Law Working Paper Series, CALS Myanmar Working Paper, 2014, p. 10 – 11.

约定法律,仲裁庭应决定所适用的法律。另外,若经当事双方同意且授权,法庭也可以根据公平合理原则来进行仲裁。

与国际仲裁不同的是,缅甸国内仲裁还会受到来自法院的干预。根据缅甸《仲裁法》的规定,除非另有规定,法院不得干涉仲裁解决争端。缅甸《仲裁法》力求平衡缅甸法院在仲裁程序中的作用,规定法院只能介入与缅甸《仲裁法》规定的事项①有关的仲裁程序。尽管法院有权通过临时措施介入仲裁,但是也有很多限制。

对于承认和执行外国仲裁裁决,缅甸一度采取反对的态度,因而也使缅甸作出的裁决在其他国家难以得到承认与执行。② 缅甸已经于2013年7月加入《承认及执行外国仲裁裁决公约》(简称《纽约公约》),并于2016年新《仲裁法》承认了其效力。2016年缅甸《仲裁法》规定了《纽约公约》其他成员国作出的裁决在缅甸承认与执行的事宜。而对于拒绝承认和执行外国仲裁裁决的理由,2016年缅甸《仲裁法》与《纽约公约》有相似的规定,涉及程序、可仲裁性以及公共政策等问题。

当然,2016年缅甸《仲裁法》也规定了国内仲裁的执行问题。可以基于类似UNCITRAL示范法第34条的理由申请撤销国内仲裁裁决,也可以提出上诉。但是,缅甸《仲裁法》这些规定并没有明确缅甸国际仲裁是否也适用该规定,是二者通用还是仅仅适用于国内仲裁。可见,缅甸执行或撤销国际仲裁裁决的程序尚不明确,③亟待完善。

二、缅甸外国投资者与东道国争端解决机制的国际机制

在实践中,投资领域的外国投资者与东道国之间的争端与其他类型相比较,更为复杂和突出,是投资争端最主要的表现形式。解决外国投资者与东道国之间的争端,首先是适用东道国法律,其次是适用有关条约条款。在这种情况下,有关外国投资者与东道国争端解决国际机制的条约规定,对投资者来说是至关重要的。条约对投资争端解决的规定,包括了国家间争端以及外国投资者与东道国之间争端的争端解决条款两类。

(一)双边投资协定中的投资争端解决机制

双边投资协定的主要目标是为投资者提供保护。如果缔约国在投资管理中

---

① 缅甸《仲裁法》规定了法院可以支持和监督仲裁程序的情况,例如临时保全争议财产、紧急采取证据、进入特定场所取证、调查、撤销裁决等。

② William D. Greenlee, *Jr. Arbitration in Myanmar-The Best Option*?, International Law News, 2017(3).

③ John Hancock, Ola Nicolai Borge & Jo Delaney, Myanmar enacts new Arbitration Law[EB/OL].

违反其义务或投资待遇,投资者可以对国家提起请求,投资者成为法定程序中的一方当事人。

目前,缅甸签订了12个双边投资协定。除与美国、印度尼西亚的双边投资协定外,缅甸所有的双边投资协定均提及争端解决条款。在规定了争端解决条款的双边投资协定中,除菲律宾与缅甸的双边投资协定外,其他协定对外国投资者与东道国争端解决机制的规定几乎相同。缅甸签订的双边投资协定中的争端解决机制都规定了前置程序,如谈判、磋商或友好方式。当谈判、磋商或友好方式无法解决争端时,就采取进一步的争端解决程序和方式,即诉讼、仲裁或者是调解程序。对于进一步采用的争端解决方式,缅甸签订的双边投资协定有不同的规定:有些是强制适用诉讼方式,有些能够自由选择争端解决方式。对于调解程序,在一些双边投资协定中有特别提出,如《印度与缅甸双边投资协定》和《以色列与缅甸双边投资协定》。在双边投资协定中,仲裁是解决外国投资者与东道国之间争端的主要方式。双边投资协定中规定的仲裁包括了机构仲裁和特设仲裁庭,其中以国际投资争端解决中心(简称ICSID)和UNCITRAL仲裁规则最为重要。当然,除ICSID和UNCITRAL仲裁规则之外,缅甸签订的双边投资协定也有适用其他仲裁机构和其他仲裁规则的规定,如《越南与缅甸双边投资协定》的争端解决就不适用ICSID。一些双边投资协定还对仲裁程序作出了具体规定,如《科威特与缅甸双边投资协定》《以色列与缅甸双边投资协定》以及《日本与缅甸双边投资协定》都明确提出了仲裁裁决的执行程序。

(二)《东盟全面投资协议》中的投资争端解决机制

由于缅甸是东盟成员国,且签订了东盟投资协议,因此东盟投资协议所规定的争端解决机制也适用于缅甸。

《东盟全面投资协议》(ASEAN Comprehensive Investment Agreement,ACIA)于2012年3月29日生效,旨在通过巩固和扩大东盟成员国之间的现有协议,创造一个自由开放的投资环境。ACIA继承了《东盟投资区域协定》(Framework Agreement the ASEAN Investment Area,AIA)与《东盟投资担保协定》(ASEAN Investment Guar-antee Agreement, IGA),在重申与发展AIA和IGA相关规定与原则的同时,ACIA更试图构建一个基于国际最优实践的制度体系,以此为现有的国际协定提供更全面、更明确的规定,提高东盟作为投资目的地的吸引力。ACIA第28条到第41条对投资者与东道国之间投资争端解决机制作出了规定,包括调解程序。根据ACIA的规定,争端各方在提交仲裁之前应首先采用友好解决的方式尝试解决争端,如协商或谈判。为了尽可能通过协商解决投资争端,争端的投资者一方应尽一切合理努力,在磋商程序开始前,向争端成员国一方提供有关投资争端的法律和事实依据的信息。ACIA第32条规定了争端的投资者一方有权提起适用投资争端解决机制。ACIA第33条规定,当投资者提出申请之后,可以从6种争端解决机制中选择意欲适用的争端解决机制。第1款规定了这六种争端解决机制:(1)向有管辖权的争端国家一方国内法院或者行政法庭提起诉讼请求;(2)适用ICSID公约,采用ICSID仲裁程序解决①;(3)适用ICSID附加便利规则,采用ICSID仲裁程序解决;(4)依据UNCITRAL规则提请仲裁;(5)向吉隆坡区域仲裁中心或其他东盟区域中的仲裁机构提请仲裁;(6)若争端双方达成一致同意,不论向任一仲裁机构提请解决,根据上述规定适用任何仲裁规则,都应当排除其他规则适用的可能。此外,ACIA对提请争端解决的申请、适用范围以及申请的限制都作了具体规定。对于仲裁程序的运行、仲裁员资格与选任、仲裁费用也有详细的规定。ACIA还提到了仲裁管辖的敌对以及争端的可裁决性以及仲裁裁决的承认与执行。

总之,ACIA中规定了4种投资者与东道国争端解决的方式,包括谈判、调解、诉讼与仲裁,投资者拥有较大的自由选择争端解决的方式的权利。

(三)东盟与其他国家之间的协议中的投资争端解决机制

由于缅甸是东盟成员,亦有义务遵守东盟所签署的条约。东盟与其他国家所签订的协定中,若有关于投资者与东道国争端解决机制的相关规定,则缅甸也适用。这些区域协定有:(1)《东盟国家与大韩民国间全面经济合作框架协议》中的投资规定;(2)《东盟国家与中华人民共和国全面经济合作关系协定》中的投资规定;(3)《东盟国家与澳大利亚、新西兰自由贸易区协定》第11章投资章节;(4)《东盟国家与日本经济合作伙伴关系协定》第7章投资章节;(5)《东盟国家与印度共和国联盟全面经济合作框架协议》投资协议中的投资规定。因此,缅甸的投资争端解决机制由缅甸《投资法》、ACIA以及缅甸应遵守的区域或双边投资协定中对于投资争端解决规定的机制构成。为了避免上述规定之间发生冲突,缅甸《投资法》第91条特别指出:"如果本法任何条款之规定与缅甸联邦共和国所参与的国际条约、国际协定相关规定冲突,应遵守国际条约与国际协定中的相关

---

① 对于菲律宾而言,要适用ICSID公约提交ICSID仲裁,争端双方必须就投资争端解决达成书面协定。

规定。”

三、健全和完善缅甸外国投资者与东道国争端解决机制的思考

缅甸非常重视投资领域的发展。缅甸新的《投资法》《仲裁法》的颁布，缅甸《公司法》的制定以及加入《纽约公约》，都是缅甸在投资法治改革与发展方面作出的努力。投资争端解决机制的完善对缅甸吸引外资和发展公民投资进程的重要性不言而喻。[①] 尽管缅甸已经构建起了外国投资者与东道国争端解决机制，也参加了国际机制，引进了先进的制度；但是，不论是外国投资者还是缅甸国内投资者，都认为缅甸现有的投资争端解决机制仍不够完善。为了实现更好地保障投资的目的，笔者通过对缅甸的外国投资者与东道国争端解决机制进行分析，对缅甸外国投资者与东道国投资争端解决机制的完善提出以下思考。

(一)缅甸外国投资者与东道国争端解决国内机制的问题与解决

正如前文所提到的，缅甸外国投资者与东道国争端解决国内机制包括了友好解决方式、仲裁以及诉讼。缅甸《投资法》规定了投资者提请诉讼或仲裁前的必要前置程序，即友好解决机制。在友好解决机制中，MIC 和 IAC 对解决争端至关重要。而对于诉讼和仲裁机制，争端当事方可以根据自己的意愿选择更想要采用的方式。

尽管如此，缅甸的争端解决机制依旧存在一些亟待解决的问题。外国投资者与东道国国内争端解决机制的问题包括：(1)投资规则对争端解决机制的规定不足；(2)仲裁员资格；(3)缅甸仲裁机构的缺乏。针对以上问题主要有以下几点解决措施：

1. 完善投资规则对争端解决机制的程序性规定。应根据缅甸《投资法》第 27 条设立一个投资者援助委员会，协助根据法律第 25 条、第 82 条和第 83 条建立和管理申诉和争端解决机制。[②] 建立和管理申诉和纠纷解决机制对缅甸的投资争端解决机制的完善很有必要，但是缅甸《投资法》生效至今，尚未构建起申诉机制，这不利于有效解决投资争端。因此，缅甸应尽快建立申诉机制，根据缅甸《投资法》

---

① UNCTAD, *UNCTAD Series on Issues in International Agreements: Dispute Settlement: Investor-State*, United Nations Publications, 2003, p. 11 – 13.

② Rule 165(f) of the Myanmar Investment Rules 2017.

赋予其职能,推动缅甸投资争端友好解决。此外,对于外国投资者与东道国争端解决机制,亟待建立一个更加完备、有效、可行的解决机制程序。这样的程序应当包括争端解决的时限规定,如在两个星期内接受争议,在一个月内就争议各方进行谈判。如果争端不能通过谈判解决,可以依据缅甸《投资法》选择其他解决方式。要确保争端解决机制运行的有效性,为缅甸解决投资争端提供有效的方式,还应当明确委员会的职责与义务,有效的解决机制要求委员会必须无拖延地履行职责,且应被赋权可以根据具体情况作出临时裁决以保障投资不遭到损害,保障投资权益。

2. 明确缅甸《仲裁法》中对仲裁员资格的规定。尽管缅甸政府通过改革缅甸《仲裁法》和加入《纽约公约》以鼓励投资者适用仲裁制度解决投资争端,但是缅甸《仲裁法》所规定的仲裁制度实际上是一种临时仲裁,对缅甸国内而言,这样的制度运行是有障碍的(尽管大多数的商业合同都规定了缅甸《仲裁法》的适用),没有对仲裁员的资格作出明确规定。尽管缅甸《仲裁法》第五章仲裁庭的组成中规定了仲裁员的任命、仲裁员回避的事由、回避程序、终止任命和更换仲裁员等制度,但是,并没有对仲裁员的资格作出规定,仅在第13条第(e)款提到"首席法官或其指定的个人或机构在任命仲裁员时,应依据当事方之间的协议或其他因素考量仲裁员任命的资格,以确保仲裁员的独立与公正"。因此,缅甸国内普遍认为,《仲裁法》第13条第(e)款赋予首席法官或其指定的个人或机构进行仲裁员资格审查的权力。然而,对于首席法官或其指定的个人或机构进行仲裁员资格审查仅适用于一种情形,即当事方不同意指定仲裁员,请求首席法官任命仲裁员,由首席法官决定仲裁员的任命。此外,在关于仲裁员任命的条款中并没有明确提出在上述情况下首席法官所任命的仲裁员的资格问题,仅以"适当考虑仲裁员所应当具有的任何资格"作为唯一的规定条款,而"任何资格"一词非常宽泛,法律规定不明确,在实践中就难以确定这样的资格。

缅甸《仲裁法》可以借鉴《中华人民共和国仲裁法》的相关规定,对仲裁员的资格增加"仲裁员应具有执业资格""仲裁员应具有相关法律或商事经验"等要求。

然而,有学者认为这些要求都是多余的,因为在实践中当事方委托非律师进行国际仲裁的情况鲜有发生。但实际上,若将这些要求在法律中予以明确规定,则将赋予其强制性效力,有助于在实践中统一规范仲裁员的选任条件。因此,所有仲裁员的资格都应在法律中作出明确规定。虽然目前在缅甸利用仲裁方式解决争端的案例尚不多见,但随着外商对缅甸投资的增加,推进其适用的范围和频率将逐渐增多。对于当事方而言,担任仲裁员的资格及其专业程度与独立性和公正性,都会对争端的解决产生重大影响。在这样的情况下,若在法律中明确界定仲裁员的适格条件,规定仲裁员的资格,不但有利于争端的有效解决,而且能够及时任命仲裁员,提高仲裁效率。由于缅甸缺乏常设仲裁机构,无法通过机构审验仲裁员的资格,只有通过法律才能对仲裁员的资格进行规定与限制。总之,通过在法律中规定仲裁员的资格,不但有利于当事方投资争端及时有效地解决,而且能够促进缅甸仲裁制度的完善。

3. 增设仲裁机构。一般而言,仲裁制度包括临时仲裁和机构仲裁两种类型,各有特点,各具优劣。当事人能够基于其自身意愿及案件的具体情况,自由选择适合的争端解决机制。在缅甸仲裁制度中没有设置仲裁机构,可能引发许多问题,如仲裁员的任命、仲裁程序申请与启动、法律的适用、席位的确定以及其他专家的协助等。仲裁机构的设置,除了可以解决上述仲裁员资格审验的问题,也可以从管理和程序上完善缅甸仲裁制度。

在中国,仲裁制度主要是机构仲裁,在特定区域也出现了临时仲裁。① 机构仲裁在中国已经有了成熟的经验,一项关于中国仲裁制度的调查显示,2/3 的受访者称在中国愿意选择仲裁庭作为争端解决的方式,中国仲裁机构在争端解决中发挥了重要作用。② 中国兼具投资东道国与投资母国的身份,经济体量位于全球前列,在经贸投资活动频繁的同时能够实现争端的有效解决,仲裁机构功不可没。因此,为了完善缅甸仲裁制度,方便当事人利用仲裁程序解决纠纷,缅甸可以考虑规定机构仲裁,设立仲裁机构。当然,在仲裁机构的设立中,应参考有关国家的相关规定,重点考虑仲裁机构责任、仲裁机构的独立性、仲裁机构的适当程序、法院与仲裁机构的衔接、仲裁员名单和仲裁机构收费等问题。

(二)缅甸外国投资者与东道国争端解决国际机制的问题与解决

缅甸外国投资者与东道国争端解决的国际机制主要规定于多边投资条约和双边投资协定以及区域协议的相关规定。随着缅甸不断参与到国际投资规则中,外国投资者会对其国内的投资法治环境产生信赖,并会考虑将其作为投资目的地。可以说,国际投资争端解决机制也是增强缅甸外资吸引力、促进投资的一种激励机制。

---

① 中国于2017年3月在横琴自由贸易试验区发布了首部临时仲裁规则。

② Monika Prusinowska, China Arbitration Survey:Findings[EB/OL].

在前文的梳理和分析中可以发现,对于已经与缅甸签订了双边投资协定和东盟区域协定的国家的投资者而言,缅甸现有的投资争端解决机制在一定程度有助于实现其权益的保障。但是,这样的保障仍有待加强。目前,缅甸外国投资者与东道国争端解决国际机制还存在缅甸缔结双边投资协定的不足以及缅甸尚未加入ICSID公约的问题。针对以上问题的解决措施有以下几点:

1. 加快缔结双边投资协定。双边投资协定在国际投资体制中发挥着核心作用。与多边投资条约不同,双边投资协定是针对单个双边关系的情况而制定,仅对两个缔约国具有约束力。尽管如此,由于双边投资协定涉及缔约方少,更容易达成协议,是目前国际投资条约中最主要的形式。大多数双边投资协定有着共同的结构。一些国家推出了双边投资协定范本,[①]例如,美国双边投资协定范本、印度双边投资协定范本等。双边投资协定往往都规定有争端解决条款,允许一国投资者向另一缔约国提交“投资争端”仲裁。可见,双边投资协定在投资争端解决机制中尤为重要。

缅甸目前只签订了12个双边投资协定,其中已经生效且规定了投资争端解决机制的双边投资协定只有6个。为此,建议缅甸加快与各国签订双边投资协定步伐,规定双边投资争端解决机制,完善投资协定保护网络。对于那些尚未与缅甸签订双边投资协定或者不是东盟区域协定缔约方的国家的投资者而言,缅甸外国投资者与东道国争端解决的国际机制只能依靠缅甸国内法或外交保护。目前,启动外交保护并非易事,要利用外交保护来实现外国投资者与东道国投资争端的解决仍存在极大的困难与障碍。实践中,争端当事方也不愿意完全依靠外交手段来实现争端的解决。因此,在完善外国投资者与东道国争端解决国际机制方面,需要考虑解决这些问题。缅甸加快与各国签订双边投资协定的过程中,首先应当考量与哪些国家签订双边投资协定更有利于吸引外国投资,促进其国内发展。其次,缔结双边投资协定的目的不能仅限于吸引外国投资,更重要的是保护外国投资,这也是外国投资者最为关注的内容。此外,双边投资协定的争端解决机制,要对外国投资者与东道国争端解决进行明确规定,设置完备而具体的争端解决制度,以期在缅甸能够实现外国投资者与东道国争端的有效解决。

2. 适时加入ICSID公约。ICSID公约所规定的投资争端解决机制是目前外国投资者与东道国争端解决最有效的机制,成员国涉及全球大多数国家,缅甸尚未加入其中。ICSID有助于营造良好的投资法治环境,缅甸可以考虑适时加入。

---

① Gary B. Born, *International Arbitration*: *Law and Practice*, Wolters Kluwer, 2012, p. 415.

ICSID公约所规定的投资争端解决机制是目前最为重要的多边投资争端解决机制。根据ICSID公约的规定,外国投资者可以直接对东道国违反投资协议及投资不当管理提起仲裁,且任何成员方不得以任何理由拒绝执行ICSID裁决。由于ICSID裁决具备的执行力,外国投资者更加倾向适用ICSID解决争端。缅甸加入ICSID公约不但有利于与其签订双边投资协定的国家的外国投资者,而且能为其他投资者提供解决外国投资者与东道国争端的最佳途径。

本书也试图对中国企业在缅甸投资可能存在的投资争端风险进行提示。目前,中国企业在缅甸的投资不少是基础设施项目,资金大,周期长,大都涉及与缅甸政府的合约或管制较多领域,易引发投资争端。因此,应加强风险防控意识,注重合规性和保护机制,研究和利用缅甸外国投资者与政府争端的国内和国际机制。要注重合同的可操作性,订立有效的争端解决条款,同时考虑多元化的争端解决机制的运用,当争端发生时,确保权益依法依约获得救济。此外,中国企业应增强预防管控投资风险的能力,降低投资争端发生的可能性。一方面,中国企业应注重与缅甸政府管制权相关的环境保护与劳工权益保护等社会化问题。目前,缅甸不断加快环境保护立法,民众环保意识进一步增强,外国企业包括中国企业在赴缅甸投资时,应了解和遵守当地环境标准和监管的规定。在雇佣当地劳工时,更多考虑解决当地就业问题,同时保障劳工权益。① 另一方面,中国企业在赴缅甸投资时应加强风险的预估、评价和预警,建立有效的风险评估预警制度,②及时有效地化解和防控投资风险,实现投资目标。

第四节　共建21世纪海上丝绸之路背景下的ICSID改革

21世纪海上丝绸之路倡议是新时期中国全面对外开放的重要举措,倡议实施以来,越来越多的中国企业走出去,在21世纪海上丝绸之路沿线国家进行投资。然而,21世纪海上丝绸之路沿线大部分国家投资环境较差,进行大规模投资存在风险,且已经产生了较多争端。ICSID作为目前21世纪海上丝绸之路区域内最有效的投资争端解决机制一直以来都饱受质疑和批评。2016年10月,ICSID建议成

---

① 参见孙佑海:《绿色"一带一路"环境法规制研究》,载《中国法学》2017年第6期。

② 参见郑国富:《民盟执政缅甸外资发展的新特征、新趋势及中国的应对策略》,载《学术探索》2017年第6期。

员国启动了成立以来ICSID相关规则的第五次修改计划,中国应当抓住机遇,在改革中发出中国声音,贡献中国智慧,让ICSID能够更加契合21世纪海上丝绸之路建设的要求,符合国际投资争端解决发展趋势。

一、21世纪海上丝绸之路背景下中国对外投资的风险

自2013年提出共建21世纪海上丝绸之路倡议以来,越来越多的中国企业"走出去"参与21世纪海上丝绸之路建设。从整体上看,我国是双向投资大国,但在21世纪海上丝绸之路区域内,中国以资本输出为主,且资金主要流向能源和基础设施领域。能源和基础设施投资标的金额大、周期长,一个稳定和法治的营商环境显得尤为重要。21世纪海上丝绸之路沿线国家处于不同的发展阶段且以发展中国家为主,在这些国家投资的风险远高于在发达国家的投资。

中国投资身份的变化,以及中国企业在21世纪海上丝绸之路沿线国家日益增多的基础设施投资,对于中国而言是一个重要的风向标,是中国在21世纪海上丝绸之路区域内配置资源、积极影响全球经济格局的重要标志,也是参与全球治理秩序和建设的重要考量。中国企业投资基础设施建设,在寻求经济利益、服务于共建21世纪海上丝绸之路倡议的同时,面临巨大的风险。

能源与基础设施建设具有建设周期长、投资成本高、收益回报期长且不稳定等特征,通常涉及与政府的特许关系和法治保障等问题。因此,相较于其他类型的投资,能源及基础设施建设对投资东道国的投资环境要求更高。21世纪海上丝绸之路沿线发展中国家普遍存在法治水平较低,投资环境较差的情形,中国投资者面临较高的非商业风险。(1)主权信用风险。主权信用风险包括一国不愿意或者不能够履行其偿还外债的义务,或者拒绝履行其承诺的偿还外债的义务。在国际收支结构不平衡而造成外汇短缺的情况下,主权信用风险可能会涉及转移风险,这些风险是基础设施投资者需要考虑的关键因素。21世纪海上丝绸之路沿线国家信用等级普遍不高,且差异性较大。由主权信用风险引发的转移风险使投资者无法自由将其利润、利息和资本汇出东道国,由此将会对投资者造成严重损失。在发展中国家的基础设施建设存在巨大的资金缺口且已有的融资机构的援助有效性不足的情况下,主权信用风险将会被进一步放大。(2)政治和监管风险。政治和监管风险包括一切因东道国政府的作为或者不作为而对投资者利益的冲击。大约20%的海外投资者认为除宏观经济因素之外,政治因素是阻碍进入新市场投

资最重要的因素。① 总体来看,21世纪海上丝绸之路沿线国家中多为新兴经济体,整体经济基础较为薄弱,经济结构单一,经济稳定性差。基础设施建设与东道国政府有密切的关系,建设和收益回报周期往往要经历几届政府,投资者不仅需要考虑当权政府是否会履行其承诺,还要考虑之后政府是否会对其造成阻碍。并且,基础设施投资的各个阶段都可能遇到不同类型和程度的政治风险。(3)腐败风险。21世纪海上丝绸之路建设中的腐败问题也是中央高度关注的问题。"透明国际"2014年发布CPI(腐败感知指数)数据显示,21世纪海上丝绸之路区域41国样本的平均得分35分,明显低于较全球175个国家的平均分(43分)。在基础设施建设中,投资决策节点、产权交易节点、招标投标节点、项目运营节点都是腐败风险的高发节点。21世纪海上丝绸之路区域腐败问题严重,不仅会增加投资者的投资成本,增加项目被迫停止和相关负责人面临刑事指控的风险,还会危及市场主体的公平竞争关系,扭曲健康公平的市场秩序,阻碍21世纪海上丝绸之路建设进程。

21世纪海上丝绸之路区域投资面临的主权信用风险、政治监管风险和腐败风险等,对投资者的利益和21世纪海上丝绸之路建设构成了威胁,是引发投资争端的重要因素。中国投资者在21世纪海上丝绸之路沿线国家投资面临着传统风险和非传统风险交织的情势,同时与东道国生态环境的管制措施有着密切关系。例如,中国电力投资集团投资的缅甸密松水电站项目,该工程在履行了中缅两国所要求的所有手续之后,于2009年开始动工,2011年9月被缅方单方面叫停,后来政府军与克钦独立军交战波及密松水电站工程,对工程造成严重破坏。② 中国水电十一局投资缅甸的莱比塘铜矿项目,由于当地居民抗议,项目经历停工复工再停工反复磨难后,于2012年全面停工,其原因主要包括征收补偿数额的问题和对当地生态环境的影响。中国国电集团公司投资柬埔寨柴阿润水电站遭到当地民众抗议停工,柬埔寨首相洪森公开表示在其任期之内大坝不会开工。2017年11月,尼泊尔政府单方面宣布终止葛洲坝集团与尼泊尔能源部在2017年6月签署的甘大吉水电站项目,官方亦没有正式解释单方面终止该项目的具体原因。这一系列争端主要由政府行为引发,其性质都属于投资争端,但目前为止大部分争端仍没能得以有效解决。

---

① Strategic Infrastructure Mitigation of Political & Regulatory Risk in Infrastructure Projects, World Economic Forum, 2015, p. 8.

② 参见张万洪、张玲:《论我国境外投资权利救济路径的选择——基于"密松项目"的个案研究》,载《上海对外经贸大学学报》2006年第2期。

ICSID在解决21世纪海上丝绸之路区域内发生的投资争端解决中扮演了重要的角色。21世纪海上丝绸之路沿线国家中已有53个国家加入ICSID,未加入的有13个,分别是伊朗、巴勒斯坦、阿联酋、印度、马尔代夫、不丹、缅甸、老挝、越南、波兰、斯洛伐克、斯洛文尼亚、塔吉克斯坦。除巴勒斯坦、不丹、马尔代夫未对外缔结BIT外,其他63个国家BIT中都选择过ICSID作为投资争端解决机构。因此ICSID在21世纪海上丝绸之路区域具有较高的认可度和重要性。截至2016年7月,ICSID共受理案件586件,21世纪海上丝绸之路沿线国家被诉案件206件,占比35.1%,乌克兰、匈牙利、波兰被诉频率较高。21世纪海上丝绸之路沿线国家投资者作为起诉方的案件105件,占比17%,土耳其、希腊、塞浦路斯的投资者起诉频率较高。发生在21世纪海上丝绸之路沿线国家之间的案件66件,争议主要集中在石油、天然气和采矿业、设施建设、电力和其他能源行业。以上数据足以表现出ICSID在21世纪海上丝绸之路区域投资争端解决中的重要地位。

中国与21世纪海上丝绸之路沿线国家对ICSID机制的使用率较低。中国自1993年加入ICSID公约以来,中国政府被诉案件3件,中国投资者诉外国政府案件6件。与21世纪海上丝绸之路沿线国家相关的案件只有3件。究其原因,除了在争端解决中过分强调友好协商解决外,中国与部分21世纪海上丝绸之路沿线国家签订的双边投资协定(BIT)中对适用ICSID进行了一定的限制。其中包括:第一,对ICSID适用的限制。中国与21世纪海上丝绸之路沿线的55个国家签订有BIT。其中有49个BIT引入了投资仲裁机制,但仅有16个BIT中明确规定了投资争端可以提交ICSID中心解决。第二,对ICSID管辖范围的限制。中国在加入ICSID公约之时,对ICSID管辖范围作出了保留,即只提交管辖涉及国有化、征收赔偿数额的争端,在具体BIT中对管辖范围作出了不同的限制。目前只有《中国—俄罗斯BIT》等6个BIT允许将"任何与投资相关的争议"提交ICSID解决。第三,前置程序的限制。大部分BIT中规定了友好协商解决争端的前置程序。就友好协商的时限,《中国—巴林BIT》中明确规定为5个月,其他国家大部分规定为6个月或者1年。此外部分BIT中规定,提交ICSID必须以用尽当地救济为前提(如《中国—缅甸BIT》《中国—乌兹别克斯坦BIT》),BIT中对于何种情况视为"用尽"没有明确的规定,也没有期限的限制,加之沿线国家法治状况较差,可能会存在当地救济理论上无法"用尽"而致无法提交ICSID仲裁的情形。前置程序及其时限对于已决定提请仲裁的事项可能会造成拖延。[①] 虽然存在一定的阻碍,但

① 参见龚柏华:《中美双边投资协定谈判中的金融服务条款》,载《法学》2013年第10期。

中国与21世纪海上丝绸之路国家之间的BIT并未完全排除ICSID的适用。并且，投资者与东道国仍然可以在投资协议中或争端发生后约定将案件争端ICSID解决。导致中国与21世纪海上丝绸之路国家之间适用ICSID效果不佳最根本的原因是ICSID本身存在的缺陷。

二、共建21世纪海上丝绸之路背景下ICISD存在的问题

国际机制是由各国相互依赖关系影响产生的一系列控制性安排，其正当性源于国际社会对该机制的信任和认同。21世纪海上丝绸之路沿线国家相关案件中反映出ICSID在合法性、公平性方面存在诸多缺陷。

(一)裁决不一致问题

长期以来，学者们广泛认为国际投资仲裁不一致问题很大程度上是由投资条约的实体规则造成的。但更深入地分析这个问题后，仲裁庭对于具有争议的事项裁决不同是问题的关键所在，因为仲裁庭是国际投资条约主要解释者和国际习惯法的主要运用者。与21世纪海上丝绸之路国家相关的ICSID案件中，存在大量裁决不一致的情况。例如，在SGS公司诉巴基斯坦案和SGS公司诉菲律宾案7中，SGS公司都是因装船前提供海关验关服务协议与东道国发生争议，在对保护伞条款进行解释时，前案仲裁庭认为只有东道国政府违反合同义务，同时违反国际条约中的实体条款，才构成对保护伞条款的违反。后案仲裁庭认为，只要菲律宾政府违反了与瑞士投资者订立的合同，其本身就将违反条约中的保护伞条款。之后Joy Mining诉埃及政府诉案8和Salinni诉约旦政府案9的仲裁庭前案仲裁庭的观点。Noble Venture诉罗马尼亚案件仲裁庭采纳了后案仲裁庭的观点10。又如，在ToTo公司诉黎巴嫩政府案和Pantechniki诉阿尔巴尼亚政府案11中，两个案件的仲裁庭对岔路口条款作出了完全相反的解释。

裁决的一致性是国际投资争端解决机制合法性和权威性的重要体现。仲裁庭作出的裁决不仅仅是仲裁庭和仲裁员行为，更代表着整个机构的行为。[①] 裁决结果的不一致和裁决理由的不一致不仅会使投资者和东道国对该机制的公正性和权威性产生质疑，也会因案件处理结果缺乏可预测性而导致东道国政府的监管恐惧。

---

① JEREMY WALDRON, *Decisis and the Rule of Law: A Layered Approach*, Michigan Law Review, 1, p. 8(2012).

(二)监管恐惧

监管恐惧是政府管理者因为担心在投资争端解决机制中被诉而缩减或者推迟行使其监管权力的情形,包括但不限于与环境、劳工、公众健康和安全有关的监管行为。监管恐惧包括预期恐惧、具体恐惧和先例恐惧三种类型。随着申请ICSID仲裁案件数量的增加、争议事项范围的扩大及标的额的增大,ICSID将会成为投资者推迟、削弱甚至会摧毁东道国政府对公共事务管理的武器,这种影响对发展中国家更为明显。例如,斯里兰卡外交部法律专家称:“斯里兰卡认为扩大解释政府管理措施会限制国家的政策空间,阻碍政府管理权的行使,导致政府的监管恐惧。考虑到投资者可能会提出的赔偿诉讼,政府在制定与公共利益相关的管理措施时会犹豫不决。”①2002年,印度尼西亚准备对国内露天采矿进行规制,禁止在保护区进行采矿作业,在自然保护区的23家采矿企业将会受到该措施的影响。外国投资者威胁如果该措施执行,将依据双边投资协定将印度尼西亚政府诉诸国际投资仲裁(ICSID)。随后,印度尼西亚议会将其中三个地区由“保护区”调整为“生产区”,特别是将其中的外国企业划到措施执行范围之外。印度尼西亚政府在媒体等公开场合表示,这样做是因为对投资仲裁的有所忌惮,害怕投资协定成为投资者诉东道国的利剑。2014年印度尼西亚宣布终止与中国、新加坡、法国和英国签订的60多个双边投资协定。印度尼西亚总统称,不希望跨国公司(通过国际投资仲裁)对像印度尼西亚一样的发展中国家造成压力。②

(三)透明度较低

透明度的缺失会降低ICSID机制的可信任度,成为正当性危机的诱因之一。传统观点视投资仲裁为商事仲裁,争端双方是仲裁程序的主角,并且特别强调仲裁的私密性。仲裁保密性决定了ICSID本质上是拒绝公开透明的。ICSID在仲裁程序启动时要求秘书长公布案件申请的登记情况,同时说明每一仲裁程序的终结日期和方式。仲裁过程中双方提交的文件和仲裁庭的命令、裁决等需要经过双方一致同意才能公布,公布的形式可以在网站上公布,也可以以其他形式公布。在

---

① Rohan Perera, Technical assistance and capacity building, lessons learned from experiences and the way forward [R]//ICSID/OECD/UNCTAD Symposium-Making the Most of International Investment Agreements: A Common Agenda, Paris,2005.

② Bland B., Indonesia to terminate more than 60 bilateral Investment treaties, financial times[EB/OL]. (2014-03-16).

ICSID已经审结的案件中,大约只有一半的案件争端各方同意公开裁决书。[①] 在21世纪海上丝绸之路国家之间案件作出的35份仲裁裁决中,有16份仲裁裁决没有公开(45.7%),在没有以作出仲裁裁决方式结案的13件案件中,只有一个案件公布了终结程序的理由(7.6%)。18件未审结的案件中,只有3件公布了相关程序信息(16.7%)。但是,投资仲裁毕竟不同于一般的商事仲裁,在纯粹的商事争端中不公开仲裁裁决不会违背基本的公平公正原则,但国际投资争端会涉及公共服务领域,可能涉及敏感的政府政策问题。一般情况下,公众不会过多地关注商事仲裁的结果,但国际投资仲裁可能会涉及他们的切身利益,公众具有关注投资仲裁程序和结果是否公正的需求。而且,投资者提起投资仲裁的同时往往会伴随着大额经济索赔,裁决的结果将直接关乎东道国特别是发展中国家的利益。基于商事仲裁的私密性,ICSID对第三方参与进行了限制。《ICSID仲裁规则》中规定,除争端一方反对,仲裁庭可以在征求争端双方的意见之后允许第三方参加全部或者部分的审理程序。征求争端双方意见之后仲裁庭可以允许第三方提交书面意见,对与争端有关的事实和法律问题发表意见。虽然相对于其他投资争端程序和2006年修改之前的规定,这些规定已经是重大突破[②]和了不起的发展[③],但在实践中这些规定发挥的作用很有限,仲裁庭允许第三方参与到仲裁程序、提交书面意见的情形很少。即使第三方被允许提交书面意见或者参与庭审程序,争端双方也可能拒绝提供关键的仲裁文件和信息。

(四)仲裁员选任及仲裁成本问题

ICSID仲裁庭的权力源于争端方的授权。发生在21世纪海上丝绸之路国家之间的案件,仲裁庭通常由3名仲裁员组成:争端双方各自指定一名仲裁员,这两名仲裁员或者争端双方共同指定,或者由中心指定首席仲裁员。在59件案件由此方式组成的仲裁庭中,有20份裁决在ICSID官网上公布,其中5份裁决中争端一方任命的仲裁员对仲裁裁决持不同意见。几乎所有的不同意见都是来自败诉一

---

① OECD, *Transparency and Third Party Participation in Investor-state Dispute Settlement Procedure* [*R*]. OECD Working Papers on International Investment,2005.

② BRABANDRER E D., *NGOs and the "Public Interest": the Legality and Rationale of Amicus Curiae Interventions in International Economic and Investment Disputes*, Journal of International Law,12, p.85－102(2011).

③ VANDUZER J A., *Enhancing the Procedural Legitimacy of Investor-state Arbitration Through Transparency and Amicus Curiae Participation*, Social Science Electronic Publishing, 2007,p.52.

方任命的仲裁员，一方面，是因为争端方倾向于选择与自己观点相似的仲裁员。① 如果仲裁员没有维护任命自己的当事方的利益，那么该当事方（尤其是政府）没有理由再次任命该仲裁员，之后的争端方也可能因为担心该仲裁员不会偏向自己而选择不任命该仲裁员。② 另一方面，也是因为仲裁员的任命主要基于一方的指定，会本能或者潜意识地偏向任命他的一方。一份裁决中存在不同意见，就像一个案件作出了两个判决，会减损裁决的执行力，成为败诉方申请撤销裁决的动因。③ 特别是当这种不同意见几乎全部来自败诉方任命的仲裁员时，不仅会引发对仲裁员公正性的怀疑，也会大大削弱仲裁裁决的公正性和权威性。

ICSID 仲裁成本极高。从仲裁费用上看，在 ICSID 仲裁的平均成本为 400 万美元，有些案件甚至超过 4000 万美元。④ 而且，仲裁庭分担诉讼费用时具有完全的自由裁量权，对于投资者和东道国而言，具有不确定性。高成本以及成本分配的不确定性为投资者提出仲裁申请设立了较高的门槛，即使勉强提出诉讼也可能因为无力支付该成本而终止仲裁。仲裁的高成本对于经济实力更雄厚的一方来说是一个优势，无法体现出争端解决机制的公正合理性。从时间成本层面来看，21 世纪海上丝绸之路之间的案件从登记开始到结案（不包括成员方协议终止程序的案件）平均需要 4 年，在克罗地亚国有电力公司 HEP 诉斯洛文尼亚案中，从案件登记之日到作出仲裁裁决经历了 10 年。⑤ 一些案件在仲裁裁决作出之后还经历了漫长的仲裁后救济程序，在已经作出的 35 件仲裁裁决中，有 10 件仲裁裁决被当事一方提出撤销申请。这些成本对 21 世纪海上丝绸之路沿线国家的外国投资者和投资东道国都是巨大的压力，成为阻却双方或一方利用 ICSID 的重要原因之一。

三、共建 21 世纪海上丝绸之路背景下 ICSID 的改革方案

由于 ICSID 的改革通常不涉及公约本身，因此改革受制于《ICSID 公约》，更多是对 ICSID《仲裁规则》的细化和修补，很难取得突破性进展。即使 ICSID 已经

---

① VLAD PERJU, *Reason and Authority in the European Court of Justice*, Virginia Journal of International Law, 49, p. 307 – 378 (2009).

② See BROWN JULIA G., *Internatinal Investment Agreements: Regulatory Chill in the Face of Litigious Heat?*, Social Science Electronic Publishing, 2015.

③ See Berg A J V D., Dissenting Opinions by Party-appointed Arbitrators in Investment Arbitration, Brill, 2010.

④ See SEBASTIAN PERRY., Bolivia Ramps up Anti-ICSID Rhetoric[EB/OL]. (2010 – 07 – 14).

⑤ See Hrvatska Elektroprivreda d. d. v., Republic of Slovenia (ICSID Case No. ARB/05/24).

意识到某一问题需要进行改革,也无法跳出《ICSID公约》进行大刀阔斧的改革。从长远和规则可持续发展的角度来看,对《ICSID公约》本身的修改也刻不容缓。作为《ICSID公约》缔约国之一,参与本轮改革以及发出新的《ICSID公约》改革倡议是中国积极参与国际规则的制定,争取获得规则制定话语权的一个重要契机。既要顺应国际投资争端解决机制发展的趋势,回应国际社会对投资争端解决机制正当性危机的关切,同时要更加考虑中国在21世纪海上丝绸之路投资的特点和利益需求,契合21世纪海上丝绸之路建设"共商共建共享"的原则。中国海外投资体量巨大,从海外利益保护的视角出发,似乎应当站在投资者母国的角度对ICSID现行规则进行改革。但是,目前由于ICSID存在门槛较高、公正性缺失等问题,21世纪海上丝绸之路沿线国家不愿意适用ICSID解决争端,对于中国海外利益保护又是不利的。因此,ICSID改革需要降低适用门槛,增强ICSID的公正性,让ICSID更能够得到21世纪海上丝绸之路沿线国家的接受和认同。

(一)建立裁决上诉审查制度

《提案》没有回应对仲裁裁决审查制度的诉求。ICSID仲裁裁决不一致和监管恐惧的问题,可以借鉴欧盟国际投资法庭体系(ICS)中提出建立上诉法庭的提议,即通过建立上诉机构对仲裁裁决进行监督。目前《ICSID仲裁规则》和《提案》关于仲裁裁决的救济措施中均不包括上诉程序,仲裁庭所作出的仲裁裁决是具有约束力的。争端一方只能依据公约第52条申请撤销仲裁裁决,申请撤销的理由仅包括重大程序性错误。事实认定错误、法律适用错误都不在可申请撤销的范围之内。

为了弥补ICSID仲裁裁决撤销程序的不足,ICS提出上诉法庭不仅可以对公约中所涉及的申请撤销仲裁裁决的事由提出申请,还可以对仲裁裁决事实认定的错误和法律认定的错误进行审查。联合国贸易法委员会也提出,在投资者与东道国争端解决机制中引入上诉机制来纠正初审仲裁庭的错误、增强裁决一致性和可预测性的改革建议。《中国—澳大利亚FTA》中就包含了在FTA生效3年之内建立双边投资上诉审查机制的内容,败诉方可以上诉到仲裁地法院或者需要承认与执行仲裁裁决地的法院。[①] 这些设想试图通过国内法院或者专设上诉机构对ICSID仲裁裁决进行监督,但涉及这些上诉程序审查ICSID仲裁裁决的合法性和

① See HUANG J J., *Silk Road Economic Belt: Can Old BITS Fulfil China's New Initiative?*, Journal of World Trade, 4, p. 733 – 754(2016).

上诉裁决(非ICSID仲裁)不能承认与执行的问题,甚者因为存在多个上诉机制加重裁决不一致问题。

因此,在ICSID内部建立一个上诉机构是很好的选择。早在2005年ICSID理事会成员就以为需要建立一个审查机制,对ICSID仲裁裁决进行监督和审查。并且认为如果投资仲裁需要引入上诉程序,最好是在ICSID内部设置,而不是在不同条约中建立诸多不同审查机制。在ICSID内设置的上诉机构不用担心合法性和执行的问题,而且其上诉机构作出的裁决可以作为先例,指导之后的案件,保障ICSID裁决的一致性。上诉机构应当具有独立的仲裁员名册,从现有的仲裁员名册中选取一定数量优秀的仲裁员,专门负责审理上诉案件;上诉机构审查范围可以限定在法律适用的问题上。上诉机构的设立能够限制仲裁庭的权利滥用,对仲裁裁决进行有效监督,减轻东道国政府对ICSID仲裁对监管行为侵蚀的恐惧和被诉的负担,增强对ICSID的信任。虽然本轮改革无法建立上诉审查制度,但这是提升ICSID裁决一致性和公正性的重要途径。中国应该积极发起《ICSID公约》改革的建议,并将构建上诉审查制度作为重点内容。

(二)增加透明度的改革

2014年4月1日生效的《联合国贸易法委员会投资人与国家间基于条约仲裁透明度规则》(以下简称《透明度规则》)中规定在解决投资者与东道国中应当遵循的透明度规则要求。《透明度规则》规定,应向公众公开的文件包括:仲裁通知、对仲裁通知的答复、申请书、答辩书,以及任何争议方提交的任何进一步书面陈述或书面材料、审理笔录、仲裁庭命令、决定、裁决,覆盖了仲裁程序的始终。同时,《透明度规则》还规定了第三人提交材料和非争议缔约方提交材料的相关规定,无疑是目前对国际投资仲裁透明度要求最高的规则,也是ICSID改革中可以参考借鉴的范本。《提案》在文件公布和第三方参与问题上都进行了完善。

《提案》要求在没有任何一方当事人提出书面反对意见的情况下,所有的仲裁裁决、补充决定、裁决更正、裁决解释或撤裁决定都应当在作出后的60日内公开。在仲裁过程中争端一方提交的任何书面文件,只要该争端方同意,就应当公开。虽然《提案》将公开裁决的条件由经过双方一致同意后公开改为除非一方反对应当公开,在措辞上表达出《提案》认为裁决等文件"公开是原则,不公开是例外",但是《提案》对依据附加便利规则作出的裁决应当公开,这说明ICSID已经意识到裁决等相关文件的公开是必然趋势,《ICSID公约》的改革也是呼之欲出的。ICSID可以要求双方提交的文件以及仲裁庭的命令文件都应当向公众公开,并且在

ICSID网站案例库中可以查询。与此同时,也应当注意对商业机密和东道国政府信息的保护。例如,可以明确列举不公开信息的类型,规定争端一方认定某一信息属于可以不公开的信息需要向仲裁庭提出不予公开的申请,仲裁庭应根据申请和规定逐一判定,若认定某一信息属于可以不公开的信息,在向公开的文件和仲裁庭命令、裁决中应当隐去相关内容并作出说明。

在第三方参与问题上,2006年ICSID改革在鼓励公共广泛参与投资仲裁道路上只走了一半,在过去的10多年里,仲裁庭、争端方以及非争端方已经开始熟悉ICSID的非争端方参与制度,并且了解其在实践中的优势和不足。现在是时候根据已有案例的经验来对这项制度进行调整。《提案》将是否允许第三方参与的权利授予了仲裁庭,并且详细规定了是否允许第三方参与需要考量的因素以及参与的范围和程度,非争端第三方(缔约国或签署了公约的区域经济一体化组织)甚至可以对条约适用问题和解释问题发表意见。若《提案》能够通过,无疑将会大幅度提升ICSID的透明度。现行《仲裁规则》和《提案》均规定,除非当事人一方反对,庭审应当公开。但是在实践中公开审理的案件仅有30余例。庭审公开是确保程序正当性的重要环节,可以建议将是否公开审理的自由裁量权交由仲裁庭,仲裁庭若决定不公开的,应当说明理由。

投资仲裁中涉及的多个法律文件,不同国家之间的投资条约、国家与私人投资者的投资合同中都可能对投资仲裁的透明度进行不同的要求。为避免仲裁庭在实践中的混乱和困惑,仲裁规则应当规定一个相容条款:双方当事人在提出仲裁申请所依据的投资条约、合同或者内国投资法中对透明度提出了更高的要求的,应当适用该投资条约、合同或者内国投资法中关于透明度的规定;如果当时东道国和投资者母国都是《毛里求斯公约》缔约国的,应当适用《联合国贸易法委员会投资人与国家间基于条约仲裁透明度规则》。

(三)仲裁员公正性和降低仲裁成本的改革方案

《提案》删除了烦琐的多步组庭程序,大幅简化了组庭过程,但是对仲裁员选任方式没有进行调整。改革仲裁员任命的方式重点在于规避当事方的单边任命权。如前所述,仲裁员的单边选任往往导致仲裁庭中只有双方共同任命的仲裁员能够确保公平和公正。[①] 欧盟ICS构想提出了一种"轮换、随机且不可预

---

① PAULSSON J., *Moral Hazard in International Dispute Resolution*, ICSID Review, 20, p. 339 – 355 (2010).

测的”①仲裁员任命方式，即将仲裁员的选任改革为类似于法院指派法官组成审判庭的制度。这种做法具有借鉴意义。ICSID只需要规定仲裁庭中所有仲裁员都由中心秘书长任命，在中心仲裁员名册中根据案件的具体情况选择仲裁庭组成人员，同时，当事双方可以共同提名仲裁员名册以外的仲裁员，经中心秘书长依据《公约》第14条第1款确认后成为仲裁庭组成人员。21世纪海上丝绸之路沿线国家在中心仲裁员绝对数量上不算少，但是被聘任参与仲裁的人数较少。采取中心任命仲裁员方式不仅能够避免当事方单方面认命仲裁员的缺陷，还能够平衡各国仲裁员被任命的频率，增加各国对于ICSID的参与感。采取上述方案必然意味着对《ICSID公约》中仲裁员任命方式进行修改。

在仲裁费用方面，一方面应当大幅度地降低仲裁费用，另一方面应当明确仲裁费用的分配制度。根据《ICSID公约》的规定，仲裁庭对仲裁费用的分配有完全的自由裁量权。在ICSID早期案件中，仲裁庭倾向于平均分配仲裁费用。近几年的仲裁庭在分配费用时更多会考虑当事方在仲裁中的行为以及案件的事实。《提案》列举了仲裁庭分配仲裁费用的指导因素，包括案件的结果、仲裁程序中争端方的行为等。虽然在改变了现行规则中没有规定成本分配的缺陷，但是仲裁庭对仲裁成本依然具有完全的自由裁量权。21世纪海上丝绸之路沿线国家对ICSID仲裁的巨额费用相当敏感，为了增加费用分配的可预见性，应当确立以责任划分为主仲裁费用的方式，依据当事方在仲裁事项中应当承担的责任比例，同时兼顾争端方在仲裁过程中的行为分配仲裁费用。这样既可以增强双方对费用的可预见性，符合公平公正的原则，也能督促各争端方积极配合仲裁庭，采取节约成本的行为参与仲裁活动。

仲裁时间成本方面，现行ICSID《仲裁规则》规定，仲裁庭需要在仲裁程序结束120天之内作出仲裁裁决。但是实践中，仲裁庭都是在已经准备好发布仲裁裁决之后才结束仲裁程序，可以说ICSID并没有为仲裁裁决的发布规定时限。《提案》细化了对时限的要求，规定仲裁庭认为所有请求都是明显没有法律依据的；仲裁庭认为争端不属于“中心”管辖或者因其他原因超出其权限的和其他情况下仲裁庭分别应在提交最后一次书面陈述或者口头陈述后60日、120日和240日内作出裁决；争端方提交的费用陈述不能被算作最后提交的陈述。但是，《提案》同时

---

① REINISCH A., *Will the EU's Proposal Concerning an Investment Court System for CETA and TTIP Lead to Enforceable Awards? —The Limits of Modifying the ICSID Convention and the Nature of Investment Arbitration*, Journal of International Economic Law, 2016, 19(4).

规定，仲裁庭应当“尽力”遵守时限，如果仲裁庭有特殊情况不能遵守时限，应当告知当事方延迟的理由和预计作出命令、决定和裁决的时间。由此，仲裁庭只需要告知当事方延迟的理由即可无限制地延长时限，事实上不能很好地起到提高仲裁效率的作用而将时限的规定大打折扣。为了提高仲裁效率，应当规定，仲裁庭若具有特殊理由不能按时作出命令、决定、裁决，需要延长的，需经过秘书长的同意；延长的期限应当由秘书长依据具体情况确定。如果仲裁裁决无正当理由没有在规定时间内作出，则可以相应扣除仲裁员在本案中的仲裁费用。

四、结语

习近平主席在2013年3月南非德班举行的金砖国家领导人第五次会晤上指出，“不管全球治理体系如何变革，我们都要积极参与，发挥建设性作用，推动国际秩序朝着更加公正合理的方向发展，为世界和平稳定提供制度保障”。21世纪海上丝绸之路是中国倡导的全球治理模式的新探索，在投资仲裁规则亟待调整变革、多边主义屡遭挑战之际，中国无论从维护海外投资利益角度，还是推动国际法治发展角度，都应积极作为，推进多边体制发展。因此，现阶段参与ICSID改革具有重要意义，以上改革若能成为现实，ICSID合法性和公正性将会有很大的提升，也更加有利于解决目前迫在眉睫的21世纪海上丝绸之路国际投资争端，保护中国投资者的利益。中国可以牵头开展对ICSID改革和《提案》相关内容的研讨，提出中国方案，积极寻求21世纪海上丝绸之路沿线国家的支持和认同，广泛听取和吸纳21世纪海上丝绸之路沿线国家的意见，凝结共识。代表21世纪海上丝绸之路沿线国家和近1/3 ICSID成员国诉求的中国方案，将对ICSID相关规则的最终改革方案施加重要影响。

但为长远计，积极参与ICSID规则改革以及提出《ICSID公约》修改倡议都只是一个过渡措施。ICSID是一个全球性的争端解决机构，成员国众多，不可能过多地考虑21世纪海上丝绸之路沿线国家的利益和投资特点，西方国家仍将长期在ICSID中占主导地位。因此，要积极推进为21世纪海上丝绸之路这一个区域性的战略量身打造的RCSID。[①] 参与ICSID改革是在RCSID没有完全建立起来之前的权宜之计，是在国际投资争端解决规则的制定和改革中维护中国利益的过渡性措施。中国积极参与改革的全过程，提案、谈判和最终文本的斟酌确定等都可以

① 参见张晓君、陈喆：《“一带一路”区域投资争端解决机制的构建》，载《学术论坛》2017年第3期。

为构建RCSID提供重要经验。中国这次提出的ICSID改革方向和改革措施,其他成员国尤其是21世纪海上丝绸之路国家对中国ICSID改革方案的认同程度、反对意见和完善建议等,都是在构建RCSID时需要考虑的问题。从某种程度上说,此次中国参与ICSID改革就是构建RCSID的一次预演,如果这次参与改革的程度深、效果好,将会加快RCSID的建设步伐,提高建设的效率。

第五章　共建 21 世纪海上丝绸之路的金融法治问题研究

世界经济发展的一大特征便是经济金融化，而金融全球化是经济全球化的重要内容和必要发展阶段，共建 21 世纪海上丝绸之路经济发展也不例外，金融全球化可表现为区域化，[①]金融全球化对 21 世纪海上丝绸之路国际金融法治提出更高的要求。共建 21 世纪海上丝绸之路的社会资产金融化程度深化，实体经济和金融经济并举，金融因更符合数字化要求，在新时代经济活动中成为更加核心的要素，不断加强对各个层面的渗透和影响。于是，各国和国际组织在金融业务、市场和金融法律制度等方面的依赖性和融合度逐步强化，形成货币、市场、机构、信息、政策、法律的全球化。共建 21 世纪海上丝绸之路的金融一体化和全球化进程，既符合国际社会贸易全球化、投资全球化的规律和自然结果，又体现"一带一路"倡议的正确性和重要性，金融一体化和全球化既促进了金融竞争、金融效率和金融创新，也带来更广范围的金融风险，金融风险演化为经济危机的可能性大大增加，导致"牵一发而动全身"，故共建 21 世纪海上丝绸之路金融发展将更加需要国际金融法治的完善。

---

① 何焰：《金融全球化与国际金融法——兼论中国金融法治之因应》，载《世界经济与政治》2003 年第 9 期。

国际金融法是调整国际货币金融交易关系的法律规范的总和。国际金融原本附属于国际贸易,提供融资和清算业务,后来国际金融市场大规模开拓,国际金融分离出来,形成相对独立的体系。国际金融法是国际法规范和国内法规范的总和,是公法规范和私法规范的总和,是国际经济法的重要组成部分。国际金融法具备主体广泛性、客体复杂性、内容实践性的特征。①

国际金融法调整对象的金融性和国际性是国际金融法治的本质特征。首先,就金融性而言,追本溯源,中国古代常见"金"和"融",但《康熙字典》及其之前的工具书未曾将两字连起使用,20世纪初的《辞源》开始纳入"金融",取金钱之融通状态之意,资金融通的工具、机构、市场、制度等要素形成的统一整体可谓金融,涵盖货币、银行、证券、保险等领域。② 金融是虚拟经济,即区别于实体经济通过原材料生产实体商品赚取利润的循环过程,而是在金融市场上购买非实物的金融产品,再卖出获取利润的循环模式,并历经商业信贷、生息资本社会化、有价证券市场化、金融市场国际化和国际金融市场数字化等阶段。其次,就国际性而言,与国际经济法的跨境特征或涉外性一致,不同国家或地区的自然人、法人、国家、国际组织从事的跨境金融活动,金融活动的主体、客体、行为、行为结果涉及不同国家即可。跨境金融活动不仅包括平等私主体间的交易活动,还包括不平等主体间的公法活动或金融监管活动。国际金融法的国际性将其与国内金融法区分开来。总而言之,国际金融法调整的金融关系包括平等主体间的金融交易关系、国家内跨境金融活动的监管关系、国家间金融活动的协调关系、国际组织对国家监管活动的协调关系。

21世纪海上丝绸之路倡议的实施重点之一为基础设施的互联互通,而基础设施的建设需要大量资金的投入,亚洲基础设施投资银行和其他银行的跨国金融活动能够助力基础设施建设的资金需求,同时有助于共建21世纪海上丝绸之路国际金融法治问题的重视和完善。共建21世纪海上丝绸之路的金融发展作为金融全球化的一部分,更加凸显国际金融法治的功能与作用,数量、金额庞大的金融借贷和交易,国际金融的系统性、宏观调控性、时间信用性等要求,沿线国各异的金融监管法律制度和法治水平,21世纪海上丝绸之路相对落后的国际组织金融协调能力,均体现国际金融法治的重要性,对国际金融法治提出更高要求。虽然共建

---

① 参见王传丽主编:《国际经济法》,法律出版社2016年版,第268~271页。

② 参见韩龙:《金融性与国际性:国际金融法本质特征之所在》,载《云南大学学报》2007年第4期。

21世纪海上丝绸之路倡议能够进一步拓宽国际金融法的范围,促进金融法治的一体化和系统化,甚至开辟出21世纪海上丝绸之路独特的金融法治问题和制度方案,而且21世纪海上丝绸之路国际金融主体范畴和客体范畴的多样化,海上丝绸之路上国际金融业务的规模化,海上丝绸之路金融市场的逐步开放和金融资本的更加自由化,有助于打破现存的国际金融法律制度壁垒,促进21世纪海上丝绸之路沿线国的金融政策和制度融合与协调,但同时必然会暴露出21世纪海上丝绸之路现有国际金融法治的不足和缺陷,在金融实践中产生新的法治问题和法律制度短板,反映出国际金融组织职能发挥的缺失和新国际组织提供组织基础的必要性,也就是说,既要重视21世纪海上丝绸之路国际金融法治的重要性,又要理性看待可能出现的制度完善空间。而国际货币金融交易关系的重点内容为21世纪海上丝绸之路金融法治完善提供了着力点,通过对21世纪海上丝绸之路金融法治重点问题的探讨,为实现共建21世纪海上丝绸之路的目标提供可行路径。

第一节　共建21世纪海上丝绸之路的资金融通

一、共建21世纪海上丝绸之路资金融通的重要意义

2013年共建21世纪海上丝绸之路倡议的提出,从全新角度构建了多边合作机制,为促进全球经济可持续发展、推动世界经济复苏提供了中国智慧和中国方案。金融合作是共建21世纪海上丝绸之路沿线国家经济、贸易与投资合作的重要支柱。《光明日报》指出,倡议发起至今,我国与沿线国家开展了多种形式的金融合作,对拓展中资金融机构海外业务、推进人民币国际化和金融务实合作起到重要作用。据不完全统计,截至2020年年初,已有11家中资银行在29个"一带一路"沿线国家设立了近80家一级机构,中资保险机构走出去的步伐日益扩大,中资金融机构布局全面展开并不断完善。同时,我国与21个"一带一路"沿线国家签署了本币互换协议,与8个沿线国家建立了人民币清算机制,并与35个沿线国家金融监管当局签署了合作文件,金融服务沿线国家企业能力持续提升。人民币国际支付、投资、交易、储备功能稳步提高,2019年中国与沿线国家人民币跨境收付金额超过2.73万亿元,同比增长32%,人民币海外基金业务规模超过3000亿元。①

① 丁建臣、周芮帆:《"一带一路"金融合作　高质量发展的路径选择》,载《光明日报》2021年4月27日,第15版。

2020年5月,习近平总书记提出构建以国内大循环为主体、国内国际双循环相互促进的新发展格局,推动中国进一步同世界在资金融通领域建立更紧密联系。2020年年底,《区域全面经济伙伴关系协定》(RCEP)的正式签署是中国自贸区战略和共建21世纪海上丝绸之路进程中具有里程碑意义的大事,该协定不仅是全球最大的自贸协定,还是一个更全面、现代、高质量和互惠的协定。协定的签署彰显了中国进一步推动经济全球化和自由贸易的决心,将为推动我国与利益相关方进一步深化金融合作创造更多机遇。

共建21世纪海上丝绸之路的核心是共商、共建和共享,需要沿线国家共同努力才能搞好投融资合作。同时,政府的资源也是有限的,需要加强政府和市场的分工协作,坚持以企业为主体,市场化运作,才能保证投融资的可持续性。正如中国人民银行原行长周小川强调,要运用开发性金融,助力共建21世纪海上丝绸之路资金融通。21世纪海上丝绸之路建设具有项目回收周期较长、资金需求规模巨大等特点,开发性金融可以在其中发挥重要作用。根据中国的经验,开发性金融是指服务国家战略、依托信用支持、不靠政府补贴、市场运作、自主经营、注重长期投资、保本微利、财务上有可持续性的金融模式。实践证明,开发性金融业务具有多重优势,既可连接政府与市场、整合各方资源,又可为特定需求者提供中长期信用支持,还能对商业性资金起引领示范作用,以市场化方式予以支持。同时,还要推动商业银行开展网络化布局,为贸易和投资提供更好的金融服务。21世纪海上丝绸之路建设不仅需要投融资合作,还涉及大量配套金融服务,包括代理行关系、银团贷款、资金结算和清算、项目贷款、账户管理、风险管理等。共建21世纪海上丝绸之路资金融通还需要加强金融基础设施互联互通,推动以社区银行、互联网/电信支付为代表的普惠金融发展,这有助于保证金融市场高效运行和整体稳定。近年来,中国在这方面已经有一些进展,比如中国银联的跨境支付网络已遍布178个国家和地区,包括众多21世纪海上丝绸之路沿线国家,为各国企业和居民提供了优质、安全、高效的支付服务。货币在21世纪海上丝绸之路资金融通中同样重要。要积极发挥本币在21世纪海上丝绸之路建设中的作用。在21世纪海上丝绸之路建设中,积极使用本国货币有助于有效动员当地储蓄,有利于降低换汇成本,有利于维护金融稳定等。使用本币推动21世纪海上丝绸之路建设已有可以借鉴的经验,中国在签订本币互换协议、货币直接交易、人民币清算行和人民币跨境支付系统(Cross-border Enterbank Payment System,CIPS)方面也进行了一些有益的尝试。中国一直愿与各国金融监管当局加强交流与合作,共同消除各种不合理的准入壁垒和限制,提供开放、公平、有序的监管环境,从而更好地推进金融机构和金融服务网络化布局,助力21世纪海上丝绸之路建设。

共建21世纪海上丝绸之路进程中,资金融通离不开国家间合作,尤其是国际金融监管合作。在国际金融治理不断发展和金融体制不断改革的过程中,国家间金融合作议题重点之一为国际金融监管合作。以G20峰会为例,可以清晰地展现国家间资金融通和金融监管合作的重要性。十年前的华盛顿峰会即强调在重点区域建设宏观审慎的金融监管机构,提升对非银行类金融机构的监管重视度,促进资本的流动性和充盈率,加强金融压力测试、评估标准完善、金融风险管理,同时不能遗漏执行环节的强化;伦敦峰会则侧重国际金融监管规则合作与协调,加强G20成员金融监管合作计划的执行,并提供一定的技术支持和信息支撑;匹兹堡峰会着重强调国际金融系统的稳定性,金融监管向高质量发展,规范金融衍生品市场;多伦多峰会要求确立金融监管目标,健全金融监管制度,设置风险应对和解决系统、加强国际评估和同行审议的透明度;首尔峰会批准了巴塞尔委员会资本改革方案,全方位构建金融安全网;杭州峰会通过国际货币基金组织与区域金融安全网的合作,强化金融安全网的有效性,从各国的资本流动政策和实践出发,针对性地完善监管;巴登巴登会议明确支持巴塞尔银行监管委员会的工作,助力公平竞争。①

2019年,第二届"一带一路"国际合作高峰论坛开幕前夕,推进"一带一路"建设工作领导小组办公室发表了《共建"一带一路"倡议:进展、贡献与展望》报告。报告中对"一带一路"的资金融通进行了回顾和总结:资金融通是共建"一带一路"的重要支撑。国际多边金融机构以及各类商业银行不断探索创新投融资模式,积极拓宽多样化融资渠道,为共建"一带一路"提供稳定、透明、高质量的资金支持。

第一,探索新型国际投融资模式。"一带一路"沿线基础设施建设和产能合作潜力巨大,融资缺口亟待弥补。各国主权基金和投资基金发挥越来越重要的作用。近年来,阿联酋阿布扎比投资局、中国投资有限责任公司等主权财富基金对沿线国家主要新兴经济体投资规模显著增加。丝路基金与欧洲投资基金共同投资的中欧共同投资基金于2018年7月开始实质性运作,投资规模5亿欧元,有力促进了共建"一带一路"倡议与欧洲投资计划相对接。

第二,多边金融合作支撑作用显现。中国财政部与阿根廷、俄罗斯、印度尼西亚、英国、新加坡等29国财政部核准了《"一带一路"融资指导原则》。根据这一指

---

① 参见沈伟:《逆全球化背景下的国际金融治理体系和国际经济秩序新近演化——以二十国集团和"一带一路"为代表的新制度主义》,载《当代法学》2018年第1期。

导原则,各国支持金融资源服务于相关国家和地区的实体经济发展,重点加大对基础设施互联互通、贸易投资、产能合作等领域的融资支持。中国人民银行与世界银行集团下属的国际金融公司、泛美开发银行、非洲开发银行和欧洲复兴开发银行等多边开发机构开展联合融资,截至2018年年底已累计投资100多个项目,覆盖70多个国家和地区。2017年11月,中国—中东欧银联体成立,目前成员包括中国、匈牙利、捷克、斯洛伐克、克罗地亚等15个国家的金融机构。2018年7月、9月,中国—阿拉伯国家银行联合体、中非金融合作银行联合体成立,建立了中国与阿拉伯国家之间、非洲国家之间的首个多边金融合作机制。

第三,金融机构合作水平不断提升。在共建"一带一路"中,政策性出口信用保险覆盖面广,在支持基础设施、基础产业的建设上发挥了独特作用;商业银行在多元化吸收存款、公司融资、金融产品、贸易代理、信托等方面具有优势。截至2021年7月,中国出口信用保险公司累计支持对沿线国家的出口和投资超过10,000亿美元。中国银行、中国工商银行、中国农业银行、中国建设银行等中资银行与沿线国家建立了广泛的代理行关系。德国商业银行与中国工商银行签署合作谅解备忘录,成为首家加入"一带一路"银行合作常态化机制的德国银行。

第四,金融市场体系建设日趋完善。沿线国家不断深化长期稳定、互利共赢的金融合作关系,各类创新金融产品不断推出,大大拓宽了共建"一带一路"的融资渠道。中国不断提高银行间债券市场对外开放程度,截至2021年6月,熊猫债发行规模已达4925.86亿元人民币左右。中国进出口银行面向全球投资者发行20亿元人民币"债券通"绿色金融债券,金砖国家新开发银行发行首单30亿元人民币绿色金融债,支持绿色丝绸之路建设。证券期货交易所之间的股权、业务和技术合作稳步推进。2015年,上海证券交易所、德意志交易所集团、中国金融期货交易所共同出资成立中欧国际交易所。上海证券交易所与哈萨克斯坦阿斯塔纳国际金融中心管理局签署合作协议,将共同投资建设阿斯塔纳国际交易所。

第五,金融互联互通不断深化。2020年年末,已有11家中资银行在29个沿线国家设立80家一级机构,来自22个沿线国家的50家银行在中国设立7家法人银行、19家外国银行分行和34家代表处。2家中资证券公司在新加坡、老挝设立合资公司。中国先后与20多个沿线国家建立了双边本币互换安排,与7个沿线国家建立了人民币清算安排,与35个沿线国家的金融监管当局签署了合作文件。人民币国际支付、投资、交易、储备功能稳步提高,CIPS业务范围已覆盖近63个沿线国家和地区。中国—国际货币基金组织联合能力建设中心、"一带一路"财经发展研究中心挂牌成立。

二、共建21世纪海上丝绸之路资金融通的法治安全

共建21世纪海上丝绸之路既面临诸多问题和挑战,更充满前所未有的机遇和发展前景。当前,随着疫情防控和超常规刺激政策逐渐生效,世界经济呈现温和复苏态势,但各国经济恢复不平衡、不充分,世界经济仍面临较大不确定性,也将对共建21世纪海上丝绸之路金融合作造成新的冲击,相关金融合作风险不断上升。

第一,金融合作安全风险不断累积。当前,国际力量对比正发生深刻调整,大国博弈风险不断显现并具有外溢性,国际贸易投资风险向金融合作领域传导的可能性加大。全球各主要经济体基于自我保护的需要,不断出台限制性经济金融法规,这增加了中资金融机构海外业务拓展的成本和合规压力。在新冠病毒疫情冲击全球经济的背景之下,目前21世纪海上丝绸之路发展中"大国企+大基金+大融资"的主导模式,导致中国在21世纪海上丝绸之路国家提供的融资,在疫情冲击的影响下,面临巨大的风险。一方面,境外项目还款压力增大,部分发展中国家提出缓债、免债诉求。另一方面,资本市场波动加剧,金融市场振荡不利于资金的融通。疫情以来全球金融市场振荡,欧美主要央行实施宽松货币政策,对"一带一路"沿线国家金融市场和资金融通造成很大的冲击。"一带一路"沿线国家货币严重贬值,国际贸易投资活动明显收缩,"一带一路"沿线国家和地区的外资流入减缓,资金供应受到影响。此外,大宗商品价格波动加大,流动性风险出现。因为沿线国家很多都是属于靠大宗商品、原材料、原油出口来维持他们的财政能力,大宗商品、原油价格波动,都会影响这些国家的流动性的稳定以及清偿的能力。

第二,评价标准和投融资风险评估预警体系尚不完善。由于21世纪海上丝绸之路沿线国家经济发展阶段不同,经济规模和金融基础设施的建设水平存在差别,相关资金融通合作标准存在碎片化现象,尚缺乏统一规则标准,在规则对接方面存在短板,将影响金融合作的广度和质量。同时,投融资风险评估预警体系亟待完善。面对沿线国家复杂多样的风险类型,现有风险评估理念、评估架构、评估工具存在一定滞后性,投融资资金结构和长期债务管理水平亦有待优化。我们需要进一步加强宏观经济前瞻性预判,并构建长期、稳定、可持续的债务管理框架,进一步提高投融资决策的科学性。此外,完善评价标准和投融资风险评估预警体系以及其他资金融通举措遇到了金融人才缺乏的困境。普遍面临金融科技人才短缺问题突出,技术相关人员占比普遍较低,人才实践应用能力不足等问题。

第三,人民币国际化面临新的挑战。20世纪以来,各国积累的丰富的反经济

危机、反金融危机的政策措施，核心都在于刺激市场主体的行为。2020年世界经济出现负增长，衰退幅度超过2008年。由于各国应对疫情的措施和成效不同，经济下滑程度各不相同，为单边主义和保护主义抬头提供了温床。如果发生较大的出口下滑、国际产能合作延缓、直接投资下降、国际产业链中断等，将使金融风险增加，中国经济难以实现预期增长，国际收支顺差可能逆转，进而威胁到人民币币值稳定。金融交易驱动力强劲但波动大、潜在风险高。在严峻复杂的国际环境下，中国加速金融业开放，推动人民币国际化，需要加强金融风险防范与化解。在人民币国际使用中，真实交易与投机动机并存，在岸与离岸市场共振，价格直接影响各类主体币种选择、资金流向，恐慌情绪将不时出现，要求我国具备与之匹配的风险评估与处置能力、完善的金融监管体系以及与国际接轨的预期引导能力。① 正如中国银行业协会发布《人民币国际化报(2020)》中指出：一方面，疫情危机中，各国央行释放大量流动性，美国更是再次开启量化宽松。全球性货币凭借低利率甚至负利率，巩固了全球流动性供给的地位。中美经贸摩擦未来可能不仅局限在当前的贸易、投资、科技、人才等领域，地缘冲突也可能加剧，这些都将给人民币国际化带来一定压力。同时，我国银行在21世纪海上丝绸之路沿线国家的网点开设和经营时间都要少于美资、欧资银行，因此，人民币使用在当地金融系统的推广和推动力度仍然不够。另一方面，随着中国国家实力的增强和对外开放水平的提高，人民币的跨境使用实现了跨越式增长，在当前经济总量如此庞大的基础上，人民币国际化在下一个十年如何向更高水平迈进，将仍会是摆在各市场主体面前的重要课题。国内经济发展格局的调整带来的进出口比重变化以及实体经济发展调整所面临的内外部阻力也会给人民币跨境使用带来挑战。同时，21世纪海上丝绸之路沿线人民币业务的进一步发展对银行业金融机构人民币国际化专管人才队伍建设也存在较高要求。

三、共建21世纪海上丝绸之路资金融通的法治对策

共建21世纪海上丝绸之路是一项事关多方的倡议，需要同心协力；这是一项事关未来的倡议，需要不懈努力；这是一项福泽人类的倡议，需要精心呵护。随着时间的推移和各方共同努力，共建21世纪海上丝绸之路一定会走深走实，行稳致远，成为和平之路、繁荣之路、开放之路、绿色之路、创新之路、文明之路、廉洁之路，推动经济全球化朝着更加开放、包容、普惠、平衡、共赢的方向发展。当前21世

① 参见涂永红：《金融中心建设有助突破人民币国际化瓶颈》，载《当代金融家》2020年第5期。

纪海上丝绸之路金融合作挑战与机遇并存，通过平衡金融创新与监管、拓展金融服务合作边界、聚焦本源性金融业务主线和为沿线国家提供强力金融支持与服务，已成为助推21世纪海上丝绸之路高质量发展的内在要求。"十四五"规划明确提出，推动共建21世纪海上丝绸之路高质量发展。当前，加快21世纪海上丝绸之路金融合作高质量发展，强化金融对21世纪海上丝绸之路建设支撑，增进区域货币金融合作，创新跨境投融资模式，加强金融产品创新与服务对接等措施，既是补齐21世纪海上丝绸之路国际合作金融短板的内在要求，也是推动21世纪海上丝绸之路高质量建设行稳致远的核心要素。积极探索并推动金融在21世纪海上丝绸之路建设中的资源配置作用，可以考虑从以下几方面着手，推进21世纪海上丝绸之路金融合作高质量发展。①

第一，积极参与全球经济治理，深化推进数字经济国际合作。金融科技作为科技驱动的金融创新，日益成为数字化时代世界各国金融发展与产业布局的焦点领域。当前，数字经济日益发展并成为大国博弈新赛场，疫情全球蔓延进一步凸显了数字经济"非接触交易"的重要性。正如中国互联网金融协会金融科技发展与研究专委会和浙江大学互联网金融研究院组织撰写的《"一带一路"金融科技发展指数研究报告》中分析总结：21世纪海上丝绸之路金融科技发展已有一定基础，但不充分不平衡特征突出，金融科技发展的关键驱动因素包括产业集聚、生态协同、政策监管、数字基础设施等，建议结合21世纪海上丝绸之路沿线各国实际，分类分阶段推动金融科技发展，良好的政策支持、金融监管、数字金融基础设施与金融科技产业发展密切相关。政策支持、金融监管与金融科技投融资之间存在较为显著的正相关关系。政策支持、金融监管也与金融科技产业基础存在较为显著的正相关关系。互联网普及率分别与金融科技用户指数、数字支付用户占比存在显著的正相关关系。金融机构账户覆盖率与金融科技产业发展的联动效应较强，且该联动效应在中低收入及低收入国家更加明显。结合21世纪海上丝绸之路发展实践，我国应积极参与全球经济治理，通过数字经济的发展提升金融信息的获得性与有效性，特别是在跨境支付方面，数字人民币应有序稳步向沿线国家推广，弥合数字鸿沟，提高数字服务贸易的可及性和普惠性，并注重数据安全保护。②

第二，构建21世纪海上丝绸之路金融合作标准化体系，加强21世纪海上丝绸

---

① 参见丁建臣、周芮帆：《"一带一路"金融合作　高质量发展的路径选择》，载《光明日报》2021年4月27日，第15版。

② 参见丁建臣、周芮帆：《"一带一路"金融合作　高质量发展的路径选择》，载《光明日报》2021年4月27日，第15版。

之路沿线国家金融科技标准互联互通，提升我国在金融科技标准规则方面的话语权和影响力。《“一带一路”金融科技发展指数研究报告》建议派专家深度参与国际标准化组织的金融服务技术委员会（TC68）、可持续金融技术委员会（TC322）、区块链和分布式账本技术委员会（TC307）等在区块链、人工智能等技术金融应用方面的标准研制。发挥21世纪海上丝绸之路共建国家标准信息平台的作用，从合作基础较好的中国—东盟、中非合作论坛机制着手，重点在移动支付、数字银行、法定数字货币等优势领域，加强与沿线国家金融科技领域标准信息共享，进一步提升国际标准制定的实质性参与程度。同时，加强金融创新国际监管协调与合作，有效防范监管套利及金融科技跨境业务和技术应用风险。加强金融科技合作及创新监管协调，与21世纪海上丝绸之路沿线国家签订、落实双多边金融科技合作协议。加强数据法规对接和风险监测网络共建，防范技术应用和网络互联带来的隐私数据泄露风险。建立完善针对金融科技监管信息共享、风险联动应对和跨区域应急处置安排，提升沿线国家金融科技风控能力和跨境监管协作水平。

第三，努力建设高素质金融人才队伍。金融机构要构建良好职业成长通道。“纸上得来终觉浅，绝知此事要躬行。”在复杂而又瞬息万变的金融市场里，金融人才既要不断学习金融知识，又要在金融实践中经受锤炼。只有这样，才能真正成为新时代急需的高素质金融人才。让金融人才在金融市场中经受锤炼，就要大力发挥金融机构的作用。金融机构可以给予中高层金融骨干更多创新创造的空间，让其在复杂的金融市场里有更多施展才能的机会。发挥行业佼佼者的引领作用，让其引导其他员工不断完善知识结构、提升能力素质。根据不同岗位层级要求，构建全面、系统、多元的业务能力培训体系。强化与世界顶尖金融机构的合作，畅通金融机构总部与金融分支机构的交流渠道，为员工提供更广阔的学习与交流平台。高校要建立开放式人才培养体系。培养人才，关键靠教育。建设一支宏大的德才兼备的高素质金融人才队伍，高校要发挥主渠道作用。适应金融业发展的新趋势，高校应在金融人才培养方面建立开放式人才培养体系。金融业从来不是孤立存在的，而是与其他各个领域有着十分密切的联系。当前，日新月异的网络信息技术推动人类社会进入金融智能时代，金融与经济、政治、文化、科技等的联系更加紧密，仅仅按照单一的金融专业思维来思考行事，已不适应新时代对复合型高素质金融人才的要求。因此，高校金融专业教育要有开放意识，不断拓展视野，善于发掘金融专业与其他专业的交叉点，大力培养复合型高素质金融人才。[①] 加强金融科技领域多层次交流合作和人才培养，助力21世纪海上丝绸之路沿线国家民心相通工程建设。进一步加强“一带一路”国际合作高峰论坛、中国—东盟信息港论坛等国际化平台作用，增进21世纪海上丝绸之路沿线国家在金融科技领域的交流和对话。

第四，抓住共建21世纪海上丝绸之路机遇，加强顶层设计与制度创新，推动人民币跨境使用。建设的稳步推进，为人民币离岸市场发展创造了有利条件。21世纪海上丝绸之路作为和平、繁荣、开放、创新之路，通过互利、共赢、合作扩大利益汇合点，因而中国同各方的互信和认同度高，交流往来渠道通畅，信息交换开放便利，这些有形和无形的优势都是人民币离岸市场发展的关键前提因素。中国同相关国家和地区的经贸投资往来越发密切，友好合作关系不断提升，这些都为人民币的国际化使用以及人民币离岸市场的发展奠定了重要的政治和经济基础。此外，繁荣的人民币离岸市场也为所在国家和地区加快创新、增强金融综合竞争力、提高国际金融市场话语权指明了方向，有利于引导21世纪海上丝绸之路合作向金融创新、体制机制创新的纵深不断发展。其一，倡导本币优先原则，以扩大人民币的跨境使用为抓手，深化机制体制改革，简化优化经常项目及直接投资项下人民币使用的管理制度，消除人民币使用便利化的制度性障碍，提高跨境流出效率与海外人民币可获得性。推动贸易项下21世纪海上丝绸之路跨境人民币使用，切实做好优质企业的认定标准和动态调整机制等风控措施与方案的制定，向企业做好跨境人民币新规的政策传导及解读，结合客户实际需求研究跨境人民币使用的新渠道及新模式，力促扩大办理跨境人民币结算的进出口企业数量。加强资本项下跨境人民币业务的推广使用，优化完善资本项下业务流程，探索“银证合作”业务模式，推动资本项下跨境人民币业务增长。配合电子化单证审核新规做好数字化建设与产品创新，推动跨境人民币在更多场景中使用，调动跨境人民币使用意愿。其二，建立自贸区建设与人民币国际化相互促进机制，进一步加强跨境人民币结算便利化，鼓励人民币跨境贸易融资、跨境双向人民币资金池等业务，积极融入全球价值链、产业链、创新链。其三，完善在岸金融市场开放路径与流程，统筹整合碎片化管理标准与流程，实现金融子市场之间无缝衔接。同时将上海建成重要的全球金融中心，为突破人民币国际化发展瓶颈提供强大动力。中国经济高质量发展和金融高水平开放，是突破人民币国际化在新阶段发展制约的关键。需要

① 参见阳立高：《努力建设高素质金融人才队伍》，载《人民日报》2019年7月9日，第9版。

上海发展成为全球金融中心,协同建设经济中心、金融中心、航运中心、贸易中心和科创中心,发挥中心城市的聚集效应、规模效应和溢出效应,担负起引领中国高质量发展和高水平开放的重大使命。以市场化、国际化为核心,推动上海建成综合竞争力强劲的全球金融中心,提高非居民获得和使用人民币的便利性,确立在岸市场对全球人民币资产的定价权,在人民币国际循环中发挥主导作用,这是实质性突破人民币国际化目前在市场、制度、技术等方面约束的必由之路。①

第二节　亚洲基础设施投资银行的主权贷款风险控制规则

亚洲基础设施投资银行改良了国际货币基金组织下的世界经济秩序,表现出发展中国家和新兴市场经济国家一定程度的引领以及经济实力与利益,在现有国际金融法律制度之外尝试新机制和新制度,符合国际金融法治多元化、多层次发展规律。②

亚洲基础设施投资银行服务范围针对亚洲地区的发展中国家,亚洲许多发展中国家中央政府的主权债务的比例较高,存在严重的债务负担,债务积压效应明显,外债规模不健康,有可能发生不负责的主权借贷行为。而亚投行的投资目标专攻基础设施项目,基础设施项目具有资金需求量大、收益回报不稳定、建设周期长的特点,由于基础设施的借款人大多为国家或政府机构,这样的主体特征使贷款本身具备了特殊性质,也就更容易产生国家风险的问题。因此,本书的核心问题是:亚投行为域内的发展中国家提供贷款后,如何建立一个良性的资金偿还机制,控制主权贷款风险?

一、问题的提出:基于亚投行主权贷款风险控制规则的重要性

主权贷款风险控制是本书的核心概念,因此在讨论展开之前,需要回答两个问题:亚投行面临怎样的主权贷款风险?为什么要控制亚投行的主权贷款风险?

(一)现实:亚投行面临的主权贷款风险

根据国际货币基金组织统计的数据,从1824年到2004年,全球总共发生了

① 参见涂永红:《金融中心建设有助突破人民币国际化瓶颈》,载《当代金融家》2020年第5期。

② 参见沈伟:《逆全球化背景下的国际金融治理体系和国际经济秩序新近演化——以二十国集团和"一带一路"为代表的新制度主义》,载《当代法学》2018年第1期。

257起主权债务违约事件，大部分的主权债务违约发生在新兴市场国家和发展中国家。主权债务违约问题会使亚投行本身融资和开展业务的成本上升，股东利润空间遭挤压，影响亚投行的可持续发展。截至2016年10月17日，亚投行成员国包含57个国家，其中包含域内国家37个，域外国家20个。既包括英国、德国、西班牙、澳大利亚等发达国家，也包括柬埔寨、伊朗、哈萨克斯坦、土耳其等发展中国家，总的来说，发展中国家数量多于发达国家。① 根据《亚洲基础设施投资银行协定》，其主要业务对象是成员或者成员领土的企业。②

通过考察亚投行主要贷款国家的债务规模和主权信用评级，可以反映出这一区域的发展中国家的债务可持续性以及是否存在主权违约风险。根据世界银行关于2011～2014年亚投行主要投资国家中央政府债务总额的数据，大部分亚洲发展中国家中央政府的主权债务的比例较高，例如希腊181.9%，塞浦路斯145.8%，新加坡108%，斯里兰卡68.7%，马尔代夫64.9%，斯洛伐克63.2%，波兰55.6%，菲律宾51.5%，马来西亚50.5%，波黑46%，立陶宛43.8%，拉脱维亚41.6%，巴林35.6%，许多国家的中央政府外债占国家GDP的30%～50%，而国际警戒线为25%。③ 主权债务比例用一国债务存量比该国GDP总量表示，一般来说，这个比例越大，就意味着该国发生债务危机的可能性也越大。根据以上数据，可以看出亚投行域内的许多国家存在严重的债务负担，债务积压效应明显，外债规模不健康，有可能发生不负责的主权借贷行为。

此外，一国政府作为债务人的偿债能力可以参照国际三大评级机构的主权信用评级，主权信用评级制度分析与评估集中在主权国家直接或间接影响债务人履行其义务的能力。根据惠誉评级、标准普尔和穆迪三大评级机构的结果，目前亚投行区域内的发展中国家信用评级普遍较低，评级在A级的国家占少数，而大部分发展中国家信用评级为B级或以下，如阿塞拜疆BB+、孟加拉国BB-、越南BB-、蒙古B+、斯里兰卡BB-、印尼BBB-、印度BBB-、菲律宾BBB-、泰国

---

① 亚投行成员信息，载亚投行官方网，http://www.aiib.org/html/aboutus/introduction/Membership/? show=0，最后访问日期：2016年10月17日。

② 参见《亚洲基础设施投资银行协定》第11条。

③ 资料来源：世界银行WDI数据库：http://data.worldbank.org/data-catalog/international-debt-statistics，最后访问日期：2016年10月15日。中央政府外债债务是政府在某一特定日期欠他人未偿还的直接定期合同债务的全部存量，包括国内和国外债务，如货币和存款、除股票外的其他证券以及贷款。

BBB+、哈萨克斯坦BBB+。① 因此，亚投行区域内的发展中国家存在国家治理能力偏低，政治不稳定，甚至面临地缘政治冲突、宗教民族冲突和恐怖主义威胁等问题。

（二）审慎的主权贷款规则对亚投行可持续发展的重要性

亚投行区域内的发展中国家从其债务规模和主权信用评级状况，可以反映出存在较大的主权违约风险，审慎的主权贷款规则对亚投行而言具有重要的意义。具体如下：

一方面，审慎的主权贷款规则是预防主权债务违约的第一道防线。面对主权国家频发违约的情形，要彻底解决主权债务违约，必须遏制产生债务违约的根源，贷方对主权借贷管理不善是导致主权债务违约频发的原因之一。亚投行的主要服务区域存在大量的低收入国家，为了治理过度负债问题，预防主权违约行为，稳定金融市场，采取审慎的贷款制度具有重要性。

另一方面，审慎的主权贷款规则是保证亚投行可持续发展的前提。由于亚投行的服务范围针对亚洲区域的发展中国家，投资目标专攻基础设施项目，基础设施项目具有资金需求量大、收益回报不稳定、建设周期长的特点，且基础设施的借款人大多为国家或政府机构，这样的特征使亚投行贷款本身具备了特殊性质，也就更容易产生国家风险的问题。亚投行为域内的发展中国家提供贷款后，如何建立一个良性的资金偿还机制，而不是出现国家间的呆账赖账，是亚投行必须解决的问题。不谨慎贷款所带来的问题会严重影响亚投行的长期发展，最终使金融机构本身融资和开展业务的成本上升，使金融机构股东利润空间受到挤压甚至出现损失，会引起了股东和高层管理者的极大不满。因此，作为新兴的金融机构，实施审慎的主权贷款尤为重要。

二、国际主要金融组织主权贷款风险控制的规则分析

随着欧元区债务危机和一些其他发达国家日益增长的债务负担，主权借贷市

---

① 资料来源：http://www.tradingeconomics.com/country-list/rating，最后访问日期：2016年3月24日。以标准普尔评级为例，其含义及等级标准为AAA偿还债务能力极强，为标准普尔给予的最高评级。AA偿还债务能力很强，与最高评级差别很小。A偿还债务能力较强，但相对于较高评级的债务/发债人，其偿债能力较易受外在环境及经济状况变动的不利因素的影响。BBB表示目前有足够偿债能力，但若在恶劣的经济条件或外在环境下其偿债能力可能较脆弱。获得“BB”级、“B”级、“CCC”级或“CC”级的债务或发债人一般被认为具有投机成分。

场上实际上充斥着"主权债权人和债务人无纪律、低效率、滥用或不合作的行为"。面对主权国家频发违约的情形,世界银行、国际货币基金组织、联合国贸发会议、亚开行和一些非政府组织等已经开始反省应当汲取的教训,试图处理和设计主权贷款问题的解决方案,并且从不同角度提出了填补规制空白的法律战略。

(一)对项目的严格管理

世界银行、亚洲开放银行都通过严格的项目管理制度,加强对项目的事前、事中、事后监督,由此来保证所投资的项目具有较好的投资收益以及资金能够获得合理的使用。例如,世界银行的项目管理程序包括项目初选、准备、评估立项、谈判、执行和评价六个阶段。世界银行对立项审批十分慎重,前期工作是顺利执行项目的关键,前期工作准备充足会避免许多不必要的麻烦。在项目初选中,借款国应提供与项目有关的自然、经济和社会各方面资料。项目的评估由世界银行派出的评估小组负责,该小组将对项目的各个方面进行全面系统的检查和评价,主要内容包括贷款金额、期限、偿还方式和项目执行的保证手段、措施,然后签订协议,报经执行董事会批准。项目执行由借款国负责,世界银行负责监督。世界银行建立了一套完整的项目后评价反馈机制,对每一个完成的项目进行项目后评价,并总结和借鉴项目建设、管理相关的成功经验,更好地指导其以后的工作。亚洲开发银行也秉承世界银行对主权贷款的项目的管理体系。根据项目的周期,要经过七个过程:项目立项、项目准备、项目启动、贷款谈判和批复、项目执行、项目完工、项目后评估。此外,亚洲开发银行在2006年还引入项目设计与监测框架管理工具,进一步加强了对项目的管理。

(二)加强主权债务违约风险的评估

为了对主权债务国家的债务偿还能力作一个客观全面的评估,确保贷款资金能够得到及时偿还,世界银行、国际货币基金组织、联合国贸发会都对主权债务违约风险的评估工具和制度进行了探索,具体可包括几种类型:

其一,"低收入国家债务可持续性框架"。"低收入国家债务可持续性框架"由世界银行和国际货币基金组织在2004年初步提出。"低收入国家债务可持续性框架"强调不仅要对一国现有的偿债能力进行分析,并且要对一国未来的债务状况进行评估,以全面考虑一国的债务风险,低收入国家债务可持续性框架直接为国际货币基金和世界银行和其他机构为低收入国家提供赠款和贷款的决策提供了重要的工具。

其二,“国家政策及制度评估指数”。2005年,世界银行测量并公布国家政策及制度评估指数,该指数由世界银行评估并每年更新一次,根据世界各国当前的宏观经济指标和债务指标推算其未来债务指标,衡量一个国家可承受的债务量,从而将国家的债务风险划分为已陷债务困境、高度风险、中等风险、低度风险。

其三,国家风险模型。除了“低收入国家债务可持续性框架”以及“国家政策及制度评估指数”外,世界银行对各借款大国建立了风险模型,其不仅仅是针对单个国家而是对多个国家的风险进行比较,用来测算该国的实际风险暴露程度和未来收支平衡状况,以便及时采取预防措施。

(三)确保主权债务国内部机制的正当性

一般来说,国际金融组织在贷款时通常都会评估主权债务国违约风险,但是并不会评估主权债务国内部体制的正当性或主权借贷是否获得民众同意。而对于一些发展中国家来说,政府有可能受到利益集团控制,并不是通过民主选举产生,因此,对于部分缺乏民主制度的国家,贷款人应当严格调查其主权借贷代理的合法性,以确认这类代理人的每一项主权借贷都是合法的,获得了本国权威法律机关授权。出于对主权债务国内部机制正当性的考虑,联合国贸易和发展会议于2012年1月发布了“负责任的主权借贷行为原则”,①其明确了应确定主权借贷行为中参与借贷交易的政府官员作为国家的代理人对其本国承担信托责任,贷款方不得从事收买借款国政府官员违反其职责的行为。② 并且,要求贷款方进行尽职调查,具体要求包括贷款人应确保,主权借方作出的借贷决定是公开可信的,借方的政府官员是在当地法律的授权下参与借贷交易的,并且其借款行为遵守了当地的法律。③

(四)取得优先债权人地位

世界银行通过优先债权人地位,可以在出现主权债务违约问题时,有效地降低了信用风险。多边开发银行的优先债权人地位能够使得发生主权债务危机时,

---

① 联合国贸发会《负责任主权借贷行为原则》共有15条,以主权借贷资金使用的流程为主线,规定了借贷双方的责任。其中,原则第1~7条针对的是贷款方的责任,第8~15条针对的是借款方的责任,后者实际上是为贷款方审慎放贷提供支持,包括了信托责任、问责、透明度、尽职调查、共同责任、债务监督、善意等重要法律概念。

② 联合国贸发会《负责任的主权借贷行为原则》第1条。

③ 联合国贸发会《负责任的主权借贷行为原则》第2条。

在众多债权人中获得优先受偿的地位，有效地降低主权债务无法偿还的风险，在世界银行以及巴塞尔协议Ⅱ中对优先债务人制度进行了相应的规定。优先债权人地位是指在成员国由于实施汇兑管制或者外汇短缺而出现国际贷款偿还困难时，处于优先债权人地位的多边开发银行有权优先得到汇兑并受偿的权利，其不受债务人与其他债权人达成的债务重组协议的约束。在巴塞尔协议Ⅱ中明确承认了优先债权人地位能够使多边开发银行贷款有效降低主权债务违约风险，维护信用级别，从而降低融资成本。①

三、亚投行与世界主要金融组织主权贷款风险控制规则的比较及建议

（一）亚投行与世界主要金融组织主权贷款规则的相同点

目前，《亚洲基础设施投资银行协定》、《亚投行融资业务操作手册》（AIIB OPERATIONAL POLICY ON FINANCING）以及附件1《主权贷款条款》中（OPERATIONAL POLICY ON FINANCING ANNEX1 SPECIFIC PROVISIONS TO SOVEREIGN-BACKED FINANCING）对主权贷款的风险控制制定了有针对性的规范。亚投行已经建立了主权贷款的相关规则，并在控制主权贷款风险方面做出以下努力，与世界主要金融组织的项目管理制度以及主权债务违约风险评估制度具有高度的契合：

其一，建立了完整的项目管理制度。亚投行借鉴了世界银行以及亚开行的项目管理制度，在银行项目贷款的风险管理方面，形成了一套完整的审批程序。亚投行的项目管理程序包括项目评估、批准、最终报告几个阶段。“项目的评估”，包括技术评估、经济评估、财政评估、环境和社会评估、法律评估等。② 亚投行对资金的使用进行了监督，③限制借款人资金使用的自由度，要求贷款必须用于项目。④在项目的建设过程中，独立的审计方须对项目的财务报表进行定期审计。⑤ 项目

① 参见顾宾：《世行经验对亚投行债券融资策略的启示》，载英国《金融时报》中文网，http://www.ftchinese.com/story/001067412? page=rest，最后访问日期：2016年5月13日。

② See “AIIB OPERATIONAL POLICY ON FINANCING” ARTICLE 3.3.1.

③ See “OPERATIONAL POLICY ON FINANCING ANNEX1 SPECIFIC PROVISIONS TO SOVEREIGN-BACKED FINANCING” ARTICLE 3.3.b.

④ See “OPERATIONAL POLICY ON FINANCING ANNEX1 SPECIFIC PROVISIONS TO SOVEREIGN-BACKED FINANCING” ARTICLE 3.3.b.

⑤ See “OPERATIONAL POLICY ON FINANCING ANNEX1 SPECIFIC PROVISIONS TO SOVEREIGN-BACKED FINANCING” ARTICLE 3.3.c.

执行由借款国负责,在项目完成之前,亚投行对全过程进行监督。① 在每一项目完成之后,亚投行须评估项目的结果和融资。

其二,确立了严格的主权债务违约风险评估制度。在世界银行、国际货币基金组织、联合国贸发会都规定了贷款人应对借款国的债务情况和履约能力进行调查,具体的工具包括"低收入国家债务可持续性框架""国家政策及制度评估指数""国家风险模型"。亚投行也明确规定了银行的尽职调查义务,贷款前应调查借方偿债能力,对借方债务情况有清晰的了解,对债务国债务进行可持续分析包括借方的债务水平以及未来经济增长前景等。② 并且,要求银行应借方进行严格公正的审计,评估其贷款的必要性,做到谨慎举借。③

(二)亚投行主权贷款风险控制规则的不足

但是,以上规则尚不能完全实现对于主权贷款风险的控制,在主权国家风险评级体系、主权借贷行为的合法性上有一定的不足。

其一,主权债务违约风险评估制度不够全面。亚投行以项目为单位,强调对贷款前的评估义务,分析借款国的偿债能力的可持续性分析,但是其未像世界银行一样,以国别为单位,建立主权贷款风险评估体系,测算亚洲发展中国家的实际风险暴露程度和未来收支平衡状况,以项目作为风险评估的单位,难以做到对主权贷款的风险评估的全面和细致。此外,亚投行也未建立起类似于世界银行"国家政策及制度评估指数"制度,对亚投行区域内国家债务风险进行分级,无法充分发挥法律的指引和评价功能。

其二,未明确主权借贷行为的合法性。联合国贸发会《负责任主权借贷行为原则》当中规定了对主权债务国内部体制的正当性的评估,而亚投行在贷款规则中规定了银行的尽职调查责任,但未要求评估主权债务国内部体制的正当性,或主权借贷是否获得"民众同意",有可能引发"恶债"问题。具体来说,亚投行的贷款规则中侧重于经济方面的尽职调查,要求考察贷款国的资信和偿还能力,并未对借款国的代理人角色作出强调,更没有对借款国的政府治理、民众的支持度等作出规定。根据塞克阐述的"恶债"理论,在同时没有满足如下三要素的情况下,

① See "OPERATIONAL POLICY ON FINANCING ANNEX1 SPECIFIC PROVISIONS TO SOVEREIGN-BACKED FINANCING" ARTICLE 3.6.

② See "AIIB OPERATIONAL POLICY ON FINANCING" ARTICLE 3.3.3.

③ See "OPERATIONAL POLICY ON FINANCING ANNEX1 SPECIFIC PROVISIONS TO SOVEREIGN-BACKED FINANCING" ARTICLE 3.3.(c).

一国政府可以不偿付前任政府的主权债务：第一，"民众同意"要素，主权债务借贷未获得主权债务国民众同意；第二，"符合民众利益"要素，主权债务资金的使用非基于主权债务国民众的利益；第三，"债权人知道要素"，债权人知道上述情形。主权借款合同是由借款国政府官员代表其国家签署的，当债务出现问题时，尤其是债务国质疑其债务的合理性时，其中一点就是质疑其政府及其官员在代表国家签署协议时的授权。这不光是借方的问题，贷方也有义务来监督债务国代理人所获得的授权程度。

（三）亚投行主权贷款风险控制规则完善的建议

其一，建立全面的主权贷款风险评估体系。首先，世界银行已经建立了借款国的风险模型，用来测算国家的实际风险暴露程度和未来收支平衡状况，以便及时采取预防措施。亚投行可以借鉴世界银行的国别风险评估体系，对国家风险的宏观评估是对借款国的潜在风险进行总体评价，建立亚投行内部的国家风险评估体系，在确定贷款项目前对借款国主权风险进行评估，以确保款项的顺利收回。其次，世界银行推出了国家政策及制度评估指数，将不同国家债务风险划分为低风险、中度风险、高度风险、深度风险四个层次。亚投行可借鉴上述制度，具体来说：首先，建立亚洲地区发展中国家的一系列债务指标，包括逐本付息指标、债务存量指标、偿债能力。其次，加强债务风险监测，保证债务的可持续性。参考世界银行的国家政策及制度评估指数，加强对借款国的债务可持续性分析，并据此决定不同的贷款条件，在一系列假设和预测基础上推算未来债务指标，将亚洲地区的发展中国家的主权债务风险分为低度风险、中等风险、高度风险和已陷债务困境，考察亚洲地区发展中国家的主权债务系统性风险，从而为亚投行的主权借贷决策提供参考。

其二，注重借款国借款行为的合法性。亚投行的贷款对象有许多为发展中国家，其政府并不一定是通过民选产生，有可能受一些利益集团控制。对于一些缺乏民主制度的国家，负责任的贷方应当对其主权借贷代理的合法性进行严格调查，尤为重要。主权借贷的一个最大特点就是借方具有委托代理特性，一般政府是国家的代表，亚投行贷款的尽职调查还应包括该贷款是否得到合理授权，借方负责签约的人员是否有权代表其国家，此交易是否可能造成借款国对第三方的违约。亚投行应确保，主权借方作出的借贷决定是公开可信的，借方的政府官员是在当地法律的授权下参与借贷交易的，并且其借款行为遵守了当地的法律。确定借方作为代理人的合法性，能够准确认定政府部门借贷的合法性，并能确保公众能够了解借贷过程,以及有合理的表达意见的渠道,并能够再根据公众反馈进行修改或者干预借贷程序的机制,这样做是确保主权债务借贷从大多数人的利益出发,从而防止政府或者代理人被少数人操纵,促使谨慎的借贷行为。

第六章　共建 21 世纪海上丝绸之路的海运法治问题研究

国际货物运输法是调整货物跨境运输的法律规范的总和，不仅包括国际海上运输，还包括国际航空运输、国际铁路运输和国际多式联运，其中国际海上货物运输装载量大、价格相对便宜、安全性较高且便捷，故在国际货物运输中占有绝对优势和比例。[①]《中华人民共和国国际海运条例》第 2 条规定，条例适用于进出中华人民共和国港口的国际海上运输经营活动以及与国际海上运输相关的辅助性经营活动，前款所称辅助性经营活动，包括本条例分别规定的国际船舶代理、国际船舶管理、国际海运货物装卸、国际海运货物仓储、国际海运集装箱站和堆场等业务。

2001 年，联合国将 21 世纪定义为"海洋世纪"，海洋成为人类发展的第二空间。2013 年，中华人民共和国主席习近平出访印度尼西亚时提出共建 21 世纪海上丝绸之路倡议，该倡议以经略海洋、建设海洋强国为目标，构建经贸愈加繁荣、投资愈加畅通、金融愈加稳定、人文愈加融洽的通道，发展海洋运输的双边和多边合作，确保海上通道畅通和安全，构筑 21 世纪海上和平之路、财富之路，打造海上繁荣之弧。

---

① 参见王传丽主编：《国际经济法》，法律出版社 2016 年版，第 57 页。

一、共建21世纪海上丝绸之路离不开海运法治

(一)海运发展促进共建21世纪海上丝绸之路

21世纪是以和平、发展、合作、共赢为主题的新时代,共建21世纪海上丝绸之路是通过和平手段促进共同发展、实现共同繁荣的合作共赢之路。共建21世纪海上丝绸之路沿线各国资源禀赋不同,经济属性各异,相互合作空间和发展潜力巨大,故共建21世纪海上丝绸之路以设施联通、贸易畅通、民心相通等为主要内容,旨在设施、贸易、民心等方面进一步强化交流。海运是国际海上运输,是使用船舶进行海上货物或旅客运输的一种运输方式。共建21世纪海上丝绸之路倡议对于海运既是机遇,也是挑战;既能提升海运价值促进海运发展,又能体现目前海运之弊端。反过来,海运发展在设施、贸易、民心等方面助力共建21世纪海上丝绸之路。

1. 海运发展助力设施联通

基础设施互联互通是共建21世纪海上丝绸之路的优先领域。随着共建21世纪海上丝绸之路沿线海运发展,交通、通信、港口等基础设施随之升级。在尊重沿线国主权和国家安全的前提下,海运发展带动基础设施建设标准的技术对接,共同推进重点通道建设,逐步形成亚洲各区域间以及亚欧非间的基础设施连接网络。海运发展带动重点工程推进,优先打通障碍航道,疏通瓶颈航段,配套航线安全保障设备和防护设施。海运发展带动港口基础设施建设,推进口岸设施升级,增加海上航线和班次,提高海上运输能力。海运发展带动通信基础设施建设,推进跨境光缆等通信干线铺排,扩容沿线信息通道,保障航行信息沟通顺利,加强海上物流信息化合作。海运发展助力重点通道、重点交通基础设施、港口基础设施、通信基础设施的联通。

2. 海运发展助力贸易畅通

投资贸易合作是共建21世纪海上丝绸之路的重点内容。海运发展有助于贸易交流和投资合作,提升贸易投资便利化。共建21世纪海上丝绸之路沿线国物产丰富,资源富饶,相互间贸易投资多如牛毛。海运发展一方面提高海上运输效率,降低海上运输成本,沿线国从贸易中获得更多利润,刺激国家及其国民的贸易热情,推动国家贸易制度完善和贸易程序简化,从制度上保障共建21世纪海上丝绸之路贸易畅通;另一方面,海运发展加强了航道安全,进而提升了沿线国相互间贸易投资的安全系数,减少贸易商和投资者的风险,有利于沿线国相互间贸易投资

的进一步发展,从安全上保障共建21世纪海上丝绸之路贸易畅通。此外,海运发展拓宽了沿线国相互间贸易投资的领域,新航道的开通以及偏远地点的到达为传统领域的深度合作和新领域合作提供了可能。海运发展助力贸易制度、贸易安全和贸易投资新领域。

3. 海运发展助力民心相通

民心相通是共建21世纪海上丝绸之路的社会根基。丝路建设中的政策沟通、设施联通、贸易畅通、资金畅通既是为民心相通作铺垫,又是以民心相通为前提。海运发展可以促进共建21世纪海上丝绸之路沿线国相互间人才交流,特别是文化、教育、宗教、科技、医疗领域的交流合作,对各国相关领域发展和前沿问题研究均具有不可估量之作用,同时能够推动命运共同体内涵之一的文化共同体建立。海运发展可以加强沿线国间旅游合作,扩大旅游规模,增加旅游人数,在航道安全的前提下激发各国人民旅游兴趣,有助于各国人民真正和深入了解共建21世纪海上丝绸之路沿线国的实际情况,减少因误解而产生的不必要冲突和不信任。海运发展可以推进沿线国的民间组织间的交流与合作,特别是妇女儿童保护组织、老人关怀组织、残疾人互助组织等具备共同价值的组织合作,产生示范效应,可以形成沿线国国民间的相互信任和相互支持,有助于其他领域的合作。海运发展助力人才交流、旅游合作和民间组织相通。

(二)海运法治保障海运发展

在国际贸易与世界经济发展的过程中,面对大宗货物的远距离运输时,海运依靠其安全、有效、经济的特点,成为运输方式首选。伴随世界经济的增长,特别是新兴发展中国家的崛起,海运发展硕果累累,全球海运服务不断拓展,船队规模和港口布局扩大,海运服务贸易出口额显著增加。以中国为例,目前中国是名副其实的海运大国,自改革开放以来,海运发展成绩显著。1978 年中国远洋船队运力排名世界第 14 位,之后中国海运借助改革开放的春风,把握加入 WTO 的机遇,加速发展远洋船队,加快港口建设,出台海运法规,2010 年中国即成为世界第三大海运国家,2014 年中国海运船队运力规模达到 1.42 亿载重吨,大约占世界海运船队运力的 8%,排名世界第 4 位。同时,中国于 2014 年超过美国和日本,成为第一港口大国,总货运量全球第一,总吞吐量达 28 亿 6000 吨。在共建 21 世纪海上丝绸之路倡议下,中国投入大量资金发展港口,其中也包括外国港口,助力外国海运。中国港口和海运的强势发展是世界港口和全球海运飞速发展的缩影。

海运法治保障海运发展。海运的进步史也是海运法律制度的发展史。海运每个阶段的发展必然需要对应海运法治的更新,依靠海运法治来保障海运合法权益,维护海运合法利益,惩戒海运违法行为,减少海运冲突,弥补当事人海运损失。海运法治营造了和平安全的海运环境,促成了合理有效的海运管理,树立了公正高效的海运争端解决,形成了开放有序的海运体系,促进海上贸易和投资,增强海运当事人信心,显著提升海运在运输领域竞争力。以中国为例,改革开放以来中国海运飞速发展依靠着中国海运法治的保驾护航,中国为了保障海运发展制定了一系列海运政策和法规。例如,20世纪90年代交通部发布《深化改革、扩大开放、加快交通发展的若干意见》(交办发〔1992〕596号),国务院发布《关于进一步改革国际海洋运输管理工作的通知》(1992年11月10日),《中华人民共和国海商法》正式实施,以及中国加入WTO后发布《国际海运条例》(国务院令第335号)。海运法治为海运发展提供了法律保障。

(三)共建21世纪海上丝绸之路区域海运法治

共建21世纪海上丝绸之路是对古代海上丝绸之路的历史传承,古代海上丝绸之路是古代沿线区域人民为我们留下的珍贵历史和文化遗产,是古代中国与外国进行贸易和文化科技交流的海上通道。古代海上丝绸之路主要有东海起航线和南海起航线,从朝鲜半岛和东部沿海港口进入日本,或经广州、泉州等南部沿海口岸穿过东南亚、印度洋进入欧洲和非洲,其形成于秦汉时期,发展于唐宋时期,兴盛于元明时期,转变于清朝时期。古代海上丝绸之路具备三个历史特征:(1)丝路贸易的和平性;(2)文化与贸易的包容性;(3)贸易的平等性。进入21世纪,中国主张与海上国家发展海洋合作伙伴关系,共同共建21世纪海上丝绸之路,赋予丝绸之路新的时代内涵。共建21世纪海上丝绸之路重点方向有二,其一,从中国沿海港口经过南海至印度洋,扩展至欧洲;其二,从中国沿海港口经过南海到南太平洋。共建21世纪海上丝绸之路具备三个现实特征:(1)共建共享内涵的延展性;(2)互联互通的通透性;(3)经济文化并行的一体性。

1.共建21世纪海上丝绸之路区域海运法治的目标

在共建21世纪海上丝绸之路区域,海运法治应以扩大海运自由保障海运安全,维护海运公平,捍卫海运正义,提高海运效率,维持海运秩序为目标。在共建21世纪海上丝绸之路中,通过法律手段确保海上通道安全,促进经济交往和人文交流,推进沿线港口互联互通,提升贸易投资便利化,在法治中体现和平协商精神、包容互鉴精神、共同建设精神、自由贸易精神、投资便利合作精神以及互惠互利精神,集合各种力量打造一条共商、共建、共享、共赢的海上共同发展之路。

2. 共建21世纪海上丝绸之路区域海运法治的价值

(1)维护航海自由

共建21世纪海上丝绸之路辐射南海、印度洋、太平洋等广阔海域,经过数十个国家,不少国家间存在海洋领土争端,航行自由问题一直是贸易者、投资者、游客以及各国政府所密切关注的问题,各国既担心彻底自由航行导致违法犯罪行为横生,又希望扩大航海自由促进贸易投资。海运法治就是解决这一困疾的良药。各国通过单边、双边或区域多边法律,明确何为合法航运行为,如何在敏感区域航行,需要履行的程序以及可能承担的责任,在法治的约束和保障下,尽量扩大航海自由,一方面客观上维护了航海自由;另一方面树立了海运法治,为将来进一步扩大航海自由做铺垫。

(2)确保航海安全

航海安全是海上一切活动的前提,共建21世纪海上丝绸之路区域面临国际恐怖主义、宗教极端主义、海盗以及极端天气等现实威胁,特别是印度洋航线区域的国际政治形势复杂,海盗活动猖獗,如何保证航道安全,保障跨国投资贸易人员和游客的人身与财产安全,是沿线国必须解决之难题。海运法治可以为航道安全提供法律保障,积极打击海上违法行为,鼓励海难救助,明确海运责任和义务,确保航行安全。随着海上运输安全保障法制的完善,共建21世纪海上丝绸之路区域的海运事业也会随之蒸蒸日上。

(3)加强互联互通

共建21世纪海上丝绸之路区域海运发展的过程中必然带动基础设施的互联互通,海运法治恰恰保障了海运发展,其对基础设施互联互通的影响显而易见。在海运法治的法律保障之下,物畅其流,游客到处游,贸易投资带来的金钱以及对基础设施的更高要求,督促各国大力发展设施,形成交通运输网络和讯通网络,实现国家间的互联互通。

(4)促进人文交流

海洋是载体,通过海洋带出去何物和带进来何物才是关键。海运法治保障航海自由和航海安全,为沿线国间的人文交流提供了便利条件。共建21世纪海上丝绸之路沿线国家数量众多,文化差异大,信仰不尽相同,存在许多隔阂和不了解,依靠海运法治,带动海上人文交流,既能培养友好力量,又能共同发展旅游业,同时能加强文化科技等方面的合作。

(5)发展贸易投资

经贸合作是共建21世纪海上丝绸之路区域的主题曲,促进沿线国国际贸易投资,为沿线国带来经济发展和可观利益,能够激励沿线国更好地参与实施共建21世纪海上丝绸之路倡议。海运法治借助法律手段明确运输规则,规避运输风险,打击违法行为,创造和平、法治的运输环境,进而降低运输费用,鼓励高技术、高品质的货物服务运输,加快贸易投资流通速度,加大贸易投资流通力度。

二、共建21世纪海上丝绸之路海运法律制度现状

(一)国内海运法律制度

共建21世纪海上丝绸之路沿线国离不开海运制度,一是因为海运服务是一些国家的经济支柱,二是因为海运是沿线国国际贸易的主要运输方式。海运法律制度不仅关系到沿线国的经济利益,还涉及国家的安全和政治利益,同时会影响到沿线国的国际法治形象。沿线国基于国家利益和全球利益考量,都制定了海运政策或海运法律,明确海运当事人的责任和运输规则,对船舶的技术性能和安全指标提出较高要求,对于海运既有约束性又有保护性,保障了海运安全,规范了海运行为,解决了海运冲突。目前沿线国几乎都有国内海运法律制度或海运政策,但是法律位阶较高,执行力较强的海运法律较少。一般来说,经济实力较强的沿线国国内海运法律制度较为完善,如中国、泰国、新加坡。具体而言,中国有《中华人民共和国海上交通安全法》《中华人民共和国海商法》《中华人民共和国国际海运条例》《中华人民共和国国际海运条例实施细则》等;泰国有《海运管理法》、《航运法》、《海上货物运输法》等。而经济水平较低沿线国多以海运政策或海运条款为主,国内海运法律制度不完备。

(二)双边海运条约

双边海运条约主要是共建21世纪海上丝绸之路区域两国间为发展双方友好关系,促进海运业发展而签署的双边海运协定。经过数十年发展,共建21世纪海上丝绸之路沿线国通过签订的双边协议相互给予优惠待遇,在规则范围内采取措施,尽量简化程序,尽力减少不必要的手续,防止海运延误,为海运提供便利,提高海运效率,从运输环节提升贸易投资量,实现协定签署国的互利共赢。目前,共建21世纪海上丝绸之路沿线国间的双边海运条约数量不多,无法打通所有沿线国形成条约网,且多数为20世纪签署的,进入21世纪后几乎发展停滞,如1993年中国与克罗地亚签署《中华人民共和国政府和克罗地亚共和国政府海运协定》、1992年中国与越南签署《中华人民共和国政府和越南社会主义共和国政府海运协定》、

1989年中国与新加坡签署《中华人民共和国政府和新加坡共和国政府海运协定》、1987年中国与马来西亚签署《中华人民共和国政府和马来西亚政府海运协定》、1979年中国与泰国签署《中华人民共和国和泰王国政府海运协定》。

(三)区域海运条约

为了促进海运技术合作,尽量统一区域内海运规则,维护海上安全,提高船舶航行效率,防止和控制海运造成的海洋污染,尽量简化和减少国际运输船舶抵达、逗留和离开港口的手续和程序,共建21世纪海上丝绸之路区域部分沿线国参与了各类区域组织,签署或参加了区域海运条约,借助区域海运条约的规则与实践来规范本国和其他缔约国的海运行为。目前,共建21世纪海上丝绸之路区域现存的区域海运条约均是在区域贸易安排基础上签署的,且部分海运条约涉及海运,并非仅调整海运,例如,东盟签署的《东盟促进货物运输便捷化框架协议》《东盟多式联运框架协议》。

(四)多边海运条约

海运一直是各国的重点话题、重点关注对象。海运保护与发展是共建21世纪海上丝绸之路沿线国的共同心声,除了积极参加国际海事组织、国际海事委员会等国际组织拟定的国际条约,自20世纪90年代以来,沿线国还通过WTO展开广泛的海运合作,至乌拉圭回合谈判结束时,已经有32个国家和地区对开放海运服务贸易市场作出了承诺;在2005年的又一轮多哈回合谈判中,海运服务贸易谈判是服务贸易谈判的重要议题,多个沿线国呼吁在GATS框架内继续就海运问题进行讨论,从而进一步开放全球海运市场。WTO《服务贸易总协定》以及《维斯比规则》等多边海运条约对海运服务自由化发展作用良多。目前多边海运条约主要集中在联合国国际贸易法委员会、国际海事组织、国际海事委员会、WTO等组织签署的公约,各个组织的成员性质不尽相同,参与数量差异较大,甚至海运条约进展程度各异(见表6-1)。

表6-1　多边海运条约

组织	条约
联合国	《联合国全程或者部分海上国际货物运输合同公约》(《鹿特丹规则》)、《联合国国际贸易运输港站经营人赔偿责任公约》、《联合国海上货物运输公约》(《汉堡规则》)、《联合国国际货物多式联运公约》、《联合国海上货物运输合同公约》(维斯比规则)、《海洋法公约》

续表

组织	条约
国际海事组织	《海上旅客及其行李运输雅典公约》《国际海上避碰规则公约》《制止危及海上航行安全非法行为公约》《国际海事组织公约》《国际救助公约》《国际油污损害民事责任公约》《国际干预公海油污事故公约》《海事索赔责任限制公约》《国际海上人命安全公约》《国际防止船舶造成污染公约》《国际船舶载重线公约》《国际便利海上运输公约》《国际船舶吨位丈量公约》
国际海事委员会	《船舶所有人责任限制公约》《船舶优先权和抵押权国际公约》《国际海上搜寻救助公约》《海员培训、发证和值班标准国际公约》《国际油污防备、响应和合作公约》
WTO	《服务贸易总协定》《关于海运谈判的附件》
其他	《航运的重大包裹标明重量公约》、《统一提单的若干法律规则的国际公约》(海牙规则)、《统一国有船舶豁免的某些规则的公约》、《统一船舶优先权和抵押权某些规定的国际公约》

资料来源:中国海商法协会、中国海事局、联合国国际贸易法委员会、WTO。

(五)海运法律制度现状评价

共建21世纪海上丝绸之路沿线国国内海运法律制度虽发挥了调整海运行为的重大作用,但依然存在许多问题:(1)透明度不足。沿线国国情不同,部分国家法治水平有限,透明度方面存在完善空间。(2)手续繁复、程序冗杂。多数沿线国的国内法过于专注国家安全,忽视了海运效率。(3)差异大、协调性差。由于共建21世纪海上丝绸之路涉及亚欧非数十国,既有发达国家,又有发展中国家,甚至最不发达国家,既有较开放的国家,又有较闭塞的国家,故本国立法机关依据本国国情制定的国内海运法律必然带有明显的本国特性,相互间差异巨大,较难协调。(4)未完全符合非歧视要求。部分沿线国的国内海运法律为了充分保护本国利益,规则中存在歧视条款,不能有效激励国际运输发展。(5)更新缓慢。沿线国中的法治落后国家缺乏海运法典,而海运法律或海运政策也数年无进展,不能紧跟海运业发展步伐。(6)海运司法管辖权冲突。由于沿线国家间关系复杂,部分国家间缺乏沟通合作,而海运纠纷时常发生,面对同一纠纷,各国按照本国的海运法律希望将纠纷置于本国司法管辖之下,从而易于保护本国当事人利益,但双方国家的相同想法恰恰会导致对同一海运纠纷的管辖权冲突,不利于纠纷和平完美解决。

共建21世纪海上丝绸之路双边海运条约有助于两国间海运合作,有利于两国间海运规则统一,克服了一些国内海运法律制度存在的问题,但是双边海运条约也存在现实短处:(1)年代久远,陈旧过时。近年来区域贸易安排的迅猛发展,带动了一大批区域协定的签署与更新,而双边海运条约多是20世纪为了海运合作发展而签署,内容自然是依据20世纪海运情况而制定,没有体现海运业的最新发展状况以及海运可能出现的新情形。(2)纠纷解决机制尚待改进。双边海运条约由于内容老化,许多协定并未规定合理的纠纷解决机制,仍然依赖政治外交,忽视更加缓和公正的法律手段;部分条约虽规定了纠纷解决机制,或因机制设计不当,或因国家和当事人不重视,在实践中也未被严格遵守,导致法律解决方式有名无实。

共建21世纪海上丝绸之路区域还没有本区域海运条约,只有沿线国加入的不同的其他区域条约。首先,这些区域海运制度缺乏对共建21世纪海上丝绸之路区域的针对性。毕竟是其他区域的海运条约,虽有可借鉴之处,但不可能完全适用共建21世纪海上丝绸之路区域。其次,区域海运条约的参与度低,共建21世纪海上丝绸之路沿线国很少共同参与一个区域海运条约,大多各自进行,导致各个区域海运条约的参与度都不高。再次,区域海运条约错综交杂,形成"意大利面碗"。沿线国各自为政,仅从本国利益出发加入一个或数个区域海运条约,忽视共建21世纪海上丝绸之路整体区域法律协调,导致不同区域的规则相异,法律适用混乱。最后,区域海运条约与国内法的矛盾时有发生,部分沿线国为了从区域安排中获益,未经仔细考虑或修改本国国内法,就匆忙参与区域条约,导致法律规定不一致,不利于法治化进程。

共建21世纪海上丝绸之路部分沿线国为了发展海运,分别加入了国际海事委员会、国际海事组织、WTO、联合国国际贸易法委员会的国际海运公约。但是,由于并非所有沿线国,甚至只是少数加入和批准了这些多边海运条约,导致多边海运条约在共建21世纪海上丝绸之路区域的适用性大大削弱。再加上多边条约数量有限,调整对象和领域针对性不强,真正在共建21世纪海上丝绸之路发挥的作用有限。多边条约的适用方式不明确也会引起成员国滥用国家权力,拖延执行的不法行为。另外,有些多边海运条约,特别是WTO的条约,常常因部分国家的反对而导致谈判陷入僵局,海运统一规则无法达成,停滞不前。

总之,在共建21世纪海上丝绸之路推进中,国内海运法律制度存在透明度不足,协调性差,更新缓慢的现状;双边海运条约存在年代久远,法律机制不完善的现状;区域海运条约存在缺乏针对性,参与度低,规则错综复杂的现状;多边海运条约存在适用性不足,适用方式不明确,条约谈判停滞的现状。

三、共建21世纪海上丝绸之路海运法治的完善

(一)完善海运法治的原则

1. 海运安全原则

共建21世纪海上丝绸之路是打造海上利益共同体和命运共同体,安全是国家间一切合作的前提和底线。历史上,南海、印度洋、太平洋海域就饱受殖民主义的侵害,如今,霸权主义和强权政治又在此区域兴风作浪,领土争端成为环境的不稳定因素。除了传统安全问题,海盗、恐怖主义、跨国犯罪、环境破坏等新型安全问题也困扰着共建21世纪海上丝绸之路区域海运。沿线国几乎都面临海运安全问题的烦扰,因而更应团结合作,在海运立法时把握海运安全原则,加入海运条约时,要优先关注海运安全问题,确保海运安全原则真正体现在法条中,其他海运条款才有用武之地。

2. 海运自由原则

共建21世纪海上丝绸之路重点建设目标是促使沿线国更加开放,经贸行为更加自由。共建21世纪海上丝绸之路区域涉及国家众多,沿线国发达程度不同,宗教信仰各异,法治水平悬殊较大,导致航海自由受到极大限制,不利于货物贸易和服务贸易发展,更不利于国家间的友好关系发展。因此,各国应从本国国内海运法律和国际海运条约着手,完善法律制度,确保海运自由,在维护国家安全的前提下,给予其他沿线国最大的航行自由。保证了海运自由,海运的功能才能得以发挥。

3. 公平互利原则

公平是法律的基本价值,互利是法律的效果要求,共建21世纪海上丝绸之路区域本就存在潜在的政治经济矛盾与冲突,只有在保证海运法治公平互利的情况下,沿线国才能真正重视海运法治的功能,愿意承担海运法律的责任和义务,充分发挥海运法治的作用。无论国家是何种富裕程度,何类宗教信仰,何等法治环境,海运法治都要保证公平互利原则,并以此为标杆完善国内海运法和国际海运条约。

4. 国内与国际接轨原则

共建21世纪海上丝绸之路沿线国既拥有国内海运法律制度,又参与了国际海运条约,共同以促进海运发展为目标,共同发挥法律保障作用。故国内海运法治应与国际海运法治接轨,保持一致性,避免大范围相悖。国内海运法治完善过

程中既要借鉴国际海运法治的优点和先进之处，但又要避免将国际法治神圣化，完全照搬，忽视本土化，忽略国内海运司法经验。因此，海运法治完善需要国际化与本土化齐头并进。

5. 符合 GATS 基本原则

GATS 的基本原则包括最惠国待遇原则、国民待遇原则、市场准入原则、透明度原则、逐步自由化原则等，在 GATS 基本原则指导下，世界服务贸易实践成果颇丰，法治化进程较成功。共建21世纪海上丝绸之路沿线国多为 WTO 成员，海运服务法律制度本就应遵守 GATS 基本原则，何况 GATS 基本原则确能促进区域海运法治的有效实施和完善。在共建21世纪海上丝绸之路过程中，各沿线国正可对国内海运法律制度和国际海运条约认真审查检视，确保符合 GATS 基本原则。

（二）完善海运法治的路径

1. 推动双边海运条约更新与落实

共建21世纪海上丝绸之路区域双边海运条约不发达，难以通过双边海运条约将沿线国全部联系起来，但是双边海运条约依然对海运发展有促进作用，可完善后用来发挥辅助作用。针对双边海运条约内容老化的问题，沿线国应抓紧已生效的双边海运条约修改谈判。在可能的情况下，尽量加速与沿线国签署双边海运协定的步伐，增加双边协定数量，最重要的是签署生效的双边海运条约必须落实，司法、执法依法进行。

2. 统一区域海运法治

共建21世纪海上丝绸之路区域存在大大小小数个区域海运条约，但是各个区域条约参与国数量有限，影响范围较窄，针对性不足，无法在共建21世纪海上丝绸之路区域整体发挥调整作用。因此，共建21世纪海上丝绸之路中需要构建本区域的海运法治，专门针对共建21世纪海上丝绸之路的海运进行管理，真正统一区域内的海运法治，为全体沿线国海运提供法律保障。

3. 推进多边海运法治进步

目前，WTO 海运服务贸易谈判的停滞，谈判模式、利益冲突、表决机制等多方面因素导致多边海运法治进展缓慢，但是我们依然要拥护多边海运法治，不能否认其对全球海运的促进作用。但是，共建21世纪海上丝绸之路中也要吸取多边海运法治发展的经验教训，避免区域海运法治发展重蹈覆辙。在努力推进多边海运法治进步的同时，为了紧跟海运科技进步、海运方式更新、海运理念发展的步伐，也要着手本区域的海运法治构建。

(三)共建21世纪海上丝绸之路区域海运法治构建

随着共建21世纪海上丝绸之路倡议的推进,共建21世纪海上丝绸之路区域海洋经济合作明显加强,沿线港口互联互通成果显著,沿线国间人文交流愈加频繁,亟须保证航道安全与自由,保障海运畅通,这对海运法治来说,既是机遇又是挑战。共建21世纪海上丝绸之路区域目前尚无针对性强、行之有效的区域海运法治,现存海运法律制度存在明显缺陷,功能发挥不足,不利于海运经济发展,不利于海运法律保障,更不利于共建21世纪海上丝绸之路倡议持续推进。因此,当务之急是构建21世纪海上丝绸之路区域海运法治。

1. 构建区域海运管理机构

构建21世纪海上丝绸之路区域海运法治首先需要建构共建21世纪海上丝绸之路区域海运管理机构——共建21世纪海上丝绸之路海事组织,促进区域内统一海运法律制度的谈判与达成,监督海运法制的实施情况,确保组织下达成的协议和法律文件的生效,区域海事组织对于其制定的所有法律文件修订具有建议权,并明确在组织下可以设立附属机构,共建21世纪海上丝绸之路海事组织承担区域海运管理职能。该组织建立后,共建21世纪海上丝绸之路海上安全委员会、共建21世纪海上丝绸之路海洋环境保护委员会等下属机构才能应运而生,才能进一步完善共建21世纪海上丝绸之路区域海运组织机构,充分依法管理共建21世纪海上丝绸之路区域的海运行为。

2. 构建区域统一的海运法律制度

区域海运法治要依靠统一的海运法律规则,通过统一制度来统一海运行为。统一海运法律制度不仅可以加强共建21世纪海上丝绸之路沿线国一体性,消除国家间的制度隔阂,为共同体的形成创造条件,还可以弥补部分国家法治进程缓慢、国内国际法制不健全的漏洞,特别是改正部分国家完全忽视海洋环境保护的不足。一方面,借鉴其他区域优秀的海运法制,保证本区域海运法律制度的立法水平,进而依照同一标准规范全体沿线国的海运行为,避免海运法律冲突;另一方面,要明确共建21世纪海上丝绸之路区域海运法律制度的效力和适用方式,在有法可依的前提下保证有法必依,切实发挥海运法治的统一协调作用。

3. 构建区域海运争端解决机制

海运法治的践行需要依靠海运争端解决机制,即使法律规则完善后,依然会出现海运争端,至少造成一方当事人的损失,此时争端解决机制的作用便凸显出来。共建21世纪海上丝绸之路区域海运争端解决机制的构建需要吸收国内、双边、区域、多边海运法治的争端解决机制之优点，避开其缺点。除了最基本的公平公正性外，机制一方面要具备便捷性，方便沿线国运用，及时作出公正裁决；另一方面，要具备一定强制性，强调裁决的执行到位，维护机制权威。同时要考虑裁判费用，根据已有实践，全球化的国际裁决机构往往收取高额的裁判费用，而共建 21 世纪海上丝绸之路沿线国绝大多数为发展中国家，还有最不发达国家，费用问题对机制的使用率具有较大影响。最后，区域海运争端解决机制的建立也有助于沿线国的法治化进程，发生海运冲突时，减少外交等强硬手段，多利用法律手段维护合法权益。

第七章 共建21世纪海上丝绸之路的互联网与数据法治问题研究

当前,信息技术革命对世界政治、经济、法律、文化产生深远影响。互联网发展日新月异,网络空间已成为人类共同的新家园,国际社会越来越成为"你中有我、我中有你"的命运共同体。新一轮科技革命和产业变革加速演进,互联网发展为人类文明进步带来了千载难逢的发展机遇,同时带来了一系列风险和挑战。随着互联网与经济社会不断加深融合,数字经济在飞速发展过程中伴生的网络安全、个人信息保护、网络内容管理、平台垄断等问题越来越突显,对互联网法治提出了更高的要求。

与互联网法治相伴而生的是数据法治。大数据的特点就是海量数据,且数据产出是高速的,数据类型是多样的,数据来源是多渠道的。大数据的要点是对大规模的数据集合进行专业化处理,通过"加工"实现数据"增值"。大数据好比"人脑"的智能,是具有生命力的。王锡锌教授在数据法治化治理研讨会上指出,数据治理的法治化是一个非常重要的命题,这一命题有两个关键词,一个是数据治理的结构问题,另一个就是法治化问题。数据治理的结构是数据的采集、处理,到最后的删除、消失,也就是我们说的数据的全生命周期中不同的主体之间的关系。结构是一种关系模式,在法律上,就是主体之间的权利义务关系模式。数据治理是不同主体基于该权利义务关系模式而展开的竞争和合作过程。数据治理的主体包括自然人、平台、网络经营者、数据控制者,以及监管部门。放到国际层面考虑,数据治理主体还包括不同的主权国家。主权国家相互之间会基于利益来主张自己的权利,如数据出境问题。在主权意义上,理解主权的不同视角,可能导致主权竞争,其中最典型的就是"消极主权"与"积极主权"之间的竞争和冲突。数据治理法治化的问题之所以被提出来,主要是因为,对于数据治理的不同主体各自有哪些权利义务,以及他们相互之间的关系模式应如何设定,还有主权国家之间在数据治理领域如何竞争——合作等问题,在法律上还存在诸多的不足甚至缺失。而已经存在的法律框架,也未必符合数据治理的公平正义要求。简而言之,对数据治理主体的权利义务的设定及其关系模式之制度安排,应如何符合法治主义要求的问题。①

法治在互联网治理和数据治理体系中处于基础性地位。发展好、运用好、治理好互联网和数据,让互联网和数据更好造福人类,是国际社会面临的共同责任。以法治方式推动建立网络空间命运共同体,在为数字经济发展营造良好的营商环境方面,各国应秉持开放合作、互利共享、兼容并蓄、可持续发展的理念,共同应对互联网时代和大数据时代挑战。网络空间和数据法治化、规则化是我国走向网络强国的必经之路。网络法治和数据法治变的是与网络时代相适应法律规则,不变的是法律核心价值、基本原则、基本观念。法治既是规则之治,需要符合规则治理的内在要求,法治更是价值之治,需要赋予规则以灵魂和生命。

第一节　网络空间国际治理的困境与出路

21世纪以来,随着互联网、云计算等通信和网络技术的发展,网络空间成为人类生存的第五空间。与网络空间的重要性相背离,网络空间的治理模式仍处在早期摸索之中。理论的多元性无疑增加了选择的难度及成本。从互联网的基本架构出发,以传统的国际法主体——国家为研究对象,探讨网络空间的基本属性,并通过追溯海洋、天空等国际治理实践的形成过程及其制度框架,探寻网络与数据治理的国际治理机制的应由之路。

---

① 参见王锡锌:《数据治理的法治化:合法性、体系性、平衡性》,载环球网,https://baijiahao.baidu.com/s?id=1637552668264666437&wfr=spider&for=pc,最后访问日期:2021年9月。

一、互联网国际治理的现状与困境

(一)互联网的基本架构

除传统的海洋、陆地、天空和太空外,网络空间被视为是人类的第五空间。网络空间并非自然造物,而是人为产物,人类的智慧和理性贯穿网络空间始终。根据劳伦斯·莱斯格关于互联网的经典论述,互联网自下至上分别由物理层、规则层和内容层所组成。① 物理层包括电缆、光纤、发射塔和卫星等基础设施;规则层主要包括互联网的各项标准和协议,如互联网名称和代码分配机构(Internet Corporation for Assigned Names and Numbers,ICANN)负责创设和分配的域名设置规则,以及互联网工程任务组(Internet Engineering Task Force,IETF)负责制定的互联网相关技术规范等;②内容层则通过制定详细的法律或规范体系,管理网络上储存、发送和接收的信息和数据,包括对网络犯罪等的治理机制。③ 网络空间的良性运作,与上述三个层次的协调与发展息息相关。基础设施架构起互联网运作的物质支持;规则层突破跨越时空通信的技术难题,并使互联网在全球实现一体化;内容层则保障了公民的权利和国家的安全。正基于此,互联网得以成为全球公民的生活空间之一,互联网的治理也宜从其基本架构着手。

(二)互联网国际治理的现状

在技术上,互联网是个庞大而复杂的工程,其涉及信息技术、域名系统、基础设施和法律规范。总体而言,互联网的基本架构可分为三个层次。互联网的国际治理机制也有其独特性。首先,互联网中物理层主要为支撑互联网的基础设施,可以分为两种类型:其一为国家及个人的私有物,如光纤、电缆等,该实在物的目的在于实现数据流通,国家或个人对上述基础设备有所有权,正好比航行在海洋中的船舶;其二为支撑整个互联网的基础设施,主要为根服务器、数据交换中心

---

① See Lessig Lawrence, *The future of ideas: The Fate of the Commons in A Connected World*, Random House LLC, 2002, p. 23.

② See Paul Rosenzweig, *The International Governance Framework for Cybersecurity*, Canada-United States Law Joural, Vol. 37, p. 409 – 410(2012).

③ See Jose Ma. Emmanuel A. Caral, *Lessons From ICANN: Is Self-Regulation of the Internet Fundamentally Flaw-ed?*, 12 Intl J. L. & Info. Tech. 1 2004, p. 9 – 10; and see Surya Mani Tripathi, Anshu Pratap Singh & Dipa Dube, *Internet Governance: A Developing Nation's Call for Administrative Legal Reform*, 37 Intl J. Legal Info. 368 2009, p. 378 – 379.

等,其本质上不属于任何国家及个人所有,而属于全球公域的范畴。目前,ICANN负责对根服务器的管理。其次,在互联网的规则层中,存在众多的非政府公益组织进行规则制定及制定。其中,最为重要的两个非政府组织为ICANN和IETF。ICANN是专门为创造和分配域名设置规则的非政府机构,IETF主要负责互联网相关技术规范的研究和制定。上述两个非政府机构共同架构起互联网的基础,其也通过创设行动计划、技术性规范等给服务提供商指导和借鉴。需要明确的是,由于ICANN等非政府机构曾由美国政府进行管理,机构的独立性也饱受争议。①最后,在互联网内容层的治理上,目前并未形成统一的国际规范体系。对互联网的内容治理多以各国的国内法为主,同时,根据《中华人民共和国国家安全法》第11条为维护国家安全的需要,国家安全机关可以查验组织和个人电子通信工具、器材等设备、设施。当然,在区域层面也形成了互联网规则的统一化,如欧盟倡导的《网络犯罪公约》。

(三)现有互联网治理机制的缺憾

1. 以ICANN为主的物理层和规则层治理

以ICANN为主的物理层和规则层治理已经突破了技术规范,已然对人类共同利益产生重大的影响。具体如下,第一,虽然最初ICANN仅旨在完成网络技术工作,如互联网地址和域名的管理等。然而,该非政府组织董事会的决定已经脱离了技术层面,受到了利益集团的影响,甚至可以威胁一国的网络稳定和安全。第二,ICANN管理机制的权责不对等。ICANN具有全面的管理和政治权利,却没有提供任何公众参与的、负责任的制衡机制,也没有其应向联合国等国际机制或任何国家负责的规定。ICANN也缺乏规定行政管理法中的基础原则——利益攸关方对决定的质疑的权利。第三,最重要的,作为全人类共同利益所在的根服务器、网络规则标准的控制和管理者,ICANN中鲜少有发展中国家的声音,在ICANN框架下,北美代表占据了主要的领导地位。② 本质上而言,推行以ICANN为主的治理机制,与美国所倡导的"互联网自由"理念一脉相承,其主要宗旨在于美国能利用自身的经济和技术优势,实现对互联网资源和市场的"先占"事实与利益。作为网络发展的后进国,发展中国家的利益明显受到忽视。

---

① See Paul Rosenzweig, *The International Governance Framework for Cybersecurity*, Canada-United States Law Joural, Vol. 37, p. 409 – 410(2012).

② See Surya Mani Tripathi, Anshu Pratap Singh & Dipa Dube, *Internet Governance: A Developing Nation's Call for Ad-ministrative Legal Reform*, 37 Intl J. Legal Info. 368 2009, p. 376 – 377.

2. 以《网络犯罪公约》为主的内容层治理

在规则层治理层面，目前，国际合作还仍处于秩序形成的元状态。在多边层面，联合国安理会和联合国大会通过了多份涉及恐怖主义或网络恐怖主义的决议；西方八国集团的议题经常包括网络安全；俄罗斯建议在联合国框架下制定互联网空间的行为规范。然而，上述成果并未具有完全的法律拘束力。在国际合作中，欧盟国家绕开联合国签署了单独的《网络犯罪公约》。欧盟开始在区域或全球层面积极倡导推广该公约。然而，《网络犯罪公约》也不能胜任治理互联网的重任。首先，《网络犯罪公约》定义了与计算机相关的犯罪、内容相关犯罪等，①相比于庞大的互联网治理内容而言，该公约的适用范围过窄。其次，在该公约规定中，其对于网络犯罪管辖权的规定削弱了国家主权。一国国民可能被指控犯了计算机犯罪，即使其所在国并不认为其行为构成犯罪。② 毫无疑问，这极易引发主权国家之间的冲突。最后，该公约绕开了联合国等国际机制，《网络犯罪公约》由欧盟、美国等一手包办，内容体现了网络大国的利益，偏离了国家主权合作的互利原则。基于此，欧盟国家主张《网络犯罪公约》的内容层治理也无法体现正当性和合法性。

二、网络空间治理困境的透视：基于互联网属性与治理需求的分析

本质上，互联网治理的困境与互联网的属性紧密相连，回应互联网治理模式之选应回归到明确两大问题之上：其一，互联网是否能够免于国家主权管辖；其二，互联网是否能够免于国际机制的合作。

（一）网络空间无法免于主权管辖

最初的互联网雏形为旨在服务军事目的的美国高等研究计划署网络，该技术直到20世纪80年代才进入商用和科学研究领域，并改名为互联网。③ 在互联网产生之时，自我管理模式曾一度是网络治理的主要形式。该模式认为互联网社区具有自我管理的能力，其无须任何国内法或国际法的约束。④ 自我管理模式理念

---

① See Convention on Cybercrime, Chapter 2.

② 参见郭玉军主编：《网络社会的国际法律问题研究》，武汉大学出版社2010年版，第65页。

③ See Carol M. Celestine, "*Cloudy*" *Skies*, *Bright Futures*? *In Defense of a Private Regulatory Scheme for Policing Cloud Computing*, University of Illinois Journal of Law, Technology and Policy, p. 144 – 145 (2013).

④ See Kevin A. Meehanp, *The Continuing Conundrum of International Internet Jurisdiction*, 31 B. C. Int & Comp. L Rev. 345, p. 353.

建构于网络中性原则，该原则被定义为“使用者在互联网上使用内容、服务和应用程序的权利不受网络经营者或政府的干预”；同时，“网络经营者的权利将合理地免除其传输被第三方视为是非法的或不当的内容或程序的责任”。① 基于网络中性原则，主张自我管理模式的专家认为互联网是没有疆界的，其建立起一个独立而完整的全球社区，在该网络社区内，由网民自发地形成一套公民道德体系，而无须通过使用法律规范和国家管辖权的外部方式介入跨国或国际网络空间的管理。② 随后，互联网的影响力迅速扩大，逐步成为人类生活的重要场域之一。由此，各国政府开始纷纷关注互联网治理。该过程被形象地称为网络空间的“再主权化”或“网络的威斯特伐利亚时代”的来临。③ 深入而言，虽然免于主权管辖的观点多由技术专家所支持，但是互联网的架构无法脱离国家主权而单独存在。首先，在互联网的物理层中，所有关于信息和通信网络的组成部分都是财产权利，毋庸置疑，相关设备及设施需要主权国家的保护；④其次，在规则层中，建构其互联网的 ICANN 最初是由美国建设并运营的，即使后来依美国法改组为非营利组织，如今也受到美国的资助，⑤因此，互联网的规则层根本无法脱离主权国家的影响。当前，最重要的原因在于网络空间传递的信息对现实世界产生重要的影响，其不仅体现在信息发送、接收和储存的过程中，须符合既有国内规则，还体现在国家对网络空间的交易行为等商业行为进行安全保障，同时，网络空间的信息流动与国家安全更是休戚相关。⑥ 因此，网络空间豁免说并无实现的可能，与海洋、天空等现实空间相同，国家主权也适用于网络空间。

---

① Mueller M., Cogburn D., Mathiascn J., et al., Net neutrality as global principle for Internet goyernance[17. Svracuse, Syracuse University School of Information Studies. Internet Governance Project (IGP)], 2007, available at http://www. inter-netgovernance. org/wordpress/wp-content/uploads/NetNeutralityGlobalPrinciple. pdf, last visited on Apr. 5, 2014.

② David R. Johnson, David G. Post, *The New "Civic Virtue" of the Internet*, available at http//uncommonculture. crg/os/index, php/fm/article/view/570/491, last visited on Apr. 5, 2014.

③ See Paul Rosenzweig, *The International Governance Framework for Cybersecurity*, Canada-United States Law Joural, Vol. 37, p. 409 – 410(2012).

④ Sean Kanuck, *Sovereign Discourse on Cyther Conflict Under International Law*, 88 Tex. L. Rev. 1571 2009 – 2010, p. 1573 – 1574.

⑤ See Jose Ma. Emmanuel A. Caral, *Lessons From ICANN: Is Self-Regulation of the Internet Fundamentally Flaw-ed?*, 12 Intl J. L. & Info. Tech. 1 2004, p. 9 – 10; and see Surya Mani Tripathi, Anshu Pratap Singh & Dipa Dube, *Internet Governance: A Developing Nation's Call for Administrative Legal Reform*, 37 Intl J. Legal Info. 368 2009, p. 378 – 379.

⑥ 如美国阻止儿童色情信息的拥有和传播；法国阻止纳粹的宣传；澳大利亚对诽谤的管理等，均为国家主权在网络空间中的体现，See Lieutenant Colonel Patrick W Franzese, Sovereignty in Cyberspace: Can It Exist, 64 A. F. L. Rev. 1 2009, p. 12 – 14。

(二)网络空间与国内私域①

目前,绝大多数国家已实质接受无法对互联网进行单边管辖的观点。以互联网技术为代表的信息革命改变了国家对其与国内相关资源的排他性管辖权,具体体现为:第一,信息革命削弱了国家机构控制信息流动的能力,国家不允许出版发行的印刷品及相关信息极易通过网络或卫星通信而获得;第二,信息革命实现了在国家境内建立起(虚拟的)平行社区,网络社区在一定程度上不受该国的管辖,这与传统的领土属于国家的观念相冲突;第三,信息革命使国家权威和安全受到威胁。② 综言之,在技术层面上,互联网无法成为独立的国内私域。

假使互联网在技术上可实现国内私有化,其中最大的问题是国内私有化将导致互联网的巴尔干化,互联网将由全球网逐步变成一系列更小的、以社区为基础的使用者群,③进而可能丧失互联网的根本宗旨——信息自由和便利地流动。更深入而言,在明确互联网无法免于主权管辖的前提下,国家的非集体合作必然形成互联网管理的单边主义倾向,即一国的法律具有了域外效力。特别是,一国将其价值进行立法,而这些立法对互联网上的他国公民与居民产生行动限制,而这些公民与居民并未共享上述价值,也并未参与该国是否进行行动限制的决策。④ 互联网管理的单边主义产生法律适用上的正当性和合法性困境,因此,互联网的国内私有化和单边主义均将产生国家主权间的冲突,显然不利于维持互联网地稳定与发展。

---

① 文中使用“私域”与“公域”的概念;而并非使用“公共产品”和“私人产品”概念。笔者认为网络空间更多的被视为是与海洋、天空等之类的场域。以海洋为例,有学者将海洋认为是“全球公域”(global commons),而将海洋场域内的资源认为是“全球公共产品”(glohalpublic goods)。笔者认为,上述界定同样适用于网络空间,互联网为人类生活提供的是以“私”或“公”为属性的场域,而非供消费的产品,但全球公域与全球公共产品的概念也具有相关性,公共产品的“排他性”或“竞争性”反联在场域内,即是国家主权间的“排他性”或“竞争性”问题。See Joel P. Trachtman, *Theeconomic structure of international law*, Harvard University Press, 2008, p. 13. [美]罗伯特·基欧汉、[美]约瑟夫·奈:《权力与相互依赖》(第4版),门洪华译,北京大学出版社2012年版,第85~86页。

② See Adeno Addis, *The Thin State in Thick Globalism: Sovereignty in the Information Age*, Vanderbilt Journal of Transnational Law, Vol. 37, p. 47 (2004).

③ See Joanna Kulesza & Roy Balleste, *Signs and Portents in Cyberspace: The Rise of Jus Internet asa New Order in In-ternational Law*, 23 Fordham Intell. Prop. Media & Ent. L. J. 1311, p. 1332.

④ See Yochai Benker, *Internet Regulation: A Case Study in the Problem of Unilatralism*, EJIL 2000, p. 172.

(三)网络空间与全球公域

对互联网属性的颇为时兴的说法为,互联网构成全球公域。虽然对全球公域尚不存在统一的概念,但在国际组织中,对全球公域的理解大体相似。具体而言,全球公域为"海洋、外层空间及南极洲等处于国家管辖之外的区域和资产"①。换言之,全球公域是指不能被特定国家所控制的,并向所有国家、组织和个人开放的领域,由于它们的存在超越了任何国家主权,管理必须通过国际条约或协定达到。②

虽然网络空间在某些层面上与全球公域具有相似的特征,但是互联网并不具有完全的全球公域属性。支持互联网发展的基础设施都由私人企业或国家所拥有或运营,因此,互联网并非居于国家管辖范围之外,所有的信息和数据都须落地到服务器上,即使是在云计算兴起的时代。在实践中,越来越多的国家开始实施互联网过滤机制,实行互联网监管政策。③ 由上可知,互联网并非完全的全球公域。

(四)国内私域与全球公域的混合场域:网络空间的实然属性

由于网络空间既并非完全的国内私域,亦非完全的全球公域,因而有学者认为互联网构成了不同于完全的国内私域或全球公域的全球复合场域——公共池塘资源。然而,公共池塘资源的特征在于非排他性。④ 然而,互联网却能够具有部分的排他性,如国家可对位于本国内的基础设施进行管辖。正是由于对互联网的属性界定不清,才导致对其治理的无秩序状态。实际上,定义网络空间的困难在于网络空间本身是个结合国内私域和全球公域的混合场域,而当前

---

① Organization for Economic Co-operation and Development, Glssary of Statistical Terms, Glchal Commons, availa-ble at http://stats. oecd. org/glossary/search. asp, last visited on 5 * Apr. ,2014. ; Umited Nations Statistics Division, Global Commons, available at http://unstats. un. org/unsd/environmentgl/gesform. asp? getitem = 573, last visited on 5th Apr. , 2014.

② See Tara Murphy, *Security Challenges in the 21st Century Global Commons*, 5 Yale J. Intrl Aff. 28 2010, p. 30.

③ See Ronald J. Deibert & Masashi Crete-Nishihata, *Global Governance and the Spread of Cyherspace Controls*, Global Governance, 18, p. 339(2012).

④ 奥斯特罗姆对"公共池塘资源"的定义认为由于该资源系统大,使得排斥因使用资源而获益的潜在受益者的成本很高。因此,公共池塘资源基本不存在排他性。See Elinor Ostrom, *A Generalized Frameworkfor Analyzing Sustainability of Social-Ecological Systems*, 325 SCI. 419, 2009, p. 422. [美]埃莉诺·奥斯特罗姆:《公共事物的治理之道:集体行动制度的演进》,余逊达等译,上海译文出版社2014年版,第36页。

的研究都企图用一种模型定义网络空间。正如约瑟夫·奈所言,将网络空间描述为“公共产品”或“全球公域”并不完全准确。具体而言,“公共产品”是指那些所有人都可获益的非排他性产品,虽然其可以用来描述一些互联网的信息协议,但是无法描述物理形态下的基础设施,其时常成为设施所在的主权国家的财产资源;同时,网络空间也并非为类似于公海的场域,因为其部分受到主权的控制。① 为解开互联网的属性之谜,应回归到排他性的国家主权所能企及之范围。

首先,需要明确的是,应明确网络空间与国家主权是相符的。虽然有学者认为互联网摧毁了国家边界并导致国家主权的终点,②但是,该说法并不准确。本质上,互联网通讯都是从一个固定的场所节点到达另一个固定场所下的节点。2011年,埃及和利比亚能够关闭了本国的互联网准入端口,从实践中,当前的过滤技术已经在网络空间中创造出了电子领土。③ 其次,在存在国家疆域的互联网中,必然会面临主权的冲突与合作。冲突与合作是国际关系中无法回避的两大主题。因此,存在电子疆域的国家合作必须确定私域和公域的界限。概括而言,在互联网的管理中,一国享有的排他性主权的场域为国内私域;任何单一国家所不能享有排他性主权的场域即为全球公域。最后,在实践中,各国纷纷以立法的形式确定了其实施排他性主权的场域,但也同时承认单一主权所未能企及之处。基于此,笔者认为互联网的本质属性是国内私域与全球公域的混合场域。

三、全球混合场域治理的实践检视:以海洋和天空治理为样本

(一)海洋和天空治理实践概述

网络空间是人造之物,其复杂的机制与框架决定了其难以用单一的标准进行衡量。然而,网络空间也反映出公域和私域的混合特性。即使是被美国称为是

---

① See Nye Joseph S, *The Future of Power*, PublicAffairs, 2011, p. 143.

② See G Greenleaf, *An Endnote on Regulating Cyberspace: Architecture vs. Law?*, University of New South Wales Law Journal 593, (1998) 2; Dan Jerker B Svantesson, *Time for the Law to Take Internet Geolocation Technologies Seri ously*, Journal of Private International Law, vol. 8, No. 3, p. 474 – 475 (2012).

③ See Tim Gerlach & Note, *Using Internet Content Filters to Create E-Borders to Aid International Choice of Law and Jurisdiction*, 26 WHITTIERL. REV. 899, 899 (2005), p. 912.

"全球公域"的海洋和天空,也并非表现出完全的公域特性。[①] 以海洋为例,正如苏长和教授所述,鉴于技术的限制,在近代以前,对海洋资源的使用不存在对抗性,但是随工业化革命和远程贸易的发展,各沿海国都对海洋提出一定的主权要求。于是,虽然海洋具有自然的非排他性,但是其对抗性的局面导致海洋并非纯粹的公共物。[②] 因此,国际海洋治理机制的目的在于,回答"沿海国在海洋中的特别权利是什么,它们应从何处终止,真正的共有物又从何开始?"这一问题。[③] 最终,《联合国海洋法公约》确定了以国家主权管辖为主的私域和以集体治理机制为主的公域两个平行的治理机制。不仅在海洋治理上,天空也体现出公域和私域的结合。

(二)全球治理实践的形成背景

对海洋、天空等区域的国际实践研究,应首先回归到其形成背景。针对海洋国际治理机制而言,早在公元前,罗马法就将海洋规定为人类共同之物。然而,在罗马帝国瓦解之后,各国在事实上行使了在海滨地区的主权。囿于当时科技水平,人类对海洋资源的索取并未发生冲突。然而随着航海技术的提高,不同国家开始主张对海洋资源的单边管辖,甚至有国家主张海洋应是封闭的。[④] 为应对海洋国际治理的无秩序状态,国际法鼻祖格劳秀斯在《论海洋自由》书中,首次系统地论述了"海洋自由"的观念,并将自然国际法引入海洋治理之中。[⑤] 随后,在承认国家主权的基础下,海洋自由原则逐渐被各国实践所认可。为进一步将海洋治理机制化,以联合国为平台的海洋法编撰历经三次会议,随着第一次和第二次联合国海洋法会议的无果而终,历经9年磋商和讨论,《联合国海洋法公约》终于在1982年12月得到通过。该公约随即成为海洋国际治理机制的核心,其成功之处在于实现了海洋自由和适当照顾沿海国之间的利益平衡。

根据古罗马法谚所述:谁拥有土地,谁就拥有土地上方的天空,上层空间秩序

---

① See Ian Brownlie, *Principles of Public International Law*, Oxford University Press, 2012, p. 115 – 116.

② 参见苏长和:《全球公共问题与国际合作:一种制度的分析》,上海人民出版社2009年版,第89~90页。

③ 参见[美]路易斯·亨金:《国际法:政治与价值》,张乃根等译,中国政法大学出版社2005年版,第123页。

④ See Lieutenant Colonel Patrick W. Franzese, *Sovereignty in Cyberspace: Can it Exist?*, 64 A. F. L. Rev. 1 2009, p. 1.

⑤ 参见[荷]雨果·格劳秀斯:《论海洋自由或荷兰参与东印度贸易的权利》,马忠法译,上海世纪出版集团2013年版,第9~12页。

的形成与国家领土密不可分。上层空间开始成为国家主权所及范围。然而,随着飞行时代的来临,人们开始认识到若秉承空域私有权的制度,将对航空飞行等造成严重的障碍,因此,私有权在上层空间某个界限消失的事实便得到多数国家的承认。① 晚近以来,对上层空间的治理都围绕着国家主权和飞行自由的协调而展开。当前,空气空间法律制度众多,其中,最重要的国际机制当属国际航空法,主要的航空法包括1919年的《巴黎公约》和1944年《芝加哥国际民用航空公约》。《巴黎公约》确认了关于空域主权的习惯国际法的地位,同时规定了其他国家的无害通过权。然而,随后制定并经多次修订的《芝加哥公约》虽明确规定了空域主权,却摒弃了给予缔约国航空器的无害通过权。

人类对外层空间的探索从不止息。伴随火箭技术的发展和发射卫星技术的成熟,国家主权也相应地拓展至外层空间。但是,相比于海洋和空气空间,人类对外天空控制能力相对较弱,现代科技无法改变行星运动的轨迹,也无法实施对外层空间的有力影响。但是,在冷战的"星际大战"期间,美国和苏联纷纷主张主权可拓展至包括月球在内的所有外层空间。庆幸的是,全人类的理性最终战胜了主权狂热徒的冲动,国际机制确定了主权不能无限地拓宽至天空的观念,并最终在1967年《外层空间条约》的第2条、第6条、第7条规定了外层空间免于主权约束的法律地位,并要求主权国家对在外层空间的国家行为负责。在其他领域,如南极洲、防止气候变化、生态环境保护等,经过历史实践也均建立起相应的国际机制,并在其中明确国家主权是合作的前提,以此为基础,建立起平衡主权和全球公益的治理框架及实施路径。

(三)全球混合场域的国际治理实践的要素

1. 国家主权

国家主权贯穿当今所有国际机制之中,其是国际集体行动的前提。《联合国海洋法公约》序言中就明确"各缔约国认识到有需要在妥为顾及所有国家主权的情形下,为海洋建立一种法律秩序"。现代国家主权不仅体现在陆地领土,还拓展至与其陆地领土及其内水之外相邻的领海,同时,沿海国的主权权利还进一步拓

---

① See Lieutenant Colonel Patrick W. Franzese, *Sovereignty in Cyberspace: Can it Exist?*, 64 A. F. L. Rev. 1 2009, p. 22.

展至公约所确立的毗连区和专属经济区。[①] 类似地,《芝加哥公约》在第1条中规定了"各缔约国承认每一国家对其领土之上的空域具有完全的和排他的主权"。

即使是相关国际组织以"处于国家管辖之外的区域和资产"来定义全球公域,但不应忽视的是,即使是公海、外层空间及南极洲等全球公域也并非脱离国家的管辖。全球公域与国家主权概念是相辅而成的。直至现今,国际法的主体仍主要是国家,所有的国际法律秩序都是以国际主权为前提条件,只有通过主权国家的承认与批准,全球治理框架才具有合法性与正当性。基于此,公域治理机制的首要要素为国家主权。

2. 公域与私域的界分

在确定国家主权为国际机制的治理要素后,国际治理机制在各国的国内私域间筑起"篱笆"。在国内私域内,国家享有完全的主权,并有尊重他国主权的义务。同时,在单个国家所不能完全控制和管辖的区域便构成全球公域。在国际协定中,多对私域与公域进行界分。《联合国海洋法公约》第86条将不包括国家的专属经济区、领海、内水或群岛国的群岛水域的全部海域确定为公海。实践中,公约确定了距离沿海国领海基线200海里的界限,在该领域之外为公海,即全人类的共同财富,在该公域内,各国可以共同使用相关资源。[②] 除外,国家对上层空间的排他性主权也并非完全的。根据国际惯例,国家领空一般都限定在其陆地和领海以上100公里以内。因此,在国家领空之外的所有空域即构成了全球公域。基于不同的性质,全球治理机制均需对国内私域和全球公域进行界定,进而适用不同的合作机制。

3. 关于国内私域的规定

根据科斯经济学,界定各国私域的重要意义在于确定各国的"产权",即一国

---

① 《联合国海洋法公约》第一节第2条,第四节第33条第1款规定:"沿海国可在毗连其领海称为毗连区的区域内,行使为下列事项所必要的管制:(a)防止在其领土或领海内违犯其海关、财政、移民或卫生的法律和规章;(b)惩治在其领土或领海内违犯上述法律和规章的行为;第56条第1款规定:1. 沿海国在专属经济区内有:(a)以勘探和开发、养护和管理海床上覆水域和海床及其底土的自然资源(不论为生物或非生物资源)为目的的主权权利,以及关于在该区内从事经济性开发和勘探;如利用海水、海流和风力生产能等其他活动的主权权利;(b)本公约有关条款规定的对下列事项的管辖权;(1)人工岛屿、设施和结构的建造和使用;(2)海洋科学研究;(3)海洋环境的保护和保全;(c)本公约规定的其他权利和义务。"

② 然而,《联合国海洋法公约》并没有对不属于领海的专属经济区或毗连区的性质作出明示,其并非严格意义的国内私域,也非全球公域。在该特殊区域内,沿海国享有部分主权权利,而除外的权利则属于所有国家。

排他性的主权所及范围。① 然而,全球化促进了各国间的联系,更不可避免地产生国家管辖权冲突,进而形成治理的碎片化。鉴于此,国际机制也部分地涉及具有域外影响力的国内私域部门。在《联合国海洋法公约》中,就在第3节有专门对他国船舶通过沿海国领海的相关规定。海洋国际治理机制允许,在不损害沿岸国的和平、良好秩序和安全下,所有国家的船舶享有无害通过其领海的权利。在航空领域,《芝加哥公约》第5条、第3条区分了民用航空器和国家航空器,在遵守公约规定的条件下,其给予各缔约国的一切不从事定期国际航班飞行的航空器飞入或飞经他国领土而不降落的权利;而对国家航空器而言,未经特别协议或其他方式的许可并遵照其中的规定,则不得在另一缔约国领土上空飞行或在此领土上降落。

4. 关于全球公域的规定

全球公域之概念树立于以国家主权为前提的国际秩序中。在公域中,国际条约在不同程度上激励着国家主权的行使,避免陷入"公地悲剧";另外,其也对国家主权的行使限制,从而实现全人类的共同利益。《联合国海洋法公约》第80条明确规定,公海不构成任何国家的领土。该公约第98、99、100条还对沿海国、船旗国及所有国家设定了具体的义务,如救助服务、禁止贩卖奴隶、合作制止海盗行为等。同时,公约明确给予国家军舰、军用飞机等在特殊情形下的登临权,也给予沿海国军舰、军用飞机等紧追权。国际机制也影响着外层空间的正常运行。以援救宇航员为例,国际协定要求宇航员发生意外事故或遇难时,各国应向其提供一切可能的援助。② 晚近以来,国际条约的发展更为精细化,在全球公域中规定了更为复杂的合理分配空间及使用相关自然资源的机制,例如对捕鱼、卫星静止轨道和电磁频率等的规定。

四、网络空间的国际治理机制构建:以全球混合场域为出发点

(一)互联网国际治理的逻辑起点

我们生活在一个相互依赖的时代,互联网的形成与发展亦如斯。全球化与相

---

① 科斯定理主要是解决产权、不确定性和交易成本等问题。科斯定理也经常被用来分析国际制度或国际法机制问题。See Joel P. Trachtman, *The Economic Structure of International Law*, Harvard University Press, 2008, p. 39 – 51. [美]罗伯特·基欧汉:《霸权之后:世界政治经济中的合作与纷争(增订版)》,苏长和等译,上海世纪出版集团2012年版,第86~90页。

② 参见《援救宇航员、送回宇航员和归还发射到外层空间的物体的协定》第1~4条。

互依赖的现实产生了全球公共问题,而全球公共问题的治理需要国际机制。在场域的治理上,全球公共问题主要包括:其一,传统的国内私域的僵化理念将导致各国政府治理的碎片化,继而引发国家间的管辖权冲突。① 其二,在新兴的全球公域理论中,如何防止因不存在激励结构而引发的负外部性,导致一国对公域资源的过度使用,进而形成"公地悲剧"。② 上述两个重要问题贯穿国际治理机制的始终,解决超越国家层面的跨国或全球问题的有效途径应包含两个层面:一是明确私域和公域的界限;二是分别规定对私域和公域的治理方式。大体而言,在私域中,治理机制以国家的主权权利为核心,但须为其他国家提供适当的信息或技术便利,如外国船舶在本国领海的无害通过权;另一方面,公域是人类共同居住空间,主要包括海洋、天空和太空,也包括人类共同关切的事物,例如环境、气候等。对公域问题,主要是建立起完整的国际机制,以集体行动对全球问题进行治理。

诚然,正如联合国框架下的信息社会世界峰会所倡导,互联网国际治理不仅需依赖多国在政治、经济、技术和文化领域的合作,也需要多元利益共同体主义的意识与行动,使包括政府、私人部门和网络市民社会,共享塑造互联网发展的权利。③ 以海洋、天空等国际治理机制为参照,网络空间的治理也应明确国家的中心位置。当前,国际法中的主体仍主要为各主权国家,同时,在面临市场失灵和无秩序状态背景下,政府具有正当的和合法的治理权。下文探讨的网络空间的国际治理机制正落脚于此。

(二)网络空间治理的国际机制

现阶段的互联网治理仍是以少数网络大国为中心,以致网络空间在国家间形成巨大的"数字鸿沟",并时常爆发国家间的冲突。通过借鉴海洋、天空等全球混

---

① 传统的绝对主权的观念下,国家有将其国内制度推广到地区或全球治理之中的雄心和抱负。而不同国家对同一物实施管辖权的结果将是国家间形成利维坦中的"个体对个体之战争"的状态,即爆发国家冲突。参见科斯定理主要是解决产权、不确定性和交易成本等问题。科斯定理也经常被用来分析国际制度或国际法机制问题。See Joel P. Trachtman, *The Economic Structure of International Law*, Harvard University Press, 2008, p. 39 – 51. [美]罗伯特·基欧汉:《霸权之后:世界政治经济中的合作与纷争(增订版)》,苏长和等译,上海世纪出版集团2012年版,第7页。

② "公地悲剧"由哈丁在1968年首倡,哈丁的论文结论为:公域的自由将摧毁一切(freedom in a commons brings ruin to all)。其原因在于自利的动机将导致公域中的资源被过度利用。该模型经常与"公有"(commons)概念联系在一起,也经常用以形容污染、全球气候变化、资源短缺等社会现象。See garrett Hardin, *The Tragedy of the Commons*, 162 SCI. 1243, 1968, p. 1244; TARA MURPHY, *Security Challenges in the 21" Century Global Commons*, 5 Yale J. Intl Aff. 28 2010, p. 31.

③ See World Summit on the Information Society, *Tunis Agenda for the Information Society*, Informatsionnoe Obsh-chestvo, 2005(6).

合场域的治理历程和经验，破解当前互联网治理的冲突，需要国际合作机制，具体宜从以下几点进行考量：

1. 明确国家主权在互联网治理中的首要作用

近代以来，国家的实践发展与主权密不可分。自1648年成形于威斯特法利亚合约之后，通过马基雅维利、卢瑟、布丹和霍布斯等学者著书立说，主权观念深入国内和国际政治体系之中。① 在所有国际合作机制中，甚至包括月球和外太空的相关条约都是建立在主权国家治理的基础之上，现存的国际秩序本身就是国家主权的产物。即使在全球公域，网络空间也无法免于主权国家的治理。国家主权平等是联合国宪章的基本原则。主权平等是合作的基础，而公平才是构建国际新秩序重要内容。特别是当前网络大国利用技术优势对数据、信息等单边控制损害其他国家的利益，导致无序状态。相应地，国家主权也内在地要求各国平等地参与国际决策与合作。② 任何试图超越国家主权治理互联网的主张，或者以少数国家意志为主的治理机制，都与现行的国家主权观点相悖。

2. 明晰网络空间中国内私域和全球公域的界限

确定产权是避免个体冲突的前提条件。在国际社会中，界定国内私域是国家走出冲突的基础。在互联网中，国家已有能力进行域内的监管和控制。③ 同时，通过互联网的进入点和出去点控制，同时，在实践中，国家也可以通过客户端定位或服务器端定位，辨别出个人所处的地理位置。④ 本质上，在网络空间中已经存在电子边界。

具体而言，根据互联网的现有分层，其一，在物理层中，支撑起整个互联网的基础设施属于全球公域内的范畴，如根服务器、数据交换中心，其需要基于国家主权的全球治理，而非现有的非政府组织控制的状态。针对各国连接互联网的设备等则属于国家或个人的私有物。其二，对规则层而言，由于关涉整个互联网的有序运作和未来发展，其本质上构成全球公域内的范畴，因而应在保证各国平等参

---

① Dan Philpott, *The Stanford Encyclopaedia of Philosophy* (*Edward N. Zalta ed.* 2003), available at http://plato. stanford. edu/archives/sum2003/entries/sovereignty/, last visited on 5th Apr., 2014.

② 主权平等和合作的关联性被载入《国际电信联盟公约》，该公约序言就指出：为了以有效的电信业务促进各国人民之间的关系和合作，各缔约国政府的全权代表在充分承认每个国家均有主权管制其电信的同时，同意制订本公约。

③ See Captain Oren K. Upton, *Asserting National Sovereignty in Cyberspace: The Case for Internet Border Inspection*, available at http://edocs. nps. edu/npspubs/scholarly/theses/2003/Jun/03JunUpton. pdf, last visited on 5th Apr., 2014 p. 45 – 55.

④ See Dan Jerker B. Svantesson, *Time for the Law to Take Internet Geolocation Technologies Seriously*, Journal of Pri-vate International Law, vol. 8, No. 3, p. 478 – 479 (2012).

与下进行治理。其三,针对内容层,最重要的是厘定国家管辖权所及范畴,参照海洋、天空等治理机制,治理的主要难点在于保障国家主权和全人类共同利益的平衡,国内私域则是国家在内容层中享有完全的主权之处。

以传统的国际法视野出发,国家被视为是不可分割的整体,其对领土内的所有个体负责,或至少为他们的行为负责。① 相应地,决定适用法的管辖权框架及其主体的权利和义务都是基于人所在地或者是物所在地。② 国家主权与治权密切关系,一国不可能对其不能够掌握的人或物实施管辖权。因此,国内私域的范围应以属人和属物管辖为限。而互联网中,国内私域之外的地方为全球公域,如网络恐怖犯罪、人权保护等领域。

3. 绝对的公域行动自由与相对的私域行动自由

作为人类生存和生活的空间,海洋、天空等全球混合场域均规定了绝对的公域自由和相对的私域自由,网络空间亦应如斯。互联网是发布、传送和共享信息和数据的场域,信息权甚至被称为是人类的基本人权之一。③ 绝对的公域行动自由应得到保障,任何国家均平等地参与全球公域的治理,在不违反相关条约和国际强行法下,非国家行为体应获得信息或数据在公域中的自由流动。在国内私域中,为实现数据或信息的跨国正常流动,各国应给予非国家体的行动自由。申言之,在不损害该国国内私域的和平、良好秩序和国家安全下,所有国家的信息或数据均享有无害通过并传播的权利。在私域中国家的主权干预应满足最低的三个标准:合法性、正当性和比例性。④

4. 网络空间中全球公域的治理路径:以联合国为平台

与联合国的相关组织提供给其所有成员国平等的、受保障的表达权迥异的是,当前的互联网治理中,一些重要的不可或缺的管理职能是由非营利的、美国主导的私人企业所控制。同时,互联网治理的其他重要内容,诸如互联网犯罪、电子商务、征税和互联网污染等问题则并没有得到规制,而这致使发展中国家处于明

---

① See Adeno Addis, *The Thin State in Thick Globalism: Sovereignty in the Information Age*, Vanderbilt Journal of Transnational Law, Vol. 37, p. 47(2004).

② See Carol M. Celestine, "*Cloudy*" *Skies, Bright Futures? In Defense of a Private Regulatory Scheme for Policing Cloud Computing*, University of Illinois Jcurnal of Law, Technology and Policy, p. 152(2013).

③ 如《联合国宪章》第19条第3款规定,人人有权享有主张和发表意见的自由;此项权利包括持有主张而不受干涉的自由,和通过任何媒介和不论国界寻求、接受和传递消息和思想的自由。

④ 莫莉教授从《联合国宪章》第19条推导出国家干预公民获取信息的标准。See Molly Land, *Toward an International Law of the Internet*, Harvard International Law Journal, Vol. 54, No. 2, p. 438(2013).

显的技术和经济发展的劣势。① 不管是非政府组织，还是区域层面的《网络犯罪公约》，当前互联网治理的机制均主要在现有的、已成熟的国际合作机制之外。从深层次而言，在现有国际治理之外，寻求解决互联网治理规则的统一性和协调性的根本动因在于发达国家企图排除广大的发展中国家参与的可能性。这无疑加大了进一步加大了南北国家共享互联网治理权力的难度。同时，虽然信息社会世界峰会、网络空间会议等试图建构起互联网治理的国际机制，但是收效甚微。另外，代表着广泛网络后进国的倡议也尚未形成强势声音，如中国和俄罗斯等国向联合国提交的"信息安全国际行为准则草案"。

网络空间中全球公域的治理涉及所有国家利益，以部分网络犯罪行为为例，其直接与恐怖主义相关，直接威胁到全人类的共同安全。同时，全球公域的治理需要重视发展中国家的利益，给予发展中国家更多的发言权。因此，为解决复杂的互联网治理难题，建立网络空间在全球公域中的集体安全机制实属必要，而少数发达国家缔结并强制推广的形式和程序与国家主权的理念相悖。更深层次而言，现有对海洋、天空的治理机制几乎都在联合国框架之下，以主权国家合作为基础而形成的互联网治理机制应在联合国及其安全理事会框架之下，以现有联合国为平台，建立起完整的联合国网络空间行为规范，并由联合国及相应部门为发展中国家和最不发达国家提供技术支持和资金援助，共同提升维护国家安全的能力，这亦是全人类的福祉所在。同时，其他内容层的治理，如网络知识产权、互联网电子商务等，也应回归到如世界知识产权组织、世界贸易组织、经济与发展合作组织、国际电信联盟等多边渠道。

第二节　数据主权规则建设的模式及中国方案

随着互联网的深入发展，网络运行过程中形成的数据体量日益庞大。与数据存储相关的"大数据""云计算"等成为各国互联网发展进程中重点关注的领域。数据的获取和利用关乎个人信息保护、企业经营发展，更关乎国家利益。近年来，各国之间的数据纠纷愈加激烈，其核心在于对数据资源的合理占有与有效利用。国家是否对网络数据享有主权，国家应该如何合理地行使此类主权？网络数据是指通过网络收集、存储、传输、处理和产生的各种电子数据。目前，数据存储方式

① Surya Mani Tripathi, Anshu Pratap Singh & Dipa Dube, *Internet Governance: A Developing Nation's Call for Adminis-trative Legal Reform*, 37 Intl J. Legal Info. 368 2009, p. 369.

发生了较大变化,数据存储从当地的存储器逐渐转变为全球数据库的远程存储,甚至有大量的数据存储在"云"上。

数据主权源于网络主权,是国家主权在大数据时代的核心表现。数据主权表现为国家对本国数据与本国国民数据的所有权、控制权、管辖权与使用权。数据主权对内体现了国家对数据的最高管辖权,对外体现了国家在网络数据上的独立自主权与合作权。广义的数据主权包括国家的数据主权与个人的数据主权。有学者认为,全球化给国家主权以新的发展和启示:在全球化背景下,国家主权表现了国家对其公民利益的关心,这让公民的个人权利逐渐开始与国际社会产生互动。

本部分以构建数据主权发展战略为命题,比较分析美国与欧盟的数据主权规制措施,最终从中国的实际情况出发提出中国方案。

一、数据主权的法理基础与核心要素

在网络数据领域,国家享有主权。2017 年,我国外交部和国家互联网信息办公室发布《网络空间国际合作战略》,明确了主权原则对网络空间的适用,鉴于数据领域与网络空间的交叉与重合,这为数据主权打下了良好基础。网络空间具有可规制性,因为用户的"认证"、统一技术标准下的"兼容"、计算机与万维网之间的互联互通为网络空间的规制提供了可能性。同样,数据也存在可规制性。面对数据自由与数据保护两大核心要素,不同国家有不同侧重。

(一)国家主权原则对数据主权的适用

国家主权赋予一国在其领土范围内完全的、排他的权力。在独立国家之间,国家主权是国际关系最为本质的基础。数据是无形的,但是数据具有一定的物理属性。网络数据存储器和基础设施通常放置在一国境内,存储器通常由国家或公司所有。同时,数据也需要国家电网和电缆等基础设施进行传输。网络数据的全球治理并非对国家主权原则的放弃。暂时的技术难题也不会真正阻止国家通过国家主权原则管理其境内的网络数据及基础设施,其他国家也不应干涉他国境内的网络数据基础设施。国家主权原则在数据主权上的适用包括在一国领土范围内的数据存储设备,数据存储设备可以在一国的领水、领陆、领空范围内。基于此,若他国侵犯、干涉、非法获取、不正当使用在一国境内的数据及数据存储设备,就将构成对该国主权的侵犯。

国家对数据主权的管辖权应该理解为"国家使用法定权力裁决某项行为是否

构成对该国数据的侵犯"。按照属人原则,一国国民在该国领土范围之外侵犯该国数据主权的行为,也在该国管辖权范围之内。如果某项侵犯数据主权的行为发生在一国领土之外,就需要适用"效果原则"进行判断。欧盟法院对此有过系统的阐释,就某国对案件的管辖权基于领土而言,有两个不同的原则:其一,主观领土原则,即一国可以管辖源于其本国的行为,即使其完成在国外;其二,客观领土原则,即一国可以管辖源于国外但是完成在其领土范围内的行为。效果原则实际上承认国家对没有发生在其领土范围内的行为行使管辖权。国家有义务阻止发生在其领土范围内侵犯他国数据主权的行为。具体而言,国家的此项义务包括调查、起诉侵犯数据主权的主体、与数据主权被侵害的主体相互合作等。国家在其领土范围内更进一步的义务是尊重他国的数据主权、维护网络数据的稳定性、维护网络数据的安全性等。网络数据的稳定性要求主权国家不应肆意干涉在其领土内的网络数据基础设施与其他国家之间的互联互通。维护网络数据的安全性要求国家保护网络数据基础设施,确保其免受攻击和滥用。

(二)"云数据"的可规制性

云计算和大数据给数据存储带来极大的变革,由此带来最为突出的问题即是"云数据"的主权归属问题。如果数据存储在"云"上,诸如苹果公司的 iCloud 或者百度云盘,该领域完全不同于传统领土,数据的归属应该如何判断?因为该领域并没有明确的地域界限,并且数据能够迅速移动,数据可能被拆分成不同的部分,从而进入不同的司法管辖范围。同时,该数据还可能与其他数据有密切联系,从而给判定其主权归属造成更大的困难。但是,即便是在"云"上的数据,也并非不可规制。

首先,数据的"无形"特点并非新问题。数据的"无形"会增加规制难度,但"无形"的特征并非数据独有,法院已经对其他"无形"财产如股权、债权、知识产权等积累了丰富的司法实践经验。例如,商标权就是以其产生地或注册地作为判断其国籍属性的依据,股权则以股东所在国为主判断其国籍,以方便该国在股权转让时收取税收。美国《对外关系法重述(第三次)》认为,"无形资产根据实现目标的不同,会产生不同的地域属性,在某些目标下存在没有地域属性的可能"。数据与无形资产有着许多相似性,针对数据的"无形"特征,法院有大量的经验来判断其地域归属或虚构地域归属,或是忽视地域归属从而直接以其他理由进行司法管辖。

其次,数据的移动性不能阻止其地域归属的判断。数据以极快的速度转移确实对地域归属判断造成了困难，但是，移动性强也并非数据独有的特点。例如，金钱也可以从某一地点迅速转移到另一地点，法院依然可以判断其对金钱的司法管辖权。虽然数据存在不同于金钱、债权的特征，即数据可以同一时间在多个地点进行存储和复制，但这并不能改变数据归属或法院司法管辖权问题分析的实质。

最后，数据的可分性与可替代性可以实现对其地域的判定。用户的数据可能同时由不同地域的服务者提供服务，但是，“可分性”特点同样也非网络数据所独有。尽管数据具有可分性与可替代性，但人们关心的只是数据所组合形成的表现形式，如图片、文稿、音频、视频等。举例来说，用户将一百元存入银行后，该用户并不会期待这一百元一直以固定的形式存在，只关心能取回一百元的本金及其产生的利息，因为货币具有可替代性。数据的规制亦然。

综上所述，数据的无形性、移动性与可分性并不会对判断数据的地域归属形成实质性障碍。

（三）数据保护与数据自由两大核心要素

数据主权不仅包括国家数据主权，还包括个人数据主权。个人数据主权是公民因履行数据采集义务而获得的数据使用权，包括用户对数据的自决权和自我控制权，涵盖个人隐私权、生命财产的数据保护、公民在国际社会中的数据保护等内容。个人数据主权需要在国家数据主权框架和范围内运行以获取有效保障。国家数据主权是个人数据主权的前提和基础，个人数据主权反过来支撑和落实国家数据主权。

数据自由与数据保护两种理念的博弈类似于贸易自由与贸易安全的关系，在数据主权领域，需要平衡数据自由与数据保护之间的关系。这两种要素没有孰优孰劣之分，都是数据主权发展的核心要素，构建全球化数据主权规则本质上需要在这二者之间寻求平衡。

二、数据主权的欧盟模式：数据保护为核心

（一）“隐私护盾”制度对“安全港”制度的升级

欧盟1995年的《数据保护条例》鼓励数据在得到当地法律或与外国公司合同安排的保护下，可以自由地传输到国外。随后，欧盟发现美国并没有为欧盟公民的个人数据隐私提供足够的保护，所以欧盟禁止个人数据传输到美国。考虑到与美国信息交换涉及的庞大体量，2000年，美国与欧盟同意建立数据的“安全港”制

度:在美国遵守数据保护标准,并接受联邦贸易委员会监督的条件下,欧盟允许数据传输到美国的公司。该制度允许欧盟的个人数据在美国公司或组织满足通知、安全、数据完整性等方面要求的情况下传输到美国。2015年,欧洲法院认为"安全港"制度缺乏对欧盟公民数据基本权利保护的法律补救措施。同时,美国确认"安全港"制度的遵守情形,使该制度缺乏合适的执行机制和问责机制,所以欧盟开始寻求对数据保护制度的改革。随后,欧盟数据保护机构宣布,不再依据"安全港"制度规制美国与欧盟之间的数据传输。

2016年,欧盟委员会宣布"隐私护盾"制度将替代之前的"安全港"制度,相比于"安全港"制度,"隐私护盾"制度对透明度和规则遵守的监督有着更高的要求。其一,对公司的保护义务要求更趋严格。该制度包含了有效的监管机制,以确保公司遵守数据保护的相关义务。其二,对美国政府获取数据的防御和透明度要求。在"隐私护盾"制度中,美国政府首次书面承诺,"任何以国家安全为目的获取欧盟公共机构数据或个人数据都必须有清晰的限制、防卫和监管机制"。同时,美国承诺通过独立的监察专员机制为欧盟建立一个国家数据领域的救济机构。其三,构建了数据保护争议解决机制。该制度要求数据保护争议应在45天之内解决。当数据保护争议未得到合理有效解决时,欧盟公民有权要求本国的数据保护机构与美国商务部和联邦贸易委员会一起解决争议。其四,设置年度联合审查机制。欧盟委员会将联合美国商务部一起评估审核"隐私护盾"制度的执行情况。从"隐私护盾"制度的内容可以发现,欧盟数据主权制度设计总体上是围绕着如何实现数据保护进行的,尤其强调对欧盟个人数据主权的捍卫,这也体现了欧盟维护公民数据"尊严"的基本理念。"隐私护盾"制度可以说是"安全港"制度在数据保护基础上的升级,进一步维护了欧盟数据主权,强化了美国对欧盟数据主权的尊重。

(二)《通用数据保护条例》的特点

欧盟2016年《通用数据保护条例》替代了1995年《数据保护条例》。《通用数据保护条例》规定,在满足一定约束性规定和数据保护条款基础之上,才允许数据传输到欧盟之外的国家和地区,并禁止将欧盟数据传输给有权掌握欧盟个人数据的国家。"保护自然人的个人数据是每个公民的基本权利。保护个人数据权利应该尊重公民的基本权利和自由。"《通用数据保护条例》在数据的自由流动方面的规定,主要是指在欧盟成员之间数据的自由流动。与之前的《数据保护条例》相比较,《通用数据保护条例》主要存在以下几方面差异:

首先,适用范围更广。适用于所有与欧盟公民相关的数据,不论该数据是否实际上产生或运行在欧盟范围内。有观点认为,《通用数据保护条例》规定的欧盟数据隐私法律域外适用,将对国际数据流动产生重大影响,并且将会事实上使《通用数据保护条例》成为一种全球标准。《通用数据保护条例》为数据传输行为本身提出了系统的要求,还规定任何第三国的法庭、行政机构只能通过国际协定或法律援助协定向欧盟提出公开数据的请求。

其次,拓宽了数据种类的范围。这意味着公司想要获取相关数据,需要在更为广泛的层面上获得数据主体的同意。《通用数据保护条例》进一步要求这种"同意"必须是数据主体明确、准确的表达,不能是暗示的表达。赋予个人一项新的权利,即数据的"被遗忘权"(right to be forgotten),也叫数据的"消除权"(right to erasure)。被遗忘权是指数据主体在满足一定条件下,有权从数据控制器或数据管理者处获得没有延迟的、消除个人数据信息的权利。被遗忘权以个人信息自治为基础,进一步拓宽了个人数据权利,体现了较高水平的个人数据权利保护。

再次,细化了数据控制者与数据处理者的责任。在《通用数据保护条例》中,云服务提供者作为数据控制者,将被要求遵守一系列新的具体义务,包括保留其处理数据活动中的文件、实施适当的安全标准、执行例行的数据保护评价体系、遵守国际数据传输规则等。云服务提供者作为数据处理者,需要遵守数据保护的规定。同时,数据处理者需要与数据控制者达成有约束力的合同。如果数据处理者没有依据数据控制者的说明和指令来处理数据,该数据处理者将被视为数据控制者,并承担数据控制者的相关责任。在处理数据之前,处理者有义务通知数据控制者等主体。关于两个及两个以上数据控制者即联合控制者(joint controllers)的责任分配问题,无论数据联合控制者内部如何安排,对外每个控制者都将就全部损害承担责任。

最后,确立了违反数据保护规则的补偿及惩罚机制。《通用数据保护条例》要求在欧盟成员之间建立起违反规则后的对等惩罚机制(equivalent sanctions)。例如,西班牙数据保护机构2013年对Google处罚90万欧元。随后,荷兰、德国、比利时、法国、意大利、西班牙联合调查Facebook公司的数据保护遵守情况。法国的数据保护机构——国家信息与自由委员会(National Commission on Informatics and Liberty),在2016年对Google没有遵守数据移除规则的行为罚款10万欧元。同年,要求Facebook限期改变其搜集和使用数据新消息的方式,并罚款15万欧元。

欧盟的数据主权重点在于数据的保护。欧盟在《通用数据保护条例》中将之前的隐私权集中表述为个人数据保护权,这种做法,一方面,拓展了数据保护的范围,给予个人数据普遍法律保护;另一方面,提升了保护水平,强调了事前主动防范。

三、我国数据主权规则的构建

(一)数据主权规则构建的原则

中国数据主权的规则构建既要维护我国利益,又要兼顾他国合理关切;既要符合我国法律传统,又要遵守国际法基本原则。具体而言,数据主权规则的构建需要遵循以下原则:

第一,坚持主权独立与平等。主权原则适用于网络空间和数据领域已经获得较广范围的认同,但是数据保护与数据自由平衡的要求,需要不断提升对数据主权的认知和适应能力。数据领域的虚拟性、无界性、开放性等特点,决定了数据主权对传统主权绝对性、不可分性的突破。习近平总书记指出:"《联合国宪章》确立的主权平等原则是当代国际关系的基本准则,覆盖国与国交往各个领域,其原则和精神也应该适用于网络空间。"①国际社会应该尊重每个国家自主的数据主权发展战略,让每个国家平等地参与到数据主权国际规则构建的合作中来。数据主权不仅需要重申主权独立,更需要在主权平等的基础上倡导多边参与、多方参与、平等参与的共同治理模式。根据权利义务相统一的基本逻辑,大国在获得事实上所谓"特权"的同时,理应承担要求更高的"特殊"义务。平等地享有数据主权无关国家强弱和数据技术水平高低,每个国家都可依法对其数据进行规制和安全保护。

在判断"云数据"管辖权问题上有五个相关标准:其一,数据所在地。尽管数据是无形的,但数据存储器以及相关数据驱动器具有物理形态。在某国境内的这些数据存储器及驱动器,该国对其应享有主权。其二,与数据相关的损害情形发生地。若外国主体在境外对本国的数据安全造成损害,该国就有权对损害行为相关的数据行使管辖权。其三,与数据相关的嫌疑人经常居住地或国籍所在地。其四,与数据相关的受害人经常居住地或受害人国籍所在地。其五,数据控制者经常居住地或国籍所在地。因此,国家可以依据前述要素和标准来确定其对数据的司法管辖权。总体而言,国家在数据问题上拥有较为宽泛的规制权,只要数据或数据产生的影响发生在一国境内,或者对该国(该国公民)产生实质影响,国家就可以行使对数据的管辖权。

---

① 习近平:《论坚持推动构建人类命运共同体》,中央文献出版社2018年版,第304~305页。

第二,遵循合作共治。我国的数据主权发展战略和规则建设,作为网络空间治理的重要组成部分,需要坚持网络空间命运共同体的基本理念和重要内涵,以开放平等的姿态参与到国际社会共同治理中去。对网络数据的规制更需要多国的共同合作,数据治理合作需要实现权利与义务相统一,网络数据技术相对发达的国家可以承担更多的责任和义务来完善数据的国际规制,且有义务帮助数据水平落后的国家完善数据治理。同时,网络数据的安全性问题日益凸显,数据安全关乎国家利益、公共利益和公民利益,网络数据国际合作是各国的共同需求,具有重要的意义。人类命运共同体理念是对马克思主义共同体学说的发展,也是对国际法依赖的社会基础的再认识,是将中国文化融入全球治理的重要举措。数据主权规则构建需要坚持以人类命运共同体理念为指导的合作共治。

(二)数据主权规则的构建之策

我国基本的数据主权规则最初体现在《中华人民共和国网络安全法》第37条中,其核心内容包含两个方面:其一,关键信息基础设施的运营者在我国境内收集的个人信息、重要数据应储存在我国境内;其二,数据向境外传输,需要进行安全评估。《中华人民共和国数据安全法》第三章"数据安全制度"也集中体现了我国的数据主权规则,主要从分级分类保护、数据安全风险评估、报告、信息共享、监测预警机制、应急处置机制、安全审查制度、出口管制、反制措施等方面进行制度建设。但是,我国数据主权规则仍存在着一些亟待解决的问题,如缺乏以个人数据和国家数据保护为类别的分类治理机制,未对商业数据跨境传输进行高水平治理,对"数据自由"前提下的长臂管辖规制不足等。为此,我国可以完善符合我国国情及国家利益的数据主权规则。

第一,构建个人数据和国家数据的分类治理规则。数据分类治理的重点之一,就是要根据数据的不同特点和用途对个人数据与国家数据设置不同的治理模式。虽然个人数据在大数据时代具有明显的复合性,个人数据在经过处理后可能用于国家层面的服务和应用,但是这不意味着个人数据等同于国家数据。从个人权利保障角度和现实生活需求出发,有必要对个人数据进行不同于国家数据的制度安排。当然,大数据时代的个人数据存在不同于以往的特点,传统民法理论中私人领域与公共领域的对立在这里逐渐模糊,个人数据的物理边界和公私边界不再严格,数据生产本身就具有共享性,这也直接影响了个人数据治理规则的完善。个人数据治理从理念上需要从个人控制转到社会控制,个人数据在一定程度上是社会的共同资源,所以国家需要承担起个人数据保护的责任。首先肯定社会控制个人数据的理念,事后再进行司法救济,即由法院裁判是否侵犯个人数据,有效地平衡了个人利益与社会公益保护,有利于中国的个人数据得到有效保护。另外,目前我国的个人数据保护亟须精细化管理,尽管《中华人民共和国民法典》第4编第6章“隐私权和个人信息保护”对于自然人个人信息的保护和处理列明了条件和情形,规定了自然人的权利、信息处理者以及国家机关和工作人员的义务,但仍缺乏系统化、具体化的制度设计,同时还存在重责任追究轻综合治理的问题,需要《中华人民共和国个人信息保护法》予以弥补。一方面,我国需要强化个人数据保护的基本价值观念,鼓励各类主体积极主动维护个人数据安全;另一方面,需要建立起对个人数据保护的惩治威慑机制,建立起公开透明的个人数据处理机制,建立多层次、高标准、宽严相济的治理和处罚机制,而非简单地将违反国家数据安全的处罚措施移植到侵犯个人数据安全的行为上。

第二,完善商业数据跨境流动的规则。商业数据的跨境流动安全对商业主体本身有着重要意义。同时,部分商业数据与个人数据、国家数据保护密切相关。目前,商业数据跨境流动的安全防范在《中华人民共和国网络安全法》和《中华人民共和国数据安全法》中较少涉及,缺乏深入和系统的规制。因此,我国有必要尽快加强针对商业数据跨境流动的规制:针对与个人数据、国家数据安全相关的商业数据,直接纳入个人数据或国家数据保护规则范畴;若商业数据跨境流动与个人数据和国家数据保护无关,则建立专门的安全评估规则。

第三,推动数据主权国际合作规则建设。我国目前并没有对如何进行双边、区域或多边数据合作形成具体规则和方案,但是,构建网络空间命运共同体、促进网络规则构建的开放合作,是我国推进全球互联网治理体系变革的基本原则。因此,我国可完善符合我国特点的数据主权规则。可以先从双边或区域着手,构建数据主权规则的合作机制,从而为数据主权规则的多边建设提出中国方案。在推动国际规则建设的过程中,需要把握以下原则:数据保护是数据自由的前提和基础,数据保护体系为数据自由流动保驾护航;数据自由流动是数据的价值所在和数据保护的目标。

结　论

中国与沿线国家的贸易合作具有良好且坚实的基础。古丝绸之路为各国商人及各国文明开拓了交流的通道，直至今天，沿线各国都有着良好的经贸合作关系。中国与沿线各国贸易交流与日俱增，经济融合不断加深。[①] 中国是不少沿线国家的最大贸易伙伴、最大出口市场和主要投资来源地。同时，沿线各国与中国发展贸易合作的意愿越来越强烈。共建21世纪海上丝绸之路倡议的提出，发生在区域贸易安排不断发展的背景下，提供了沿线国家与中国寻求合作的机制与平台。不论是“五通”、基础设施建设，还是油气、物流等重大项目的合作，中国与沿线国家的联系越来越紧密。发展区域贸易规则，消除贸易壁垒，扩大贸易规模，提高贸易投资水平，能使沿线各国实现互利共赢的发展目标，同时促进沿线各国政策与人文交流，实现更加紧密的区域伙伴关系。

当前国际投资规则的发展正在经历巨变。区域投资规则不断发展，高标准的投资保护和投资自由化条款受到越来越多国家的适用。在各种投资协定交错并存的当下，更加需要一个成熟的多边体制来实现各规范之间的协调与融合。在这样的背景之下，共建21世纪海上丝绸之路

① 参见厉以宁、林毅夫、郑永年等：《读懂“一带一路”》，中信出版社2015年版，第65页。

将会为中国带来重要机遇,为中国实践投资规则制定提供平台。中国应当明确国际投资规则的重要性,积极应对目前的挑战与机遇,以期在国际投资规则的发展进程中获得话语权,同时为国内的投资法治进程带来新的推动力。在中国大力推进共建21世纪海上丝绸之路,致力于亚欧非大陆及附近海洋的互联互通,建立和加强沿线各国互联互通伙伴关系之际,需要充分认识到投资保险机制对共建21世纪海上丝绸之路倡议实施的重要性。在共建21世纪海上丝绸之路区域单边投资保险机制资本受限,操作困难,以及双边投资保险机制进展缓慢,覆盖乏力和多边投资担保机构门槛过高,费用高昂的现实中,在现有机制弊端短期无法克服的情况下,构建"一带一路"区域投资保险机制是正确的途径。在国际环境合适,沿线国支持,国际制度可借鉴的适宜条件下,通过签订共建21世纪海上丝绸之路区域投资担保机构公约,成立RIGA,为共建21世纪海上丝绸之路沿线发展中国家境内的外国投资安全提供保障,此举可以满足沿线国、外国投资者、国际实践各方的迫切需要。在将来共建21世纪海上丝绸之路倡议推进过程中,共建21世纪海上丝绸之路区域投资保险机制致力于保护投资安全,有利于共建21世纪海上丝绸之路倡议的投资自由化、便利化顺利实施;发展中国家顺利吸引外国投资,直接促进共建21世纪海上丝绸之路沿线国的经济发展,符合共建21世纪海上丝绸之路倡议的目标。共建21世纪海上丝绸之路区域投资保险机制的构建,不仅包含共建21世纪海上丝绸之路区域投资担保机构和共建21世纪海上丝绸之路区域投资担保机构公约,还应包括共建21世纪海上丝绸之路区域投资保险配套制度。在"大数据"时代,结合共建21世纪海上丝绸之路沿线国非商业风险高的情况,可以构建"一带一路"沿线国风险系数数据库,并制定与风险系数挂钩的配套制度,对投资保险进行风险评估,减少损失。

鉴于共建21世纪海上丝绸之路沿线国家在经济发展水平、政治制度以及法律传统文化等因素存在不同,必须结合具体的考量因素,选择最适合的争端解决模式来维护区域贸易协定的稳定运行,并合理借鉴ICSID和WTO机制在投资争端方面的努力,实现投资争端解决与21世纪海上丝绸之路沿线发展中国家国情和利益的连结,在共建21世纪海上丝绸之路区域内量身定做一个符合21世纪海上丝绸之路沿线国家国情、更好地协调主权和投资者利益的争端解决机制,以适应共建21世纪海上丝绸之路沿线国家共同发展的需要。

共建21世纪海上丝绸之路倡议的实施重点之一为资金融通,且基础设施的建设需要大量资金的投入,而亚投行旨在促进亚洲地区基础设施建设,其在服务范围和对象上与共建21世纪海上丝绸之路倡议相一致,为共建21世纪海上丝绸之路倡议的实施提供了金融支持。亚投行主要贷款对象的特殊性,决定了其贷款面临较大的主权违约风险。对此,亚投行在充分借鉴世界银行、国际货币基金组织、联合国贸发会议的有益经验的基础上,已经构建了较完整的项目管理制度和贷前的主权债务违约风险评估制度。应当承认,亚投行已经对主权贷款风险防范给予重视,但不可否认的是,亚投行在主权贷款风险评估体系的全面性、主权借贷行为的合法性上有所欠缺。

共建21世纪海上丝绸之路倡议发展如火如荼。海运业是经济社会发展的重要基础产业,共建21世纪海上丝绸之路离不开海运发展,海运业健康发展要依靠海运法治来保障。海运法治打造共商、共建、共享、共赢的海上共同发展之路的目标,以及维护航海自由,确保航海安全,加强互联互通,促进人文交流,发展贸易投资的价值,与共建21世纪海上丝绸之路倡议的要求完全相符。但是,也面临一些挑战,如共建21世纪海上丝绸之路区域现存国内海运法律制度透明度不足、海运效率低、协调性差、更新缓慢,现存双边海运条约内容陈旧过时、解决机制落后,现存区域海运条约针对性差、参与度低、错综交杂、相互矛盾,现存多边海运条约适用范围有限、适用方式疏漏、参与不足、数量有限。通过建立共建21世纪海上丝绸之路海事组织,打造公平互利、与国际接轨、符合GATS基本原则、适用性强的区域统一海运法律制度和区域海运争端解决机制,可以构建21世纪海上丝绸之路区域海运法治,捍卫海运安全,维护海运自由,助力共建21世纪海上丝绸之路。

网络空间被视为是人类的第五空间。网络空间的治理模式仍处在早期探索的无秩序状态中。解决互联网治理的前提应回归到界定网络空间的属性上,与海洋、天空等相似,网络空间是国内私域和全球公域共同构成的全球混合场域。基于此,通过回溯海洋、天空等场域的国际治理实践的形成机理及治理元素,对互联网的治理应在明确国家主权的基础性作用下,通过对国内私域和全球公域的界定,对两种不同属性的场域实施有针对性的制度与规则。数据是大数据时代重要的国家战略资源。数据主权是国家主权在网络空间的核心表现,关系数据安全、数字鸿沟、个人隐私,是国家安全和发展的核心利益所在。中国宜在借鉴欧盟和美国数据主权规则建设差异性的基础之上,以主权平等、合作共治为原则,以网络命运共同体理念为指导,构建符合我国数据要求,兼顾21世纪海上丝绸之路沿线各国利益的数据主权规则,推动共建21世纪海上丝绸之路数字经济全面健康发展。